Zauberpferd und Nebelriese

Märchen zum Vorlesen

Herausgegeben
von Ulrike Blaschek-Krawczyk

Fischer Taschenbuch Verlag

Originalausgabe
Veröffentlicht im Fischer Taschenbuch Verlag GmbH,
Frankfurt am Main, Oktober 1995

© Fischer Taschenbuch Verlag GmbH, Frankfurt am Main 1995
Satz: Fotosatz Otto Gutfreund GmbH, Darmstadt
Druck und Bindung: Clausen & Bosse, Leck
Printed in Germany
ISBN 3-596-12888-9

Gedruckt auf chlor- und säurefreiem Papier

Für meine Kinder
Anja, Eva und Felix

Inhalt

Der Wunderbaum

Ein Hirtenknabe erblickte eines Tages, als er die Schafe weidete, auf dem Feld einen Baum, der war so schön und groß, daß er lange Zeit voll Verwunderung dastand und ihn ansah. Aber die Lust trieb ihn, hinzugehen und hinaufzusteigen. Das wurde ihm auch sehr leicht, denn an dem Baum standen die Zweige hervor wie Sprossen an einer Leiter.

Er zog seine Schuhe aus und stieg in einem fort neun Tage lang. Und sieh, da kam er auf einmal in ein weites Feld. Da waren viele Paläste aus lauter Kupfer, und hinter den Palästen war ein großer Wald mit kupfernen Bäumen, und auf dem höchsten Baum saß ein kupferner Hahn. Unter dem Baume aber war eine Quelle von flüssigem Kupfer, die sprudelte immerfort, und das war das einzige Geräusch, sonst schien alles wie tot, niemand war zu sehen, und nichts regte und rührte sich. Als der Knabe alles gesehen, brach er sich ein Zweiglein von einem Baum, und weil seine Füße vom langen Steigen müde waren, wollte er sie in der Quelle erfrischen. Er tauchte sie ein, und wie er sie herauszog, da waren sie mit blankem Kupfer überzogen. Er kehrte schnell zurück zum großen Baum, der reichte aber noch hoch in die Wolken, und kein Ende war zu sehen.

»Da oben muß es noch schöner sein!« dachte er und stieg nun abermals neun Tage aufwärts, ohne daß er müde wurde, und sieh, da kam er in ein offenes Feld, da waren auch viele Paläste, aber aus glänzendem Silber, und hinter den Palästen war ein großer Wald mit silbernen Bäumen, und auf dem höchsten Baum saß ein silberner Hahn. Unter dem Baum aber war eine Quelle aus flüssigem Silber, die sprudelte immerfort, und das war das einzige Geräusch, sonst lag alles wie tot, niemand war zu sehen, und nichts regte und rührte sich. Als aber der Knabe alles gesehen hatte, brach er sich ein Zweiglein von einem Baum und wollte sich in der Quelle die Hände waschen. Wie er sie aber herauszog, waren sie von blinkendem Silber überzogen. Er kehrte schnell zurück zum großen Baum, der reichte noch immer hoch in die Wolken, und es war noch kein Ende zu sehen.

»Da oben muß es noch schöner sein!« dachte er und stieg abermals neun Tage aufwärts, und sieh, da war er im Wipfel des Baumes, und es öffnete sich ein weites Feld. Darauf standen lauter goldene Paläste, und hinter den Palästen war ein großer Wald mit goldenen Bäumen, und auf dem höchsten Baum saß ein goldener Hahn. Unter dem Baum aber war eine Quelle aus flüssigem Gold, die sprudelte immerfort, und das war das einzige Geräusch, sonst lag alles wie tot, niemand war zu sehen, und nichts regte und rührte sich. Als der Knabe alles gesehen hatte, brach er sich ein Zweiglein von einem Baum, nahm seinen Hut ab, bückte sich über die Quelle und ließ seine Haare ins sprudelnde Gold hineinfallen. Als er sie aber herauszog, waren sie übergoldet. Er setzte seinen Hut auf, und da er alles gesehen hatte, kehrte er zurück zum großen Baum und stieg nun in einem fort wieder hinunter und wurde gar nicht müde.

Als er auf der Erde angelangt war, zog er seine Schuhe an und suchte seine Schafe, doch er sah von ihnen keine Spur. In weiter Ferne aber erblickte er eine große Stadt. Jetzt merkte er, daß er in einem anderen Land war. Was war zu tun? Er entschloß sich, hineinzugehen und sich dort einen Dienst zu suchen. Zuvor jedoch versteckte er die drei Zweige in seinem Mantel, und aus dem Zipfel desselben machte er sich Handschuhe, um seine silbrigen Hände zu verbergen. Als er in der Stadt ankam, suchte der Koch des Königs gerade einen Küchenjungen und konnte keinen finden. Da kam ihm der Knabe zu Gesicht, und er fragte ihn, ob er um guten Lohn Dienst bei ihm nehmen wolle? Unter einer Bedingung willigte der Junge ein: Er solle den Hut, den Mantel, die Handschuhe und die Stiefel nie ablegen müssen, denn er habe einen bösen Grind und müßte sich schämen. Das war dem Koch doch nicht ganz recht; allein weil er sonst niemanden bekommen konnte, mußte er einwilligen. Er dachte bei sich: »Du kannst ihn ja immer nur in der Küche verwenden, daß niemand ihn sieht.«

Das währte so eine Zeitlang; der Junge war sehr fleißig und tat alle Geschäfte, die ihm der Koch auftrug, so pünktlich, daß ihn dieser sehr lieb gewann. Da geschah es, daß wieder einmal Ritter und Grafen erschienen waren, die es wagen wollten, auf den Glasberg zu steigen, um der schönen Königstochter die Hand zu reichen und sie dadurch zur Braut zu nehmen. Viele hatten es bisher vergebens versucht. Alle waren sie noch weit vor dem Ziele ausgeglitscht und in die Tiefe gestürzt.

Der Küchenjunge bat den Koch, daß er ihm erlauben möchte, von ferne zuzusehen. Der Koch wollte es ihm nicht abschlagen, weil er so treu und fleißig war, und sagte nur: »Du sollst dich aber versteckt halten, daß man dich nicht sieht!« Das versprach der Junge und eilte zum Fuß des Glasberges. Da standen schon die Ritter und Grafen in voller Rüstung mit Eisenschuhen, und sie begannen bald hinaufzusteigen. Allein keiner gelangte auch nur bis zur Mitte, sie stürzten alle herab, und manch einer blieb wie tot liegen.

Da dachte der Knabe bei sich: »Wie wäre es, wenn du es auch versuchtest.« Er legte sogleich Hut und Mantel und Handschuhe ab, zog seine Stiefel aus und nahm den kupfernen Zweig in die Hand, und ehe ihn jemand bemerkt hatte, war er durch die Menge gedrungen und stand am Fuß des Berges. Die Ritter und Grafen wichen zurück und sahen und staunten. Der Knabe aber schritt sogleich den Berg hinauf ohne Furcht, und das Glas gab unter seinen Füßen nach wie Wachs und ließ ihn nicht ausgleiten. Als er nun oben war, reichte er der Königstochter das kupferne Zweiglein, kehrte drauf sogleich um, stieg fest und sicher hinab, und ehe sich's die Menge versah, war er verschwunden. Er eilte in sein Versteck, legte seine Sachen an und war schnell in der Küche.

Bald kam auch der Koch und erzählte seinem Küchenjungen die Wunderdinge von dem schönen Jüngling mit den kupfernen Füßen, den silbernen Händen und den goldenen Haaren. Wie er den Glasberg erstiegen und ein kupfernes Zweiglein der Königstochter gereicht habe und wie er dann wieder verschwunden sei. Dann fragte er den Jungen, ob er das auch gesehen habe?

Der Junge sagte: »Nein, das habe ich nicht gesehen, das war ich ja selbst!« Aber der Koch lachte über den dummen Einfall und erwiderte im Scherz: »Na, da müßte ich auch ein großer Herr werden!«

Am darauffolgenden Tag wollten es viele Ritter und Grafen wieder versuchen, den Glasberg zu erklimmen. Der Junge bat den Koch abermals, er möchte ihm erlauben, aus der Ferne zuzusehen. Der Koch konnte es ihm nicht abschlagen und sagte nur: »Du sollst dich aber versteckt halten, daß niemand dich sieht!«

Das versprach der Junge und eilte an seinen gestrigen Platz. Die Ritter begannen gerade hinaufzusteigen, allein vergebens: Sie stürzten alle herab, und manch einer blieb wie tot liegen. Der Junge zögerte nicht lange und versuchte sein Glück zum zweiten Mal. Er hatte schnell seine Kleider abgelegt, nahm das silberne Zweiglein und schritt, ehe man merken konnte, woher er kam, durch die Menge, und alle wichen vor ihm zurück. Er ging ruhig und sicher den Glasberg hinauf, und das Glas gab nach wie Wachs und zeigte die Spuren. Wie er oben war, überreichte er der Königstochter das Silberzweiglein. Gerne hätte sie auch seine Hand ergriffen, er aber kehrte gleich zurück und schritt hinab und war in der Menge auf einmal verschwunden. Er zog eilig seine Kleider an und eilte nach Hause. Bald kam auch der Koch und erzählte wieder von den Wunderdingen, von dem schö-

nen Jüngling mit den kupfernen Füßen, den silbernen
Händen, den goldenen Haaren. Wie er den Glasberg
hinaufgestiegen, der Königstochter ein silbernes Zweiglein gereicht, und wie er hernach herabgekommen und
verschwunden sei. Er fragte seinen Küchenjungen, ob er
das nicht gesehen?

Der Junge aber antwortete: »Nein, das habe ich nicht
gesehen, das war ich selbst!« Der Koch lachte wieder
recht herzlich und sagte im Scherz: »Da müßte ich auch
ein großer Herr werden!«

Am dritten Tag wollten es einige Ritter und Grafen
noch einmal versuchen und versammelten sich vor dem
Glasberg. Der Junge bat den Koch wieder, er möchte
ihm erlauben, aus der Ferne zuzusehen. Der Koch
wollte ihm's nicht abschlagen und sagte nur: »Du sollst
dich aber versteckt halten, daß niemand dich sieht!«

Das versprach der Junge und eilte sogleich an seinen
Platz. Die Ritter und Grafen versuchten's, aber umsonst! Sie stürzten alle herab, und mehrere blieben wie
tot liegen. Der Knabe dachte: »Noch einmal willst du es
auch versuchen.« Er warf seine Kleider von sich, nahm
das goldene Zweiglein und eilte, noch ehe man's merken
konnte, woher er kam, durch die Menge zum Glasberg.
Alles wich vor ihm zurück. Da schritt er fest und sicher
hinauf, und das Glas gab nach wie Wachs, und als er
oben war, überreichte er das Goldzweiglein der Königstochter und bot ihr die rechte Hand. Sie ergriff sie mit
Freuden und wäre gern mit ihm den Berg hinabgestie-
gen. Der Junge aber machte sich frei und stieg allein
hinunter und war wieder schnell unter der Menge ver-

schwunden. Er legte seine Kleider an und eilte zurück an seinen Platz in die Küche.

Als der Koch nach Hause kam, erzählte er von den Wunderdingen, von dem schönen Jungen mit den kupfernen Füßen, den silbernen Händen, den goldenen Haaren und wie er zum dritten Mal den Glasberg erstiegen, der Königstochter ein goldenes Zweiglein gereicht und ihr die Hand geboten habe. Wie er aber alleine wieder herabgestiegen und unter der Menge verschwunden sei. Er fragte ihn, ob er das nicht gesehen hätte?

Der Junge sagte wieder: »Nein, das habe ich nicht gesehen, das war ich selbst!«

Der Koch lachte abermals über den dummen Einfall und sprach: »Da müßte ich auch ein großer Herr werden!«

Die Königstochter aber war sehr traurig, daß der schöne Junge nicht erscheinen wollte. Da ließ der König ein Gebot ausgehen, daß alle jungen Burschen aus seinem Reiche barfüßig und bloßhäuptig und ohne Handschuhe vor dem König der Reihe nach vorübergehen sollten. Sie kamen und gingen, aber der rechte, nach dem man suchte, war nicht unter ihnen. Der König ließ darauf fragen, ob denn sonst kein Junge mehr im Reiche wäre?

Der Koch ging sofort zum König und sprach: »Herr, ich habe noch einen Küchenjungen bei mir, der mir treu und redlich dient. Der ist es aber gewiß nicht, nach dem ihr sucht, denn er hat einen bösen Grind, und er trat nur unter der Bedingung zu mir in den Dienst, daß er Handschuhe, Mantel, Hut und Stiefel nie ablegen müsse.«

Der König wollte sich aber überzeugen, und die Königstochter freute sich im stillen und dachte: »Ja, der könnte es sein!« Der Koch mußte bleiben, und ein Diener brachte den Küchenjungen herbei, der sah aber ganz schmutzig aus. Der König fragte: »Bist du es, der dreimal den Glasberg erstiegen hat?«

»Ja, das bin ich«, sprach der Junge.

»Wohlan, dann zeige dein Haar, deine Hände und Füße!« Sogleich warf der Junge seine Kleider ab und stand in voller Schönheit da und reichte der Königstochter die Hand. Die drückte sie und war über die Maßen froh, es wurde die Hochzeit gefeiert, und nicht lange darauf übergab der König das Reich dem Jungen.

»Glaubst du nun, daß ich es war, der dreimal den Glasberg erstiegen?« fragte der Junge den Koch.

»Was sollt ich denn glauben, wenn ich das nicht glaubte!« sprach der Koch und bat um Verzeihung.

»Nun sollst auch du ein großer Herr werden und über alle Köche im Reich die Aufsicht führen!« sagte der Junge.

Die junge Königin aber hätte zu gerne gewußt, woher ihr Gemahl die drei Zweiglein und die kupfernen Füße, die silbernen Hände und das goldige Haar habe. »Das will ich dir, mein Kind, nun sagen«, sprach der junge König eines Tages, »und du sollst auch selbst sehen, wie das zugegangen!« Er wollte mit ihr noch einmal auf den Wunderbaum steigen und ihr die Herrlichkeiten zeigen. Allein, als er an die Stätte kam, da war der Baum verschwunden, und kein Mensch hat weiter davon etwas gehört und gesehen.

[Märchen aus Siebenbürgen]

Das Haselnußkind

Es war einmal ein Ehepaar, das hatte keine Kinder und flehte tagtäglich zum lieben Gott, er möge ihnen ein Kind schenken, und wenn es auch nicht größer als eine Haselnuß wäre. Der liebe Gott erhörte das Flehen und schenkte ihnen ein Kind, das so groß war wie eine Haselnuß und auch nicht größer wurde. Die Eltern hatten trotzdem ihre Freude an dem kleinen Wesen und hegten und pflegten es. Das Söhnchen wurde auch von Tag zu Tag klüger und aufgeweckter, und die Leute wunderten sich sehr über seine klugen Reden.

Als das Haselnußkind sein fünfzehntes Lebensjahr erreicht hatte, saß es eines Tages hinter dem Herd in einer Eierschale. Da sprach seine Mutter zu ihm: »Du bist schon fünfzehn Jahre alt, und man kann dich doch zu nichts verwenden. Was soll noch aus dir werden?«

»Schnelläufer«, antwortete das Haselnußkind.

Da lachte die Mutter hell auf und rief: »Du und ein Schnelläufer! Wo denkst du hin, Kind! Du legst mit deinen kleinen Füßen den Weg nicht in einer Stunde zurück, welchen ein Mensch in einer Viertelstunde durchmißt!«

Das Haselnußkind antwortete darauf: »Und trotzdem

will ich ein Schnelläufer werden! Wenn du willst, so schick mich irgendwohin, und du wirst sehen, daß ich im Nu zurück bin.«

Da sprach zu ihm seine Mutter: »Na gut, gehe also zu deiner Tante in das Nachbardorf und hole mir ihren Kamm.« Das Haselnußkind sprang aus der Eierschale heraus und rannte hinaus auf die Straße. Dort fand es bald einen Reiter, der in die Richtung des Nachbardorfes ritt. Schnell kroch es am Schenkel des Pferdes hinauf, setzte sich unter dem Sattel fest und fing nun an, das Pferd zu kneifen und zu zwicken. Das Pferd griff aus und lief, was es nur laufen konnte, obwohl der Reiter es zu zügeln versuchte.

Als sie im Nachbardorf ankamen, zwickte das Haselnußkind das Pferd nicht mehr, so daß es nun ganz erschöpft langsam ging. Das Haselnußkind kroch nun vom Pferde herab, lief zu seiner Tante und verlangte ihren Kamm.

Auf dem Rückweg traf es wieder einen Reiter, kroch unter seinen Sattel und gelangte auf die gleiche Weise bei seiner Mutter an.

Als es ihr den Kamm der Tante überreichte, da staunte sie sehr und fragte: »Wie hast du so schnell zurückkommen können?«

»Ja, Mutter«, antwortete das Haselnußkind, »ich bin ein Schnelläufer!«

Sein Vater hatte auch ein Roß, das er oft hinaus auf die Weide führte. Da nahm er einmal auch das Haselnußkind mit. Gegen Mittag sprach der Vater zum Haselnußkind: »Bleibe hier und hüte das Pferd! Ich muß nach

Hause eilen und deiner Mutter einen Auftrag geben. Ich komme bald zurück!«

Als der Vater fortgegangen war, kam ein Räuber des Weges und sah das Pferd ohne Wächter weiden, denn das Haselnußkind konnte er im Grase nicht bemerken. Er bestieg also das Pferd und ritt davon. Das Haselnußkind, nicht faul, kletterte am Schweif des Pferdes hinauf und begann, es mit seinen Zähnchen zu beißen, so daß es, wild gemacht, nicht die Richtung einschlug, in die es der Räuber führen wollte, sondern nach Hause stürmte. Der Vater wunderte sich sehr, als er einen fremden Mann auf seinem Pferd heranreiten sah. Da kletterte das Haselnußkind herab und erzählte dem Vater alles. Der ließ sogleich den Räuber gefangennehmen und einsperren.

Als das Haselnußkind zwanzig Jahre alt war, sprach es im Herbst zu seinen Eltern: »Vater und Mutter, lebt wohl, ich ziehe in die Welt, und wenn ich reich geworden bin, so kehre ich heim.«

Die Eltern lachten über die Worte ihres kleinen Kindes und schenkten ihm keinen Glauben. Am Abend aber kroch das Haselnußkind hinauf auf das Hausdach, wo sich ein Storchennest befand. Die Störche schliefen, und das Haselnußkind stieg auf den Rücken eines Storches und band ihm eine Schnur an den einen Flügel, kroch dann zwischen seine Federn und schlief ein. Am nächsten Morgen zogen die Störche nach Süden, denn der Winter nahte. Das Haselnußkind flog auf dem Rücken des Storches auch mit, und wenn es wollte, daß der Storch sich niederlasse, so band es mit der Schnur auch den zweiten Flügel, so daß der Storch nicht weiterfliegen konnte.

Auf diese Weise gelangte das Haselnußkind ins Land der schwarzen Menschen, wo sich die Störche in der Nähe der Königsstadt niederließen und sich dort ansiedelten. Das Haselnußkind band die Flügel seines Storches zusammen und ritt auf ihm in die Königsstadt. Da staunten die schwarzen Leute über das kleine Wesen und führten es samt dem Storch zu ihrem König. Dieser behielt das Haselnußkind und den Storch bei sich, und mit der Zeit gewann er es so lieb, daß er ihm einen sehr großen Diamanten, viermal so groß, als es selbst war, schenkte. Das Haselnußkind band den Diamanten fest an den Hals des Storches, und als es einmal bemerkte, daß sich die anderen Störche zum Abflug rüsteten, da löste es die Schnur an den Flügeln seines Storches los, und fort, fort, immer weiter ging's der Heimat zu.

Endlich erreichte das Haselnußkind sein Heimatdorf, band die Schnur vom Flügel des Storches los, ließ den Diamanten auf der Erde liegen, bedeckte ihn mit Sand und Steinen und rief dann seine erfreuten Eltern herbei, damit sie den Schatz nach Hause tragen, denn selbst konnte es den großen Diamanten nicht heben.

So machte das Haselnußkind sich und seine Eltern zu reichen Leuten.

[Märchen der Siebenbürger Armenier]

Die Königstochter in der Flammenburg

Es waren einmal ein Paar arme Eheleute, die hatten so viele Kinder, wie ein Sieb Löcher hat, und jeden im Dorf hatten sie schon zum Paten gehabt. Als ihnen nun wieder ein Söhnchen geboren wurde, blieb dem armen Vater nichts anderes übrig, als sich an die Landstraße zu stellen und den ersten besten zu bitten, Pate zu stehen. Er wartete auch gar nicht lange, da kam ein alter Mann die Straße entlanggezogen, der nahm den Antrag gerne an und half das Knäblein taufen.

Der Alte führte aber eine Kuh und ein Kälbchen mit sich. Die Kuh schenkte er den armen Eheleuten, damit die ärgste Not ein Ende habe. Das Kälbchen aber war am gleichen Tag wie der kleine Junge geboren worden, es hatte einen goldenen Stern auf der Stirn und sollte dem Kleinen als Taufgeschenk gehören.

Als nun der Knabe größer geworden war, zog er jeden Tag mit seinem Kälbchen, das allerdings mittlerweile zu einem großen, kräftigen Stier herangewachsen war, auf die Weide. Jedesmal wenn sie oben auf der Bergweide angekommen waren, sprach der Stier zum Knaben: »Bleib du hier und ruhe dich aus, unterdessen will ich mir mein Futter schon selber suchen.« Und sobald der Knabe eingeschlafen war, rannte der

Stier schnell wie der Blitz hinauf zur großen Himmelswiese und fraß dort goldene Sternenblumen. Wenn die
Sonne unterging, eilte er zurück, weckte den Knaben,
und fröhlich singend und pfeifend kehrten sie jeden
Abend nach Hause zurück. So geschah es jeden Tag,
bis der Knabe zwanzig Jahre alt und zum Jüngling geworden war.

Da sprach der Stier eines Tages zu ihm: »Setze dich
zwischen meine Hörner, ich will dich zur Königsburg
tragen. Dort trittst du vor den König, verlangst von ihm
das sieben Ellen lange eiserne Schwert und sagst ihm, du
würdest seine Tochter erlösen.«

Der Jüngling tat, was ihm sein Stier gesagt hatte. Er
setzte sich zwischen die Hörner, und fort ging's in wil-
dem Ritt, und bald waren sie vor der Königsburg angelangt. Der Jüngling trat vor den König hin, verlangte
von ihm das sieben Ellen lange eiserne Schwert und
sagte, daß er die Königstochter erlösen wolle.

Der König gab dem Hirtenjungen gerne das verlangte
Schwert, aber Hoffnung, seine Tochter wiederzusehen,
hatte er nicht. Schon viele kühne Jünglinge hatten es
gewagt, sie zu befreien, und immer war es vergeblich
gewesen. Die Königstochter war nämlich von einem
grausamen zwölfköpfigen Drachen geraubt worden,
und der hauste weit weg, in einer Flammenburg, zu der
niemand gelangen konnte. Denn auf dem Weg dorthin
war erstens ein hohes, schroffes, unübersteigbares Gebirge, über das niemand hinwegkonnte, zweitens war da
ein weites und wildes Meer, und drittens hauste der
Drache ja in einer Flammenburg. Und wenn es auch

jemand gelungen wäre, über das Gebirge und durch das Meer hinwegzukommen, so hätten ihn unweigerlich die mächtigen Flammen der Flammenburg verbrannt. Und selbst wenn dort jemand glücklich hindurchgedrungen wäre, so hätte er immer noch gegen den grausamen zwölfköpfigen Drachen kämpfen müssen. Ihn zu besiegen ist bisher noch keinem Menschenkind gelungen.

Der Jüngling war aber frischen und frohen Mutes und glaubte, ihm könne es doch gelingen. Er nahm das sieben Ellen lange eiserne Schwert, setzte sich seinem Stier zwischen die Hörner, und sie ritten fort. Es dauerte gar nicht lange, da standen sie vor dem hohen, unübersteigbaren Gebirgswall.

»Oje, jetzt müssen wir wieder umkehren«, sprach der Jüngling zum Stier. »Es ist ja ganz und gar unmöglich, da hinüberzugelangen.« – »Warte einen Augenblick«, sagte der Stier und setzte den Jüngling zu Boden, »ich kann dir helfen.« Und schon nahm der Stier Anlauf, senkte den Kopf und schob mit seinen gewaltigen Hörnern das ganze Gebirge zur Seite, so daß sie bequem weiterziehen konnten. Es dauerte aber wiederum nicht lange, da standen sie vor dem wilden, wogenden Meer.

»Jetzt müssen wir umkehren«, sprach der Jüngling, »denn da kann niemand hinüber.«

»Halte dich gut an meinen Hörnern fest«, sagte der Stier, »und warte ein wenig, ich kann dir helfen.« Da beugte der Stier seinen Kopf zum Wasser hinunter und trank und trank und trank so lange, bis er das ganze Meer ausgetrunken hatte. Jetzt konnten sie trockenen Fußes, wie über eine Wiese, weiterziehen.

Sie waren aber noch nicht lange geritten, da kamen sie in die Nähe der Flammenburg, und es schlug ihnen eine gewaltige Hitze entgegen. »Halt ein«, rief der Jüngling dem Stier zu, »halt ein, sonst müssen wir verbrennen.« Aber schon rannte der Stier nahe zu der Burg und spuckte das ganze Wasser des Meeres, das er vorher ausgetrunken hatte, in die Flammen hinein. Da erloschen sie gleich, und es stieg daraus ein gewaltiger Qualm zum Himmel hinauf. Und aus diesen dunklen Qualmwolken stieß jetzt der furchtbare, zwölfköpfige Drache voller Wut herab.

»Jetzt ist die Reihe an dir«, sagte der Stier zum Jüngling, »nimm deinen ganzen Mut zusammen und all deine Kraft und sieh zu, daß du dem Ungeheuer alle zwölf Köpfe auf einmal abschlägst.« Und das tat der Jüngling. Er nahm all seinen Mut zusammen, und dann faßte er das sieben Ellen lange eiserne Schwert mit all seiner Kraft, und er führte damit einen so geschwinden und heftigen Schlag, daß er dem Drachen alle zwölf Köpfe auf einmal abschlug. Aber immer noch war etwas Leben in dem Untier. Es ringelte sich und schlug mit dem Schwanz auf die Erde, daß diese erzitterte. Da rannte der Stier herbei, nahm den Drachenrumpf auf seine Hörner und schleuderte ihn hoch hinauf in die Wolken. Auf Erden hat man ihn nie wieder gesehen.

»Mein Dienst bei dir ist nun zu Ende«, sprach der Stier zum Jüngling, »du brauchst mich nicht mehr. Gehe jetzt hinein in die Burg, dort findest du die Königstochter. Führe sie heim in ihr Königreich.« Dann rannte der Stier fort zur Himmelswiese, dort wird er wohl noch heute goldene Sternenblumen fressen.

Der Jüngling aber eilte in die Flammenburg und fand
drinnen die Königstochter. Ihr könnt euch vielleicht
vorstellen, wie froh die war, endlich von dem grausamen
Drachen erlöst worden zu sein. Jetzt faßten die beiden
sich an den Händen und wanderten heim in ihr Königreich. Dort war der Jubel unbeschreiblich, als sie heimkehrten, und dann wurde eine fröhliche Hochzeit gefeiert.

[Märchen aus Siebenbürgen]

Mascha und der Bär

—

Es war einmal ein kleines Mädchen, das hieß Mascha. Es lebte bei seinen Großeltern in einem kleinen Häuschen am Rande des Waldes. Eines Tages ging Mascha mit anderen Kindern in den Wald, um Beeren zu pflücken. Dort aber hauste ein großer, wilder Bär.

Als die Kinder nun beim Beerenpflücken waren, stand auf einmal der Bär grimmig brummend zwischen ihnen. Voller Angst sprangen alle Kinder davon. Mascha aber war die letzte, und der Bär packte sie und schleppte sie weg.

Er trug sie zu seiner Hütte und rief: »Hier mußt du wohnen, für mich kochen und mein Haus sauberhalten!« Dann sperrte er die Tür mit einem großen Schlüssel ab, legte noch drei eiserne Stangen davor und ging hinaus in den Wald.

Viele Tage vergingen. Mascha hatte sehr Heimweh nach Großmutter und Großvater, und sie wußte auch, daß diese sich Sorgen machten. Aber der Bär sperrte jeden Tag, wenn er ging, die Tür mit dem großen Schlüssel zu, legte die drei eisernen Stangen davor, und ein Entkommen war ganz und gar unmöglich.

Mascha überlegte lange, wie sie dem Bären entwischen und wieder nach Hause gelangen könnte. Eines Abends, als der Bär die Hütte betrat, saß Mascha beim Herd und weinte, und sie sprach: »Ich mache mir solche Sorgen um Großmutter und Großvater, und ich habe Heimweh.«

»Du weißt, daß du von mir nicht mehr fort darfst!« brüllte der Bär.

»Ja, das weiß ich«, sprach Mascha, »aber sieh, ich habe heute Piroggen, kleine Pastetchen, gebacken. Die lege ich in diesen Korb, und morgen sollst du sie zum Häuschen der Großeltern tragen, als einen lieben Gruß von mir. Dann wissen sie, daß es mir gutgeht bei dir. Aber die Großeltern sollen die Piroggen frisch bekommen. Also sieh zu, daß du dich beeilst, und hüte dich, unterwegs zu verweilen, denn ich sehe alles von meinem Fenster aus.«

Am nächsten Morgen, noch ehe der Bär erwacht war, stieg Mascha flugs in den Korb und stellte die Schüssel mit den Piroggen über sich, so daß es aussah, als sei der ganze Korb damit gefüllt. Als der Bär dann erwachte, nahm er den Korb auf den Rücken und brummte: »Der ist aber schwer!«

Wie er nun eine gute Stunde mit dem schweren Korb durch den Wald gegangen war, wollte er sich niedersetzen und ein wenig ausruhen und sprach bei sich: »So weit kann sie doch nicht sehen!«

Aber gerade als er sich setzte, rief Mascha aus dem Korb: »Ich sehe dich! Habe ich nicht gesagt, du sollst dich beeilen und dich nicht aufhalten!«

»Diese Mascha«, brummte der Bär und ging sogleich weiter. Jetzt war er schon eine lange Zeit gegangen, die

Sonne stand am Himmel, und der Schweiß tropfte ihm ins Fell. Er wollte sich wieder niedersetzen und ein wenig verschnaufen und sprach: »Das kann sie jetzt doch nicht mehr sehen!«

Doch kaum hatte er sich niedergesetzt, rief Mascha schon wieder aus dem Korb: »Hab ich dir nicht gesagt, du sollst dich nicht aufhalten!«

»Diese Mascha, diese Hexe«, brummte der Bär, »sogar bis hierher sieht sie.« Und schimpfend und knurrend nahm er den Korb wieder auf und tappte weiter.

Nun stand die Sonne schon hoch am Himmel. Der Bär war gar nicht mehr weit vom Häuschen der Großeltern entfernt, da sprach er: »Aber jetzt muß ich mich hinsetzen und etwas ausruhen. Bis hierher kann sie bestimmt nicht sehen.«

Doch wieder ertönte Maschas Stimme: »Hab ich dir nicht gesagt, du sollst dich nicht aufhalten!«

»Diese Mascha, diese Hexe«, brummte der Bär, »der Teufel soll sie holen. Selbst bis hierher kann sie sehen.« Und es blieb ihm nichts weiter übrig, als den Korb wieder aufzunehmen und weiterzutappen.

Halbtot kam er schließlich beim Häuschen der Großeltern an. Er stellte den Korb ab, pochte kräftig an der Tür, trollte sich wieder in den Wald und war froh, daß er die schwere Last endlich los hatte. Die Großeltern öffneten die Tür, holten verwundert den Korb ins Häuschen, und als sie die Schüssel mit den Piroggen herausgenommen hatten, wer sprang da aus dem Korb: Mascha, frisch und lebendig!

Großmutter und Großvater wußten sich vor Freude

nicht zu lassen, und sie umarmten und küßten Mascha
und lobten sie für ihre Klugheit.
Der Bär aber hat nie wieder kleine Mädchen geraubt,
denn er wußte nun, daß diese klüger waren als er.

[Märchen aus Rußland]

Bei den Zwergen

Es waren einmal recht arme Holzhackerleute. Die hatten im Wald eine kleine Hütte, und drinnen wohnten sie in Not mit ihren zwei Kindern, einem Buben und einem Mädchen. Ja, so arm waren die Holzhackerleute, daß es mitunter vorkam, daß sie und die Kinder ein paar Tage nichts zu essen hatten.

Einmal nun hat wieder die Not recht angeklopft. Und da hat dem Buben geträumt, ein Zwerg sei zu ihm gekommen und hätte ihm gesagt, er und seine Schwester sollten um Mitternacht zur hohen Fichte kommen; dort würden sie viele Zwerge antreffen, und die würden sie zu König und Königin machen.

Da wachte der Bub auf, weckte vorsichtig seine Schwester und sagte ihr, was er geträumt; dann kleideten sie sich lautlos an und gingen um Mitternacht hinauf zur hohen Fichte. Da trafen sie vierundzwanzig Zwerge an, die auf die Kinder gewartet zu haben schienen. Mit großer Freude liefen sie ihnen nämlich entgegen, zogen ihnen goldene Gewänder an und führten sie durch eine Höhle in ihr unterirdisches Königsschloß.

Drinnen im goldglitzernden Krönungssaal standen zwei goldene Sessel. Da wurden die Kinder gekrönt und ihnen gesagt, so könnten sie immer König und Königin sein im Zwergenreich. Nur eines durften sie nicht tun: Ihnen wurde das Weinen verboten. Wenn eine Träne auf den Boden fiele, so hätte die ganze Herrlichkeit ein Ende.

Drei Tage gingen nun vorüber voller Freude und Vergnügen, und die Kinder dachten gar nicht an die Eltern. Als aber der vierte Abend kam, da dachten sie an die Mutter. Was mochte sie tun? Und der Vater? Dabei packte sie das Heimweh derart, daß sie bitterlich zu weinen begannen. Wohl wurden ihre Kopfkissen naß, aber kein Tropfen fiel auf den Boden.

Am fünften Abend aber weinten sie wieder, als sie in ihren Betten lagen. Ein einziges Tränchen rollte über das feine Linnen und fiel zu Boden. Da ging ein Gekrach und Gepolter los, als ob die ganze Welt zusammenstürzte. Dunkel war es um sie, und sie lagen wieder draußen bei der hohen Fichte.

Ein blankes Goldstück, das sie wohl aus ihren goldenen Kleidern vor fünf Tagen verstreut hatten, lag auf dem Boden. Sie aber hatten wieder ihre alten Kleider an. Die Goldmünze hoben sie auf und eilten heim zu den Eltern. Die hatten sich schon sehr gesorgt, wo ihre Kinder so lange gewesen waren, und freuten sich nun, als sie wieder zu Hause waren.

[Märchen aus der Steiermark]

Das Märchen vom Schlaraffenland

Hört zu, ich will euch von einem guten Land erzählen, dahin würde mancher auswandern, wenn er nur wüßte, wo es läge. Aber der Weg dahin ist weit für die Jungen und für die Alten, denen es im Winter zu heiß ist und zu kalt im Sommer. Diese schöne Gegend heißt Schlaraffenland.

Im Schlaraffenland sind die Häuser mit Pfannekuchen gedeckt, Türen und Wände sind aus Lebkuchen und die Balken von Schweinebraten. Was man bei uns für ein Goldstück kauft, kostet dort nur einen Pfennig. Um jedes Haus steht ein Zaun aus Bratwürsten, die sind teils auf dem Rost knusprig gebraten, teils frisch gekocht, je nachdem, ob sie einer so oder so gern ißt. Alle Brunnen sprudeln über von Saft und süßem Wein, das rinnt einem nur so in den Mund hinein. Wer also gern solche Säfte und Weine trinkt, der soll sich beeilen, daß er ins Schlaraffenland hineinkommt. Auf den Bäumen wachsen frischgebackene Semmeln, und unter den Bäumen fließen Milchbäche. In die fallen die Semmeln hinein und weichen sich selber ein, für die, die sie gern einbrocken. Das ist doch etwas für euch Kinder! Also diejenigen von euch, die jetzt auswandern wollen, kommt schnell herbei. Macht euch auf den Weg zum Semmel-

bach und vergeßt nicht, einen großen Milchlöffel
bringen.

Die Fische schwimmen im Schlaraffenland oben
Wasser und sind auch schon gebraten und gebacken.
Ganz nah am Ufer schwimmen sie obendrein. Wenn
einer aber gar zu faul ist und ein richtiger echter Schla-
raffe, der braucht nur »Kommt, kommt!« zu rufen,
dann kommen sie auch sogleich ans Land spaziert und
hüpfen dem Schlaraffen in die Hand, daß er sich nicht zu
bücken braucht.

Ob ihr es glaubt oder nicht, die Vögel fliegen im Schlaraffenland gebraten in der Luft herum, Gänse, Enten
und auch knusprige Hähnchen. Wem es aber zuviel
Mühe macht, die Hand danach auszustrecken, dem fliegen sie geradewegs in den Mund hinein. Auch die Span-
ferkel laufen gebraten umher, und jedes trägt ein Messer
im Rücken, damit derjenige, der Appetit hat, sich gleich
ein frisches saftiges Stück abschneiden kann. Die Käse
wachsen im Schlaraffenland wie die Steine, groß und
klein, die Steine selber sind aber lauter Pastetchen und
Kuchen.

Wenn es dort regnet, dann regnet es lauter Honig in
süßen Tropfen, da kann einer lecken und schlecken, daß
es eine Lust ist. Und wenn es schneit, dann schneit es
Zucker, wenn's aber hagelt, dann hagelt es Würfelzuk-
ker, vermischt mit Rosinen und Mandeln. Im Schlaraffenland lassen die Pferde keine Pferdeäpfel fallen, sondern Eier. Große, ganze Körbe voll und ganze Haufen,
so daß man tausend für einen Pfennig kauft. Das Geld
aber, das kann man dort ohnehin von den Bäumen

schütteln, so wie hierzulande die Kastanien im Herbst. Jeder kann sich das Beste herunterschütteln, was ihm nicht gefällt, kann er liegenlassen.

In dem Land gibt es auch große Wälder, da wachsen auf Büschen und auf Bäumen die allerschönsten Kleider, Röcke, Mäntel und Hosen. Wer ein neues Gewand braucht, der geht in den Wald und wirft es sich mit einem Stein herunter. Das Gras ist aus bunten Bändern, Büsche tragen Broschen und Perlenketten, an Tannen hängen Stiefel und Schuhe, ihr braucht nur hinzugehen und euch etwas davon zu holen.

Auch allerlei Zeitvertreib gibt es im Schlaraffenland. Wer hierzulande gar kein Glück im Spiel hat, der hat es dort. Auch für die Schlafmützen und Faulpelze ist jenes Land das allerbeste. Jede Stunde Schlaf bringt dort einen Taler ein, und jedes Gähnen sogar zwei. Wer im Spiel verliert, dem fällt sein Geld wieder in die Tasche. Und wer die Leute am besten necken und aufziehen kann, bekommt gleich einen Gulden. Wer aber die größte Lüge tut, der wird zum König ausgerufen. Hierzulande lügt so mancher drauf und drein und hat gar nichts von seiner Mühe, dort aber hält man Lügen für die beste Kunst.

Wer dort ein kluger Mensch sein will, muß einen Grobian studiert haben. Solche Studenten gibt es auch bei uns, aber die haben keinen Dank davon und keine Ehre. Obendrein muß im Schlaraffenland solch ein Kluger faul und gefräßig sein, das sind dort schöne Künste. Ich kenne einen, der kann jeden Tag Professor werden. Wer gern arbeitet, der wird sogleich aus dem Schlaraffenland verwiesen, aber wer gar nichts kann, der wird als Edelmann angesehen. Wer nichts kann als schlafen, essen, trinken, tanzen und spielen, der wird zum Grafen ernannt. Der Faulste und Tolpatschigste von allen, der wird König über das ganze Land und erhält obendrein noch einen Schatz von Gold und Edelsteinen.

Nun habe ich euch erzählt, wie es im Schlaraffenland Sitte und Brauch ist. Wer also dorthin eine Reise machen will, soll sich sogleich auf den Weg machen. Ihr müßt aber noch wissen, daß um das ganze Land herum eine berghohe Mauer aus Reisbrei ist. Und wer hinein- oder hinauswill, der muß sich da erst einmal hindurchfressen.

[Märchen aus Mitteldeutschland]

Hühnchen und Hähnchen

Eines schönen Tages gingen das Hühnchen des Pfarrers und das Hähnchen des Bürgermeisters miteinander in den Obstgarten, um Nüsse zu fressen. Als sie sich den Bauch vollgeschlagen hatten, sagte das Hühnchen zum Hähnchen: »Ach, ich möchte so gerne mit einer Kutsche hinaus in die Welt fahren.«

»Warte ein wenig«, antwortete das Hähnchen, »ich will dir eine Kutsche aus den Nußschalen bauen.«

Als die Kutsche fertig war, stieg das Hühnchen ein, setzte sich wie eine feine Dame und wollte, daß das Hähnchen sich wie ein Pferd vor den Wagen spanne und ziehe. Aber da kam es schön an.

»Was, ich soll das Pferd sein?« entrüstete sich das Hähnchen, »ich, der Hahn des Bürgermeisters! Das meinst du doch nicht im Ernst! Kutscher will ich sein, aber nicht das Pferd.«

Da kam die dicke Ente des Müllers hinzu. Sie war in der Nähe spazierengegangen, hatte alles mitangesehen und mitgehört und wollte sich nun totlachen über die beiden mit ihrer Kutsche. Der Hahn war aber ein schlauer Kerl, der ging zur Ente und schmeichelte ihr so lange, bis sie sich schließlich als Pferd vor den Wagen spannen ließ. Darauf setzte sich der Hahn auf den Kutschbock, die

Henne in den Wagen, und so fuhr man im Galopp in die weite Welt hinaus.

Unterwegs trafen sie eine Nähnadel und eine Stecknadel, die baten beide darum, mitfahren zu dürfen.

»Laß sie doch einsteigen«, sagte das Hühnchen zum Hähnchen, »das sind ja so dünne, leichte Leutchen.«

»Na gut«, meinte das Hähnchen, und jetzt setzten sie zu fünft die lustige Reise fort.

Am Abend kamen sie müde zu einem Wirtshaus, aber der Wirt war ein hochmütiger Mann und meinte, solch ein Lumpengesindel wolle er nicht beherbergen. Doch der Hahn versprach ihm, daß das Huhn ihm ein Ei legen werde und daß er auch von der Ente jeden Tag mindestens eins bekomme. Deshalb nahm der Wirt sie schließlich doch noch auf und sperrte sie in ein Kämmerchen neben der Küche. Nur die Ente wollte im Freien schlafen, neben dem Hundehäuschen.

Früh am anderen Morgen weckte das Hähnchen das Hühnchen. Zum Frühstück aßen sie das Ei, das das Hühnchen gelegt hatte. Die Schalen warfen sie in den Herd. Dann steckten sie die Nähnadel ins Handtuch und die Stecknadel in den Sessel des Wirts und machten sich mit der Ente auf und davon.

Kaum waren sie fort, da erschien die Küchenmagd, um das Frühstück zu bereiten. Weil sie aber kein Feuer entfachen konnte, mußte sie den Wirt zu Hilfe holen. Als der mit Feuern fertig war, wusch er sich die Hände und trocknete sie am Handtuch ab. Dabei zerkratzte ihn die Nähnadel so sehr, daß er blutete wie ein Ochse. Erschöpft ließ er sich in den Sessel fallen, um gleich darauf wieder hochzufahren: Die Stecknadel hatte sich in seinen Allerwertesten gebohrt!

Da meldete ihm die Küchenmagd, daß seine kleinen Gäste schon abgereist seien. Jetzt begriff der Wirt, daß ihm das freche Hähnchen diesen Streich gespielt hatte, und er schwor sich wütend, nie mehr solch ein Lumpengesindel in seinem Haus aufzunehmen.

[Märchen aus der Schweiz]

Goldtöchterchen

or dem Tor, gleich an der Wiese, stand ein Haus, darin wohnten zwei Leute, die hatten nur ein einziges Kind, ein ganz kleines Mädchen. Das nannten sie Goldtöchterchen. Es war ein liebes, munteres kleines Ding, flink wie ein Wiesel.

Eines Morgens geht die Mutter früh in die Küche, um Milch zu holen. Da steigt Goldtöchterchen aus dem Bett und stellt sich im Hemdchen an die Haustüre. Nun war ein wunderherrlicher Sommermorgen. Und wie es so in der Haustüre steht, denkt es: »Vielleicht regnet's morgen; da ist's besser, du gehst heute spazieren. Wie's so denkt, geht's auch schon; läuft hinters Haus auf die Wiese und von der Wiese bis an den Busch. Wie's an den Busch kommt, wackeln die Haselsträucher ganz ernsthaft mit den Zweigen und rufen:

> »Nacktfrosch im Hemde,
> was willst du in der Fremde?
> Hast kein' Schuh und hast kein' Hos,
> hast ein einzig Strümpfel bloß;
> wirst du noch den Strumpf verlieren,
> mußt du dir ein Bein erfrieren.

Geh nur wieder heime;
mach dich auf die Beine!«

Aber das Mädchen hört nicht, sondern läuft in das Gebüsch, und wie es durch das Gebüsch ist, kommt es an
den Teich. Da steht die Ente am Ufer mit einer Schar
Junger, alle goldgelb wie die Eidotter, und fängt entsetzlich an zu schnattern. Dann läuft sie Goldtöchterchen
entgegen, sperrt den Schnabel weit auf und tut, als wenn
sie es fressen wollte. Aber Goldtöchterchen fürchtet sich
nicht, geht gerade darauf los und sagt:

»Ente, du Schnatterlieschen,
halt doch den Schnabel und schweig ein bißchen!«

»Ach«, sagt die Ente, »du bist's, Goldtöchterchen! Ich
hatte dich ja gar nicht erkannt, nimm's nur nicht übel.
Nein, du tust uns nichts. Wie geht es dir denn? Wie geht es
denn deinem Herrn Vater und deiner Frau Mutter? Das ist
ja recht schön, daß du uns einmal besuchst. Das ist eine
große Ehre für uns. Da bist du wohl sehr früh aufgestanden? Also du willst dir wohl auch einmal unsern Teich
besehen? Eine recht schöne Gegend! Nicht wahr?«
Wie sie ausgeschnattert hat, fragt Goldtöchterchen: »Sag
einmal, Ente, wo hast du denn die vielen kleinen Kanarienvögel her?«
»Kanarienvögel?« wiederholt die Ente, »ich bitte dich,
es sind ja bloß meine Jungen.«
»Aber sie singen ja so fein und haben keine Federn,
sondern Haare. Was bekommen denn deine kleinen Kanarienvögel zu essen?«

»Die trinken klares Wasser und essen feinen Sand.«

»Davon können sie aber unmöglich wachsen.«

»Doch, doch«, sagt die Ente, »der liebe Gott segnet's ihnen, und dann ist auch zuweilen im Sand ein Würzelchen und im Wasser ein Wurm oder eine Schnecke.«

»Habt ihr denn keine Brücke?« fragt dann Goldtöchterchen weiter.

»Nein«, sagt die Ente, »eine Brücke haben wir leider nicht. Wenn du aber über den Teich willst, will ich dich gern hinüberfahren.« Darauf geht die Ente ins Wasser, bricht ein großes Wasserrosenblatt ab und setzt Goldtöchterchen darauf. Dann nimmt sie den langen Stengel in den Schnabel und fährt Goldtöchterchen hinüber. Und die kleinen Entchen schwimmen munter nebenher.

»Schönen Dank, liebe Ente«, sagt Goldtöchterchen, als es drüben angekommen ist.

»Keine Ursache«, sagt die Ente, »wenn du mich mal wieder brauchst, steh ich gern zu Diensten. Grüße deine Eltern von mir. Schönen guten Morgen.«

Auf der andern Seite des Teiches ist wieder eine große grüne Wiese, auf der geht Goldtöchterchen weiter spazieren. Nicht lange, so sieht es einen Storch, auf den läuft's gerade zu. »Guten Morgen, Storch«, sagt's, »was ißt du denn, was so grünscheckig aussieht und dabei quakt?«

»Zappelsalat«, antwortet der Storch, »Zappelsalat, Goldtöchterchen!«

»Gib mir auch was, ich bin hungrig!«

»Zappelsalat ist nichts für dich«, sagt der Storch, geht an den Bach, taucht mit seinem langen Schnabel tief unter

und holt erst einen goldenen Becher mit Milch und dann
ein Brötchen heraus. Darauf hebt er den einen Flügel
und läßt eine Zuckertüte herunterfallen.

Goldtöchterchen läßt sich's nicht zweimal sagen, sondern setzt sich hin und ißt und trinkt. Wie's satt ist,
sagt's zum Storch:

>»Einen schönen Dank,
    und gute Gesundheit dein Leben lang!«

Darauf läuft's lustig weiter. Nicht lange, so kommt ein
kleiner blauer Schmetterling geflogen. »Kleines Blaues«,
sagt Goldtöchterchen, »wollen wir uns ein wenig fangen?«

»Ich bin's zufrieden«, antwortet der Schmetterling,
»aber du darfst mich nicht anfassen, damit von der Farbe
nichts abgeht.«

Nun haschen sie sich lustig auf der Wiese herum, bis es
Abend wird. Wie es anfängt zu dämmern, setzt sich
Goldtöchterchen hin und denkt: »Jetzt willst du dich
ausruhen, dann gehst du nach Hause.«

Wie's so sitzt, merkt's, daß die Blumen im Gras auch
schon alle müde sind und einschlafen wollen. Das Gänseblümchen nickt ganz schläfrig mit dem Kopf, richtet
sich dann auf, sieht sich mit gläsernen Augen um und
nickt noch einmal. Da steht eine weiße Aster daneben –
das war sicherlich die Mutter – und sagt:

>»Gänseblümchen, mein Engelchen,
    fall nicht vom Stengelchen!
    Geh zu Bett, mein Kind,
    Eile dich geschwind, geschwind!«

Und das Gänseblümchen duckt sich hin und schläft ein. Dabei verschiebt sich das weiße Mützchen, daß ihm die Spitzen gerade übers Gesicht fallen. Darauf schläft auch die Aster ein.

Wie Goldtöchterchen sieht, daß alles schläft, fallen auch ihm die Augen zu. Da liegt es nun auf der Wiese und schläft, und mittlerweile läuft seine Mutter immer noch im ganzen Hause umher und sucht es und weint. Sie geht in alle Kammern und sieht in alle Winkel und unter alle Betten und unter die Treppe. Dann geht sie auf die Wiese bis an den Busch und durch den Busch bis an den Teich. Über den Teich kann es nicht gekommen sein, denkt sie und geht wieder zurück. Sie durchsucht noch einmal alle Winkel und Ecken und sieht unter alle Betten und unter die Treppe. Wie sie damit fertig ist, geht sie wieder auf die Wiese und wieder in den Busch und wieder bis an den Teich. Das tut sie den ganzen Tag, und je länger sie es tut, desto mehr weint sie. Der Mann aber läuft unterdessen in der ganzen Stadt umher und fragt, ob niemand Goldtöchterchen gesehen hat.

Als es aber ganz dunkel geworden war, kam einer von den zwölf Engeln, die jeden Abend über die ganze Welt hinwegfliegen, um nachzusehen, ob sich nicht irgendwo ein kleines Kind verlaufen hat, um es wieder zu seiner Mutter zu bringen, auch auf die grüne Wiese. Als er Goldtöchterchen hier liegen und schlafen sah, hob er es behutsam auf, ohne es zu wecken, flog bis über die Stadt und sah nach, in welchem Haus noch Licht war. »Das wird wohl das Haus sein, wo's hingehört«, sagte er, als er das Haus von Goldtöchterchens Eltern sah, und das

Licht im Wohnzimmer brannte immer noch. Heimlich sah er zum Fenster hinein: Da saßen Vater und Mutter sich an dem kleinen Tisch gegenüber und weinten, und unter dem Tische hielten sie sich die Hände. Da öffnete der Engel ganz leise die Haustüre, legte das Kind unter die Treppe und flog fort.

Die Eltern saßen immer noch am Tisch. Da stand die Frau auf, zündete ein Licht an und leuchtete noch einmal in alle Winkel und Ecken und unter die Betten.

»Frau«, sagte der Mann traurig, »du hast ja schon so oft vergeblich in alle Winkel und Ecken und unter die Treppe gesehen. Geh zu Bett! Unser Goldtöchterchen wird wohl in den Teich gefallen und ertrunken sein.«

Doch die Frau hörte nicht, sondern suchte weiter, und wie sie unter die Treppe leuchtete, lag das Kind da und schlief. Da schrie sie vor Freude so laut auf, daß der Mann eilends die Treppe herabgesprungen kam. Mit dem Kind auf dem Arm kam sie ihm freudestrahlend entgegen. Es schlief ganz fest, so müde hatte es sich gelaufen.

»Wo war es denn? Wo war es denn?« rief er.

»Unter der Treppe lag's und schlief«, erwiderte die Frau, »und ich habe doch heute schon so oft unter die Treppe gesehen.«

Da schüttelte der Mann den Kopf und sagte: »Mit rechten Dingen geht's nicht zu, Mutter. Wir wollen uns freuen, daß wir unser Goldtöchterchen wiederhaben!«

[Märchen von Richard von Volkmann-Leander]

Lügenwette

Ein Edelmann fuhr eines Tages spazieren und hatte an seiner Kutsche sehr schlechte Pferde. Da sah er einen Bauern auf dem Feld, der hatte vor seinen Pflug sehr schöne Pferde gespannt. »Willst du nicht mit mir tauschen?« rief der Edelmann, »deine Pferde passen besser vor meine Kutsche und meine vor deinen Pflug.«

»Das mag wohl sein«, sprach der Bauer, »aber gebt Euch nur keine Mühe, auf den Handel lasse ich mich nicht ein.«

Der Edelmann ließ nicht locker und setzte dem Bauern zu, und endlich kamen sie überein, alle Pferde sollten demjenigen von ihnen gehören, der am besten lügen könne. Da war der Edelmann froh und glaubte schon, er habe gewonnen, denn er dachte, daß er sich auf's Lügen besser verstehe als der Bauer. So begann er zu erzählen:

»Mein Vater hatte sieben Herden Kühe und so viel Milch, daß er sieben Mühlen damit treiben ließ und alles Korn im Lande mahlen konnte.«

»Das ist alles leicht möglich«, sagte der Bauer und wunderte sich nicht im geringsten, »aber mein Vater hatte so viele Bienenstöcke, daß er sie nicht hätte zählen können, auch wenn er fünfhundert Jahre gelebt hätte. Ich mußte einmal die Bienen hüten, da geschah es, daß eine Biene abends nicht heimkehrte. Mein Vater merkte es gleich und schickte mich aus, sie zu suchen und nicht heimzukehren, bis ich sie fände. Ich ging nun überall auf der ganzen Welt herum und fand sie nicht. Da machte ich mich auf und stieg in den Himmel und durchsuchte dort alle Zimmer – auch hier war sie nicht. Nun hatte ich keine Ruhe und dachte, die kann jetzt nur noch in der Hölle sein, du mußt zu guter Letzt auch da noch suchen. So stieg ich hinunter in die Hölle, aber es war umsonst, da war sie auch nicht.

Mißmutig kehrte ich um und wollte nach Hause gehen, kam dabei durch einen Wald, und siehe da, dort traf ich meine Biene. Einem Mann hatte der Wolf einen Ochsen gefressen, und der hatte an Stelle des Ochsen gleich die Biene eingespannt und fuhr mit einer Fuhre Holz heim.

›Hoho, guter Mann‹, rief ich sogleich. ›Ihr werdet verzeihen, daß ich Euch aufhalte, doch die Biene ist mein, spannt sie nur gleich aus!‹ Der Mann gehorchte, ohne ein Wort zu sprechen, denn er war froh, daß ich mit ihm so schön redete. Aber das Ochsenjoch hatte meine Biene wund gerieben, ich streute also ein wenig Erde darauf, und bald war alles geheilt.

Mein Vater hatte eine große Freude, als ich ihm das verlorene Tierchen heimbrachte, das kann man sich denken. Aber ich mußte nun erzählen, was ich im Himmel und in der Hölle gesehen hatte. Im Himmel saßen an einer langen Tafel lauter Bauern und aßen die köstlichsten Speisen und tranken süßen Wein. In der Hölle dagegen waren lauter Edelleute, die wurden von den Teufeln am Spieß gebraten!«

»Du lügst, du lügst!« schrie da der Edelmann.

»Das wollte ich ja eben«, sagte der Bauer, »und jetzt habe ich die Wette gewonnen!«

Er nahm dem Edelmann die Pferde, spannte sie zu den seinen vor den Pflug, und der stolze Herr mußte seinen Wagen nun selber nach Hause ziehen.

[Märchen aus Siebenbürgen]

Warm und kalt aus einem Mund

s war einmal ein Mann, der schlug tief im Walde
Holz. Zu diesem kam ein Waldmännlein, das freundlich
zu ihm sprach. Weil es aber sehr kalt und mitten im
Winter war, fror es den Holzhacker sehr an den Händen. Oft legte er die Axt beiseite und hauchte in die
hohlen Hände, um sie dadurch zu erwärmen.
Das Waldmännlein sah dies und fragte ihn, was das zu
bedeuten habe. Der Holzfäller erklärte ihm, daß er
durch den Hauch seines Mundes seine erfrornen Hände
erwärmen wolle; das Männlein glaubte es und war zufrieden.
Da kam endlich die Mittagszeit, und der Holzfäller
schickte sich an, am Feuer sein Mittagsmahl zu bereiten,
und briet sich einen fetten Pfannekuchen. Noch immer
war das Waldmännlein bei ihm und sah ihm neugierig
zu. Der Holzfäller aber hatte großen Hunger und wollte
nicht warten, bis die Speise abgekühlt war, sondern er aß
davon vom Feuer weg. Da sie aber noch recht heiß war,
blies er mit seinem Mund auf jeden Löffel voll. Das
Waldmännlein nahm dies wunder, und es sagte: »Ist der
Pfannekuchen vom Feuer her nicht warm genug, daß du
noch daranbläst wie an deine erfrornen Hände?«
Der Holzfäller aber erklärte ihm, daß er dies tue, um

den heißen Bissen abzukühlen. Das konnte das Waldmännlein aber nicht mehr fassen. Es sprach zum Holzfäller: »Du bist ein ganz unheimliches Wesen! Aus deinem Mund kommt bald warm, bald kalt, bei dir mag ich
nicht länger bleiben.« Und augenblicklich ging das
Waldmännlein davon.

[Märchen aus Tirol]

Der Nebelriese

Es war einmal ein Bauer, der besaß ein schönes großes Haus, viele Äcker und Wiesen und war auch sonst in der Gemeinde angesehen, und das machte ihn glücklich und zufrieden. Er hatte auch vier Kinder, zwei Knaben und zwei Mädchen. Als diese erwachsen waren und der Vater ihnen von seinem Reichtum und seinem Glück erzählte, fragten sie: »Aber Vater, wenn Ihr so reich seid, warum seid Ihr nicht König?«

Da ärgerte sich der Alte und sprach: »Ei, daß ihr verwünscht wäret auf so lange, bis einer von euch als König heimkehrt!«

Kaum war das Wort gesprochen, so erfüllte es sich auch sogleich: Der ältere Sohn behielt seine menschliche Gestalt, rannte aber gleich fort in die weite Welt. Der zweite wurde ein Fuchs und lief in den Wald. Das ältere Mädchen wurde in einen Raben, das jüngere in eine Krähe verwandelt, und beide flogen weit weg.

Der ältere Sohn in der menschlichen Gestalt wanderte, bis er zu einem großen Königsschloß gelangte. Da klopfte er an und fragte, ob man ihm keinen Dienst geben könne. Wenn er Schafhirte werden wolle, die Stelle sei frei, er könne sie haben, sagte der König. Der Junge war damit zufrieden, und er sorgte so gut für die Schafe, daß in einem Jahre die Herde sich um das Doppelte vermehrte. Der König freute sich darüber sehr und machte den Jüngling sofort zum Rinderhirten. Die Rinderherde vermehrte sich unter ihm in einem Jahre ebenfalls um das Doppelte. Da machte ihn der König zum Roßhirten. Auch die Pferde vermehrten sich in einem Jahre um das Doppelte! Der König gewann den Jüngling deshalb über die Maßen lieb und machte ihn jetzt zu seinem Minister. Der König hatte aber eine einzige Tochter, die war eben achtzehn Jahre alt. An ihrem Geburtstag sagte der Vater, wenn sie jemanden recht von Herzen lieb habe, wer es auch sei, der solle ihr Gemahl und sein Nachfolger im Reiche werden. Da nannte die Jungfrau den Jüngling, denn sie hatte ihn, wie ihr Vater, schon seit langem liebgewonnen. Der König war hocherfreut über die Wahl seiner Tochter, und in kurzem wurde Hochzeit gehalten. Bald darauf starb der König, und der Jüngling wurde sein Nachfolger.

Da sagte er seiner jungen Frau, er müsse nun in seine Heimat fahren, um seine Geschwister zu erlösen, und erzählte ihr die Geschichte, wie sein Vater sie verwünscht habe. Als das die junge Königin hörte, erschrak sie sehr und sprach: »Ach, lieber Mann, wenn du mich verläßt, so bin ich verloren. Denn nicht weit von hier wohnt der Nebelriese, der alle jungen Frauen raubt. Wer wird mich nun schützen, wenn du fortziehst und er kommt?«

Da sprach der Mann: »Fürchte dich nicht, ich nehme dich in meine Heimat mit!« So fuhr er mit ihr in einem geschlossenen Wagen fort; ein Fenster aber war offen geblieben. Als sie nun durch den Wald fuhren, siehe, da kam ein Sturmwind und riß die junge Frau, ehe sich's der Mann versah, hinaus und führte sie im Nu davon. Da wußte der König, daß dieses der Nebelriese getan. Er ließ sogleich ein Pferd ausspannen und befahl dem Kutscher, mit den drei Pferden dazubleiben, bis er wiederkäme.

Er selbst schwang sich auf das ausgespannte Pferd und ritt davon, seine Frau zu suchen. Als er so im Herzen betrübt hinritt, begegnete ihm sein Bruder, der Fuchs. Er erkannte ihn gleich und sprach: »Ach, lieber Bruder, kannst du mir nicht sagen, wo der Nebelriese wohnt. Er hat mir meine junge Frau geraubt!«

»Das weiß ich nicht!« sprach der Fuchs, »aber reise nur immer fort, so kommst du zu unserer Schwester, dem Raben, der wird es wissen!« Da ritt er schnell weiter, und als er sie gefunden und gefragt hatte, gab sie zur Antwort: »Eine Meile von hier, tief im Gebirge, wohnt der Nebelriese; aber reite nicht hin, es ist nicht gut!« Doch er ließ sich nicht abhalten und ritt fort, und als er zum Schloß kam, schaute seine Frau aus dem Fenster. Sie erkannte ihn gleich und weinte vor Freude und sprach: »Ach, lieber Mann, warum kommst du hierher, wo der Tod auf dich wartet. Erretten kannst du mich doch nicht, denn der Nebelriese besitzt einen Hengst, der wiehert so sehr, daß die ganze Erde erzittert. Wenn dieser uns fliehen sieht, so wiehert er, und sein Herr hört das. Dann kommt er, schwingt sich auf den Hengst, ereilt uns im Sturm und tötet dich!« Ihr Mann aber bat sie, sie solle sich für ihn nicht fürchten. Da kam sie, setzte sich zu ihm auf das Pferd, und beide ritten davon.

Als dies der Hengst sah, wieherte er. Der Nebelriese schwang sich sogleich auf ihn, setzte den Flüchtenden nach, ereilte sie und tötete den Jüngling und zerstückelte ihn. So lag er drei Tage, da kam seine Schwester, die Krähe, vorübergeflogen und erkannte sogleich ihren Bruder. Sie flog fort, brachte zwei Salben und bestrich ihn mit der einen. Da fügten sich die Teile zusammen, und der Körper erhielt seine vorige Gestalt. Hierauf salbte sie ihn mit der zweiten, und da bekam er auch das Leben wieder. Nun sagte sie ihm: »Zwei Meilen von hier ist eine Höhle, da wohnt eine alte Hexe, die hat eine Stute und vier Fohlen, von diesen hat jedes jüngere ein Herz mehr als das ältere. Kannst du nun der Hexe drei Tage und drei Nächte lang nach ihrem Willen dienen, so erhältst du zum Lohn das jüngste Fohlen mit vier Herzen, das läuft schneller als der Hengst des Nebelriesen. Damit kannst du deine Frau erretten.«

Da ging er zur Hexe und verdingte sich. Als sie ihn den ersten Abend mit der Stute und den vier Fohlen auf die Weide schickte, befahl sie ihm, er solle eine Stunde vor Tagesanbruch heimkehren, wenn nicht, wäre sein Leben verwirkt.

Er ging, ließ die Pferde frei und aß sein Abendbrot. Da kam eine Maus und bat ihn um ein Stückchen Brot. Er gab ihr's willig, legte sich dann nieder und schlief bald ein. Als er aufwachte, war die Stute mit den Fohlen verschwunden. Da kam die Maus abermals und sagte ihm, sie seien neun Klafter tief unter der Erde. Sie wolle aber hinablaufen und werde sie so lange beißen, bis sie heraufkämen. Das tat die Maus, und so brachte er die Pferde zur bestimmten Zeit nach Hause.

Als er sie den anderen Abend wieder auf die Weide trieb, befahl ihm die Hexe, zwei Stunden vor Tagesanbruch zurückzukommen. Als er diesmal zu Abend aß, kam ein Vogel zu ihm geflogen und bat ihn um ein Stückchen Brot. Er gab es ihm und schlief bald darauf ein. Als er aufwachte, sah er, daß die Pferde wieder verschwunden waren. Da kam der Vogel geflogen und sagte ihm, sie seien oben am Himmel, er wolle hinauffliegen und sie herabjagen. So geschah es, und er brachte sie zur rechten Zeit nach Hause.

Als er sie am dritten Abend auf die Weide trieb, befahl ihm die Hexe, er solle sie drei Stunden vor Tagesanbruch nach Hause bringen. Wie er nun zu Abend aß, kam ein Wolf und bat ihn um ein Stückchen Fleisch. Er gab es ihm gerne und schlief bald darauf ein, und als er erwachte, waren die Pferde wiederum verschwunden. Da kam der Wolf und sagte ihm, sie seien auf einer Insel im Meer und würden von Hunden mit eisernen Zähnen bewacht. Er wolle nun hinüberschwimmen und ihn auf seinem Rücken mitnehmen. Dann wolle er die Hunde auf sich locken. Er solle währenddessen die Pferde fangen, sich auf die Stute schwingen und geschwind heimkehren. So geschah es, und er kam gerade noch rechtzeitig nach Hause. Die Hexe konnte ihm nichts anhaben und mußte ihm nun das jüngste Fohlen zum Lohn geben.

Er ritt sogleich zum Schloß des Nebelriesen, und als er dort ankam, schaute wieder seine Frau zum Fenster hinaus. Sie hatte viel um ihn geweint und getrauert, nachdem sie mit eigenen Augen gesehen, wie ihn der Nebelriese getötet hatte. Und sie wunderte sich nun und freute sich, als sie ihn am Leben sah. Rasch eilte sie zu ihm herab, setzte sich neben ihn aufs Roß, und sie sprengten davon. Als dies der Hengst des Nebelriesen sah, wieherte er abermals, und sein Herr schwang sich flugs auf ihn und verfolgte die Fliehenden. Aber diesmal war es vergeblich, er konnte sie nicht einholen. Als er schließlich erkannte, daß der Jüngling auf dem Fohlen mit den vier Herzen ritt, mußte er unverrichteter Dinge umkehren.

Der Jüngling erreichte mit seiner Frau jenen Ort, wo der Kutscher mit den drei Pferden und dem Wagen wartete. Sie setzten sich hinein und fuhren in seine Heimat. Sein Vater war unterdessen vor lauter Kummer um den Verlust seiner Kinder ganz grauhaarig geworden. Wie freute er sich da, als er sah und hörte, daß sein ältester Sohn nun König geworden sei. Bald kehrten auch seine drei jüngeren Kinder in ihrer menschlichen Gestalt heim, denn jetzt waren sie erlöst. Dann zogen sie alle miteinander an den Hof des jungen Königs und seiner Frau und lebten dort in Glück und Freude bis an ihr Ende.

[Märchen aus Siebenbürgen]

Das Dukaten-Angele

Es waren einmal drei Schwestern, die auf dem Land lebten. Von ihnen war das Hannele sehr geschickt. Die zweite Schwester aber war unklug, und die dritte war noch ein ganz kleines Kind.

Die kluge Schwester war in die Schule gegangen und hatte mancherlei gelernt. Die unkluge war zwar auch in die Schule gegangen, hatte aber nichts gelernt; es war ihr nichts einzutrichtern gewesen. Da die Eltern nicht mehr lebten, nahm sich die kluge Schwester des kleinen Hauswesens an, kochte und wusch, und die unkluge mußte ihr Dienste leisten: aufwaschen, scheuern, Holz spalten, Gänge tun, das Kind tragen und in allem Aschenbrödel sein – aber ohne Aussicht, eine Prinzessin zu werden.

Eines Tages schickte die kluge Schwester die unkluge zu der nahen Stadt und gab ihr Geld mit, um Brot zu kaufen. Nun war in der Stadt gerade Jahrmarkt. Die unkluge Schwester hatte noch nie einen Jahrmarkt besucht, wanderte daher mit offenem Mund und gaffenden Augen zwischen all den Buden voll Jahrmarktsherrlichkeit umher.

Da kam sie an einen Stand, der war übervoll von Puppen und Püppchen, immer eine Puppe schöner als die andere. Ach, da hätte das Mädchen gar zu gern ein paar oder wenigstens nur eines von den Püppchen gehabt. Die Verkäuferin rief ganz freundlich: »Nun, mein liebes, schönes Kind! Kommen Sie näher! Nehmen Sie sich ein Püppchen! Suchen Sie sich das schönste heraus!«

»Das heiße ich eine gute Frau!« dachte die Unkluge, daß sie mir eines zu nehmen erlaubt, nahm sich ein schönes Püppchen, dankte und wollte davongehen. Aber da hielt die Verkäuferin sie am Rock fest und rief: »Na, was ist denn das? So haben wir nicht gewettet, mein sauberes Jungferchen! Man bezahlt auch, wenn man kauft. Oder ist Sie etwa eine Diebin, die findet, wo niemand etwas verloren hat? Geld heraus, oder ich rufe die Polizei!«

Über diese harten Worte erschrak das unkluge Mädchen mehr, als es jemals in seinem ganzen Leben erschrocken war. Vor Schreck gab es alles Geld hin, für das es Brot kaufen sollte.

Die Puppenverkäuferin aber nahm das Geld und schrie: »He, der Bettel langt noch lange nicht!« und riß dem armen Mammele – so wurde die Unkluge aus Spott gerufen, weil sie klein und untersetzt von Wuchs war und einem alten Mütterchen ähnlich sah – die schöne Puppe aus der Hand und gab ihm eine andere, weit geringere, die alt und nur ein bißchen frisch aufgeputzt war. Und sie schrie: »Wie das Geld, so die Ware! Lauf, kleines Balg! Mach, daß du fortkommst! Sei froh, daß du für deine paar lumpigen Heller noch so eine schöne Puppe gekriegt hast!«

Trotz dieser üblen Behandlung war das arme kleine Mammele doch froh, daß es ein Püppchen hatte, herzte es, küßte es und nannte es »Angele«, »Engelchen« und »mein Kindchen, mein Kindchen!«.

Aber ach, als das Mammele heimkam vom Jahrmarkt und statt Brot eine Puppe brachte, da wurde das Hannele sehr böse. Es schlug das arme Mammele, daß es bitterlich weinen mußte, und redete den ganzen Rest des Tages kein Wort mehr mit ihm. Doch behielt das Mammele zu seinem Trost sein Angele. Es hätschelte es und nahm es mit zu Bett, legte es neben sich und schlief bald tief und fest ein, denn es war müde vom Weg, müde von den Schlägen und matt vom Hunger. Das Hannele hatte zur Strafe ihm nichts zu essen gegeben. Neben Mammeles Bett stand das Bettchen der jüngsten Schwester, die Annele hieß. Und an der Wand gegenüber stand Hanneles Bett.

Mitten in der Nacht, es war heller Mondschein, erwachte die kluge Schwester von einer seltsamen Stimme, die drüben aus dem Bett ihrer unklugen Schwester kam.

»Mamma gacka! Mamma gacka!« rief es. Hannele merkte, daß die Stimme von der kleinen Puppe kam, denn ihre Schwestern hatten andere Stimmen. Da nun die unkluge Schwester fest schlief und nichts hörte, rief das Hannele zu dem kleinen Kind hinüber: »Annele, weck einmal das Mammele! Das Angele will ein Gackele legen.«

Auf diesen Zuruf ermunterte sich das kleine Annele und weckte das Mammele. Das Mammele aber stieg auf, nahm sein Angele und setzte es auf ein Tassenköpfchen. Da tat es gleich einen klingenden Klang in dem Tassenköpfchen. Und wie das Mammele das Angele wieder davon herunterhob, hatte das Angele ein goldenes Gakkele gelegt, das einem Dukaten so ähnlich sah wie ein Ei dem anderen.

Da war große Freude bei den Schwestern. Die kluge wurde wieder ganz gut mit der unklugen. Sie küßten und herzten beide das gute Angele, hüllten es in seidene Läppchen, und für den Dukaten kauften sie Brot und Kuchen, Zucker und Kaffee und allerhand schöne Sachen. Und was das schönste war: daß in jeder Nacht das Angele »Mamma gacka!« rief und jede Nacht ein goldenes Gackele legte.

Da kaufte die kluge Schwester nach und nach hübsche Kleider und ließ das Häuschen, worin sie mit ihren Geschwistern wohnte, neu decken, von außen neu anstreichen, und innen ließ sie die Stube tapezieren. Sie kaufte auch Hühner, Gänse, Enten und Tauben auf den Hof, schaffte eine Ziege an, später auch eine Kuh und für das Annele ein Kinderwägelchen, in dem das Mammele das Annele spazierenfuhr. Das Mammele aber hatte das Angele auf dem Schoß, und nebenher lief ein junges Lämmchen, das Lammele gerufen wurde und am Hals an einem roten Bändchen ein klingendes Glöckchen trug.

Da wunderten sich die Nachbarsleute, daß die Schwestern es so gut hatten. Sie konnten nicht begreifen, woher und wovon? Denn obschon die kluge Schwester sehr fleißig war, so wußten die Nachbarsleute doch, daß Fleiß allein nicht zu schnellem Reichtum hilft.

Nun hatten die Schwestern ein Ehepaar zu nahen Nachbarn, das war selbst reich. Aber gerade dieses Paar beneidete die Schwestern am allermeisten. Mann und Frau redeten miteinander über sie: »Wenn wir in aller Welt nur wüßten, woher drüben das Hannele und das Mammele mit ihrem Annele so reich werden? Woher sie nur das Geld nehmen? Es kann nicht mit rechten Dingen zugehen!«

»Wart, mein lieber Mann!« sagte die Frau. »Ich will das bald herausbekommen. Ich will das dumme Mammele fragen, die sagt mir in ihrer Einfalt ganz sicher alles.«

Als bald darauf das Mammele einmal sein Annele mit dem Angele spazierenfuhr und das Lammele klingelnd nebenherlief, trat ihnen die Nachbarsfrau in den Weg und sagte: »Ei, schönen guten Tag, liebes Mammelchen! Wie geht es denn miteinander? Was macht mein gutes Hannelchen? Das ist gewiß recht fleißig zu Haus. Ach, das liebe, brave Mädchen! Und das herzallerliebste Annelchen da! Ach, das Zuckerkind! Ei, und was es für ein hübsches Püppchen auf dem Schoß hat! Und das schöne Lammele, wie das springt! Und das goldige Glöckchen, wie das klingt! Und das saubere Wägelchen, so schön bunt gemalt! Ja, da sieht man: Schöne Leute haben schöne Sachen! O ihr herzigen Goldkinder, ihr!«

Mit diesem scheinbar so freundlichen und liebreichen Geschwätz betörte die Nachbarsfrau das Mammele. Und das Mammele sagte: »Jawohl, Frau Nachbarin, es geht uns ganz gut. Wir sind zufrieden.«

»Freut uns gar zu sehr, mich und meinen Mann, mein liebwertes Mammele!« schmeichelte die Frau. »Ihr seid aber auch gar zu gut, zu brav. Und ihr verdient, daß es euch gutgeht. Wer es nur auch so gut haben könnte wie ihr! Aber das Sprichwort sagt: Den Seinen gibt es der liebe Gott im Schlaf!«

»Freilich, Frau Nachbarin«, antwortete darauf das unkluge Mammele. »Jede Nacht gibt es uns der liebe Gott. Jede Nacht einen goldenen Dukaten.«

»Ei du liebe Güte! Ei, woher denn, du goldiges Herzenskind, du braves, liebes, gescheites Mammele du?« rief und schmeichelte die Nachbarin.

»Das Angele tut es, das da das Annele auf dem Schoß hat!« plauderte das unkluge Mammele aus. »Jede Nacht ruft es: Mamma gacka! Da setze ich es auf ein Tassenköpfchen, und da fällt der Dukaten hinein.«

»Ist es die Möglichkeit!« schrie die Nachbarin außer sich, griff hin und wollte das Püppchen an sich reißen. Aber das Annele hielt es mit beiden Händen fest, erhob ein Geschrei, als stäke es am Spieß, und strampelte sehr mit den Füßen.

»Na, kleiner Narr, behalt nur deine Puppe. Ich werde sie dir nicht nehmen. Ich brauche keine«, sagte begütigend die Nachbarsfrau und ließ ab.

»Nun, auf Wiedersehen, gutes Mammele! Grüß schön das liebe Hannele. Und bleib fein gesund mit dem Annele und dem Lammele« – du dummes Hammele, setzte sie noch in Gedanken hinzu, eilte freudig zu ihrem Mann und verabredete mit ihm einen Plan, wie sie durch Betrug und Täuschung um Aufnahme für eine Nacht in dem Häuschen der Schwestern bitten und den Schwestern das gute, nützliche Püppchen, das Dukaten-Angele, entführen wolle.

Als es Nacht geworden war und Zeit, schlafen zu gehen,

vernahmen die Kinder drüben im Nachbarhaus einen greulichen Lärm. Es klitschte und klatschte, es schmitzte und patschte, daß alles krachte und platzte.

Man hörte die Frau kläglich heulen und den Mann greulich fluchen und schelten. Es war aber alles nur List und Verstellung. Endlich fuhr die Haustür auf, und die Frau fuhr heraus und geradewegs hinüber zu den Schwestern, in einem fort schreiend: »Ach, der böse Mann! Ach, ach!«

Sie wollte sich gar nicht zufriedengeben. Endlich brachte sie unter erheuchelten Tränen und vielem Schluchzen die Lüge vor, daß ihr schlimmer Mann sie jämmerlich geprügelt und aus dem Haus geworfen habe. Um keinen Preis ginge sie wieder hinüber. Die Schwestern möchten sie doch um Gottes willen eine einzige Nacht bei sich behalten, weil es schon so spät sei. Morgen in aller Frühe wolle sie weiter fort, in ihr Heimatdorf zu ihren Leuten.

Die gutmütigen Schwestern hatten Mitleid mit dem falschen Weib und bereiteten ihm in ihrer eigenen Schlafkammer ein Lager. Als sich nun alle zur Ruhe gelegt hatten, nahm die Nachbarin aus dem Bettchen des schlafenden Mammele das Dukaten-Angele. Dann öffnete sie das Fenster, stieg hinaus, sprang in das Gärtchen vor dem Haus, zertrat der Schwestern schönste Blumen und eilte hinüber zu ihrem Haus, wo sie ihr Mann an der offenen Tür empfing. Beide hatten eine Hexenfreude. Sie wollten sich miteinander scheckig lachen, daß der Raub so gut gelungen war.

Als beide in der Stube waren, sagte das Angele:

»Mamma gacka! Mamma gacka!« Das freute die Frau von Herzen. Sie nahm gleich statt einer Tasse die Suppenschüssel, stellte sie dem Angele unter und sagte: »Mach es gut, mach es nicht so einzeln! Mach gleich einen Haufen.«

Das Angele tat auf dieses Zureden sein möglichstes. In der Schüssel aber tat es keinen klingenden Klang, sondern einen tritschenden Tratsch. Und als der Mann die Bescherung sah, glaubte er, seine Frau habe ihn zum Narren gehalten. Er wurde jetzt im Ernst so böse, wie er sich kurz zuvor gestellt hatte, nahm die Suppenschüssel samt der Puppe und warf beide durchs Fenster hinaus auf den Mist. Und er schrie: »Schmeckst du was? Schmeckst du, wie diese faulen Eier stinken?«

Am anderen Morgen merkten die Schwestern, daß das Angele fort war. Es hatte in der Nacht nicht auf das Töpfchen wollen. Sie waren darüber sehr betrübt.

Unterdessen lag das Angele auf dem Mist. Die Suppenschüssel lag über ihr, und nur ein Stückchen von ihrem bunten Röckchen guckte unter dem Rand heraus. Da kam ein Lumpensammler vorbei, der sah das Läppchen, stieß mit seinem Stock die Schüssel zur Seite und freute sich, daß er eine Puppe fand. Er gedachte gleich, die Puppe seinem kleinen Mädchen mitzubringen, hob sie auf, und da sie nicht sauber war, ging er an den nächsten Brunnen und wusch das Angele schön rein.

Da kam zufällig das Mammele an den Brunnen, nach seiner Gewohnheit Wasser zu holen. Das Mammele sah seine Puppe in des fremden Mannes Hand und rief voller Freude: »Ei, mein Angele! Wo bist du denn gewesen?«

Und die Puppe rief gleich: »Mamma gacka! Mamma gacka!« hüpfte dem Mann aus der Hand und dem Mammele an den Hals, schlüpfte ihm unters Halstuch, hatte es sehr notwendig und legte geschwind ein Gackele, das wieder einem Dukaten so ähnlich sah wie ein Ei dem anderen. Diesen Dukaten nahm das Mammele, schenkte ihn dem Lumpensammler und sagte: »Lieber Mann, dieses Püppchen, mag Er es gefunden haben, wo Er will, gehört mir. Hier hat Er aber zum Finderlohn einen Dukaten, weil Er mein Angele gefunden und so schön saubergewaschen hat!«

Dann sprang es eilends nach Hause und zeigte es voller Freude den Schwestern, herzte und küßte das Angele. Und die ältere Schwester, wie die jüngere, das Hannele und das Annele, freuten sich, daß das Mammele das Angele zum zweiten Mal in das Haus brachte. Und sie hüpften vor Freude, wobei auch das Lammele mithüpfte, kochten einen doppeltgemoppelten Kaffee und backten Waffeln.

Und das Angele legte fortwährend jede Nacht sein gelbes Eichen mit einem klingenden Klang in das Tassenköpfchen. Davon wurden die Schwestern sehr reich. Aber sie blieben gut und einträchtig beisammen, erzogen das Annele und ließen es etwas Ordentliches lernen. Denn das begibt sich gar wunderselten, daß kleine Mädchen, die nichts gelernt haben und unklug sind, wie es das Mammele war, ein Dukaten-Angele finden.

[Märchen aus Thüringen]

Der faule Heinz

Heinz war faul, und obgleich er weiter nichts zu tun hatte, als seine Ziege täglich auf die Weide zu treiben, so seufzte er dennoch, wenn er nach vollbrachtem Tagewerk abends nach Hause kam. »Es ist in Wahrheit eine schwere Last«, sagte er, »und ein mühseliges Geschäft, so eine Ziege jahraus, jahrein bis in den späten Herbst ins Feld zu treiben. Wenn man sich noch dabei hinlegen und schlafen könnte! Aber nein, da muß man die Augen aufhaben, damit sie die jungen Bäume nicht beschädigt, durch die Hecke in einen Garten dringt oder gar davonläuft. Wie soll da einer zur Ruhe kommen und seines Lebens froh werden.« Er setzte sich, sammelte seine Gedanken und überlegte, wie er seine Schultern von dieser Bürde freimachen könnte. Lange war alles Nachsinnen vergeblich, plötzlich fiel's ihm wie Schuppen von den Augen. »Ich weiß, was ich tue«, rief er aus, »ich heirate die dicke Trine, die hat auch eine Ziege und kann meine mit austreiben, so brauche ich mich nicht länger zu quälen.«

Heinz erhob sich also, setzte seine müden Glieder in Bewegung, ging quer über die Straße, denn weiter war der Weg nicht, wo die Eltern der dicken Trine wohnten, und hielt um ihre arbeitsame und tugendreiche Tochter an. Die Eltern besannen sich nicht lange: »Gleich und gleich gesellt sich gern«, meinten sie und willigten ein. Nun wurde die dicke Trine Heinzens Frau und trieb die beiden Ziegen aus. Heinz hatte gute Tage und brauchte sich von keiner andern Arbeit zu erholen als von seiner eigenen Faulheit. Nur dann und wann ging er mit hinaus und sagte: »Es geschieht bloß, damit mir die Ruhe hernach desto besser schmeckt. Man verliert sonst alles Gefühl dafür.«

Aber die dicke Trine war nicht minder faul. »Lieber Heinz«, sprach sie eines Tages, »warum sollen wir uns das Leben ohne Not sauer machen und unsere beste Jugendzeit verkümmern? Ist es nicht besser, wir geben die beiden Ziegen, die einen jeden Morgen mit ihrem Meckern im besten Schlaf stören, unserm Nachbar, und der gibt uns einen Bienenstock dafür? Den Bienenstock stellen wir an einen sonnigen Platz hinter das Haus und kümmern uns weiter nicht darum. Die Bienen brauchen nicht gehütet und nicht ins Feld getrieben zu werden. Sie fliegen aus, finden den Weg nach Haus von selbst wieder und sammeln Honig, ohne daß es uns die geringste Mühe macht.«

»Du hast wie eine verständige Frau gesprochen«, antwortete Heinz, »deinen Vorschlag wollen wir ohne Zaudern ausführen. Außerdem schmeckt und nährt der Honig besser als die Ziegenmilch und läßt sich auch länger aufbewahren.«

Der Nachbar gab für die beiden Ziegen gerne einen Bienenstock. Die Bienen flogen unermüdlich vom frühen Morgen bis zum späten Abend aus und ein und füllten den Stock mit dem schönsten Honig, so daß Heinz im Herbst einen ganzen Krug voll herausnehmen konnte.

Sie stellten den Krug auf ein Brett, das oben an der Wand in ihrer Schlafkammer befestigt war, und weil sie fürchteten, er könnte ihnen gestohlen werden, oder die Mäuse könnten darüber geraten, so holte Trine einen starken Haselstock herbei und legte ihn neben ihr Bett, damit sie ihn, ohne unnötigerweise aufzustehen, mit der Hand erreichen und die ungebetenen Gäste vom Bett aus verjagen könnte.

Der faule Heinz verließ das Bett nicht gerne vor Mittag: »Wer früh aufsteht«, sprach er, »sein Gut verzehrt.« Eines Morgens, als er so am hellen Tage noch in den Federn lag und von dem langen Schlaf ausruhte, sprach er zu seiner Frau: »Die Weiber lieben die Süßigkeit, und du naschst von dem Honig. Es ist besser, ehe er von dir allein aufgegessen wird, daß wir dafür eine Gans mit einem jungen Gänslein erhandeln.«

»Aber nicht eher«, erwiderte Trine, »als bis wir ein Kind haben, das sie hütet. Soll ich mich etwa mit den jungen Gänsen plagen und meine Kräfte dabei unnötigerweise zusetzen?«

»Meinst du«, sagte Heinz, »der Junge werde Gänse hüten? Heutzutage gehorchen die Kinder nicht mehr, sie tun nach ihrem eigenen Willen, weil sie sich klüger vorkommen als die Eltern, gerade wie jener Knecht, der die Kuh suchen sollte und drei Amseln nachjagte.«

»Oh«, antwortete Trine, »dem soll es schlecht bekommen, wenn er nicht tut, was ich sage. Einen Stock will ich nehmen und mit ungezählten Schlägen ihm die Haut gerben. Siehst du, Heinz«, rief sie in ihrem Eifer und faßte den Stock, mit dem sie die Mäuse verjagen wollte, »siehst du, so will ich auf ihn losschlagen.« Sie holte aus, traf aber unglücklicherweise den Honigkrug über dem Bett. Der Krug sprang gegen die Wand und fiel in Scherben herab, und der schöne Honig floß auf den Boden.

»Da liegt nun die Gans mit dem jungen Gänslein«, sagte Heinz, »und braucht nicht gehütet zu werden. Aber ein Glück ist es, daß mir der Krug nicht auf den Kopf gefallen ist, wir haben alle Ursache, mit unserm Schicksal zufrieden zu sein.« Und da er in einer Scherbe noch etwas Honig bemerkte, so langte er danach und sprach ganz vergnügt: »Das Restchen, Frau, wollen wir uns noch schmecken lassen und dann nach dem gehabten Schrecken ein wenig ausruhen. Was tut's, wenn wir etwas später als gewöhnlich aufstehen, der Tag ist doch noch lang genug.«

»Ja«, antwortete Trine, »man kommt immer noch zu rechter Zeit. Weißt du, die Schnecke war einmal zur Hochzeit eingeladen, machte sich auf den Weg, kam aber zur Kindtaufe an. Vor dem Haus stürzte sie noch über den Zaun und sagte: ›Eilen tut nicht gut.‹«

[Märchen der Brüder Grimm]

Von Riesenbirnen und Riesenkühen

In alten Zeiten gab es in unserem Land noch Birnen, die waren tausendmal größer als heutzutage. Die nannte man die ›zuckersüßen Birnen‹. Fiel so eine zuckersüße Frucht ab, so wurde sie in den Keller gerollt, und da zapfte man ihr den Saft ab, ganze Eimer voll. Den Stiel mußten zwei Männer mit der großen Waldsäge abtrennen. Danach fuhr man mit ihm zur Sägemühle und ließ daraus die Balken schneiden, um Häuser zu bauen.

Dazumal bereitete es den Leuten auch viel Sorge, die Milch aufzubewahren. Die Kühe waren nämlich so groß, daß man Teiche und Seen anlegte, um die viele Milch, die sie gaben, aufzufangen. Jeden Tag ruderten dann die Hirten in Booten auf dem See herum und schöpften den Rahm ab.

Am merkwürdigsten waren aber die Kuhhörner. Die waren so lang, so lang, das glaubt ihr kaum. Wenn man da zu Ostern hineinblies, dann kam der Ton erst an Pfingsten heraus.

[Märchen aus der Schweiz]

Der Hase und der Wolf

Einmal zur Winterszeit begegnete ein hungriger Wolf einem Hasen und rief ihm zu: »Bleib stehen! Ich bin hungrig und will dich fressen.«
Der Hase erwiderte: »An mir wirst du keinen guten Bissen haben, denn ich bin selbst verhungert und abgemagert. Laß mich deshalb leben, und im nächsten Herbst werde ich dir alle meine Jungen bringen, damit du sie fressen kannst. Wenn du hungrig bist, dann gehe ins nächste Dorf, dort sind alle Bauern betrunken, denn sie feiern heute eine Hochzeit. Bei dieser Gelegenheit kannst du dir einige Schafe holen.«
»Auch gut«, versetzte der Wolf, »und im nächsten Herbst sollst du mir alle deine Jungen hier an diesen Ort führen.« Dann gingen sie beide ihrer Wege.
Der Sommer verging, und der Herbst begann. Da begegnete der Wolf wieder einmal dem Hasen und sprach zu ihm: »Bringe deine Jungen am nächsten Sonntag in der Frühe an den verabredeten Ort. Ich habe schon seit langer Zeit kein Hasenfleisch gegessen.«
»Ja, ich werde sie bringen«, antwortete der Hase und hoppelte lustig weiter.
Am nächsten Sonntag, zeitig und in aller Frühe, machte er sich mit seinen sechs Jungen auf den Weg. Als sie sich

dem Ort näherten, wo sie den Wolf treffen sollten, hieß der alte Hase seine Jungen in ein Maisfeld laufen und sich einen Maiskolben abbrechen. Wie sie nun mit den Maiskolben zurückkehrten, sprach er: »Steckt das Ende des Maiskolbens in euer Maul und wartet hier so lange, bis ich euch rufe. Dann kommt recht langsam heran!« Hierauf lief der Hase an den bestimmten Ort, wo er den Wolf traf. Der schrie ihn sogleich barsch an: »Was, du willst mich betrügen? Wo sind deine Jungen?«

»Gedulde dich ein Weilchen«, versetzte der Hase, »sie werden gleich hier sein. Es sind ganz wilde Kerle, meine Jungen, und seit sie Löwenfett gegessen haben, sind sie so stark geworden, daß ich mit ihnen schon nicht mehr umgehen kann und recht froh sein werde, wenn du ihnen den Garaus machst!« Dann rief der Hase seine Jungen, die jetzt langsam herankamen. Als der Wolf, die Maiskolben im Maul der Jungen bemerkte, fragte er den Hasen: »Was haben deine Jungen in ihren Mäulern?«

»Ach, lieber Freund«, versetzte der Hase, »ich habe dir schon gesagt, daß sie seit der Zeit, wo sie Löwenfett gegessen haben, so stark geworden sind, daß sie jedes Tier auffressen, das ihnen begegnet. Da haben sie sich auf dem Weg sechs Wölfe gefangen, die sie verzehrten, und jetzt spielen sie mit den Wolfsschwänzen!« Als dies der Wolf hörte, lief er so schnell er konnte davon. Der Hase aber hoppelte mit seinen sechs Jungen vergnügt nach Hause.

[Märchen der Siebenbürger Armenier]

Das Klapperstorch-Märchen

Wovon die Beine der Dackel so kurz sind, weiß jeder: Die haben sie sich abgelaufen. Wie aber der Storch zu seinen langen Beinen gekommen ist, das ist eine ganz andere Geschichte.

Drei Tage nämlich, ehe der Storch ein kleines Kind bringt, klopft er mit seinem roten Schnabel an das Fenster der Leute, welche es bekommen sollen, und ruft:

»Schafft eine Wiegen,
ein'n Schleier für die Fliegen,
ein buntes Röcklein,
ein weißes Jäcklein,
Mützchen und Windeln,
bring ein klein Kindel!«

Dann wissen die Leute, woran sie sind. Doch zuweilen, wenn er sehr viel zu tun hat, vergißt er es, und dann gibt's große Not, weil nichts fertig ist.

Bei zwei armen Leuten, welche im Dorf in einer kleinen Hütte wohnten, hatte es der Storch auch vergessen. Als er mit dem Kind kam, war niemand zu Hause. Mann und Frau waren auf Feldarbeit gegangen und Tür und Fenster verschlossen. Es war nicht einmal eine Treppe vor dem Haus, auf die er es hätte legen können. Da flog er aufs Dach und klapperte so lange, bis das ganze Dorf zusammenlief und eine alte Frau eilend aufs Feld hinaussprang, um die Leute zu holen.

»Herr Nachbar, Frau Nachbarin! Herr Nachbar, Frau Nachbarin!« rief sie schon von weitem, ganz außer Atem. »Um Gottes willen! Der Storch sitzt auf eurem Haus und will euch ein kleines Kind bringen. Niemand ist da, der ihm's Fenster aufmachen kann. Wenn ihr nicht bald kommt, läßt er's fallen, und es gibt ein Unglück!«

Da liefen die beiden Hals über Kopf nach Haus und nahmen dem Storch das Kind ab. Wie sie es besahen, war es ein wunderhübscher kleiner Junge, und Mann und Frau waren vor Freude außer sich. Doch der Storch hatte sich über das lange Warten so geärgert, daß er sich vornahm, ganz bestimmt den beiden Leuten nie wieder ein Kind zu bringen. Als sie endlich kamen, sah er sie schon ganz schief und ärgerlich an, und während er fortflog sagte er noch: »Heute wird's auch wieder spät werden, ehe ich zu meiner Frau in den Sumpf komme. Ich habe noch zwölf Kinder auszutragen, und es ist schon spät. Das Leben wird einem doch recht sauer!«

Doch die beiden Leute hatten es in ihrer Herzensfreude gar nicht bemerkt, daß sich der Storch so schwer geärgert hatte. Eigentlich war er ja auch ganz allein daran schuld, daß er so lange hatte warten müssen, weil er es doch vergessen hatte, es ihnen vorher zu sagen.

Wie nun das Kind wuchs und täglich hübscher wurde, sagte eines Tages die Frau: »Wenn wir dem guten Storch, der uns das wunderhübsche Kind gebracht hat, nur irgend etwas schenken könnten, was ihm Spaß machte. Weißt du nichts? Mir will gar nichts einfallen.«

»Das wird schwierig sein«, erwiderte der Mann, »er hat schon alles.«

Am nächsten Morgen jedoch kam er zu seiner Frau und sagte zu ihr: »Was meinst du, wenn ich dem Storch beim Tischler ein Paar recht schöne Stelzen machen ließe? Er muß doch immer in den Sumpf, um Frösche zu fangen, und dann wieder in den großen Teich hinterm Dorf, aus dem er die kleinen Kinder herausholt. Da muß er doch sehr oft nasse Füße bekommen. Er hat damals, als er zu uns kam, auch ganz heiser geklappert.«

»Das ist ein herrlicher Einfall«, entgegnete die Frau. »Aber der Tischler muß die Stelzen recht schön rot lakkieren, damit sie zu seinem Schnabel passen.«

»So?« sagte der Mann, »meinst du wirklich rot? Ich hatte an grün gedacht.«

»Aber bester Schatz«, fiel die Frau ein. »Wo denkst du hin? Ihr Männer wißt doch niemals, was zusammenpaßt und gut steht. Sie müssen unbedingt rot sein.«

Weil nun der Mann sehr verständig war und stets auf seine Frau hörte, so bestellte er wirklich rote Stelzen, und als sie fertig waren, ging er an den Sumpf und brachte sie dem Storch.

Und der Storch war sehr erfreut, probierte sie gleich und sagte: »Eigentlich war ich auf euch recht böse, weil ihr mich damals so lange habt warten lassen. Weil ihr aber so gute Leute seid und mir die schönen roten Stelzen schenkt, so will ich euch auch noch ein kleines Mädchen bringen. Heute über vier Wochen werde ich kommen.

Daß ihr mir dann aber auch zu Hause seid! Ich werde es nicht noch einmal ansagen, den Weg kann ich mir sparen! – Hörst du?«

»Nein, nein«, erwiderte der Mann, »wir werden sicher zu Hause sein. Du sollst diesmal keinen Ärger davon haben.«

Als die vier Wochen um waren, kam tatsächlich der Storch geflogen und brachte ein kleines Mädchen. Das war noch hübscher als der kleine Junge, und es war nun gerade das Pärchen voll. Auch blieben beide Kinder hübsch und gesund und die Eltern auch, so daß es eine rechte Freude war.

Nun wohnte aber im Dorf ein reicher Bauer, der besaß ebenfalls nur einen Jungen, und der war noch dazu ziemlich garstig. Der Bauer wünschte sich so sehr noch ein Mädchen. Als er hörte, wie es die armen Leute angefangen hatten, dachte er bei sich, das werde ihm auch gelingen. Er ging sofort zum Tischler und bestellte ebenfalls ein Paar Stelzen, viel schöner als die, welche die armen Leute hatten anfertigen lassen. Oben und unten mit goldenen Knöpfen und in der Mitte grün, gelb und blau geringelt. Als sie fertig waren, sahen sie in der Tat ungewöhnlich schön aus.

Darauf zog er sich seine beste Jacke an, nahm die Stelzen unter den Arm und ging hinaus an den Sumpf, wo er auch gleich den Storch fand.

»Ganz gehorsamer Diener, Euer Gnaden«, sagte er zum Storch.

»Meinst du mich?« fragte der Storch, der auf seinen schönen roten Stelzen behaglich im Wasser stand.

»Ich bin so frei«, erwiderte der Bauer.

»Nun, was willst du?«

»Ich möchte gern ein kleines Mädchen haben, und da hat sich meine Frau erlaubt, Euer Gnaden ein kleines Geschenk zu schicken. Ein Paar ganz bescheidene Stelzen.«

»Da mach nur, daß du wieder nach Hause kommst«, entgegnete der Storch, und er drehte sich auf einem Bein um und sah den Bauern gar nicht wieder an. »Ein kleines Mädchen kannst du nicht bekommen; und deine Stelzen brauche ich auch nicht! Ich habe schon zwei sehr schöne, rote, und da ich meist nur eine auf einmal benutze, werden sie wohl sehr lange halten. – Außerdem sind ja deine Stelzen ganz abscheulich häßlich. Pfui! Blau, grün und gelb geringelt wie ein Hanswurst! Mit denen dürfte ich ja der Frau Storch gar nicht unter die Augen kommen.«

Da mußte der reiche Bauer mit seinen schönen Stelzen abziehen, und ein kleines Mädchen hat er sein Lebtag nicht bekommen.

[Märchen von Richard von Volkmann-Leander]

Der Schneider und der Riese

V or langer Zeit, als es noch Zwerge gab, da gab es auch noch Riesen auf der Welt. Ein solch großer Bursche machte sich einst auf den Weg, ob er nicht einen fände, der ihm an Mut und Stärke gleichkäme. Es dauerte gar nicht lange, da kam er zu einem großen Berg, und dort brach er aus lauter Übermut einen gewaltigen Felsbrocken heraus und schleuderte ihn in die Tiefe. Gleich darauf begann da unten jemand gräßlich zu fluchen, und zwischen den Bäumen erhob sich ein gewaltiger Kerl.

Da hatte im Wald ein zweiter Riese gerade sein Mittagsschläfchen gehalten und war durch den Felsbrocken recht unsanft geweckt worden. Weil ihm aber sonst kein Härchen gekrümmt worden war, wurden die beiden Riesen auf der Stelle gute Freunde, wanderten gemeinsam weiter und vertrieben sich die Zeit mit allerhand übermütigen Späßen.

Eines Tages kamen sie zu einer mächtig hohen Felswand, und an der wollten sie ihre Kraft und Stärke erproben. Derjenige von ihnen sei der Stärkste – so kamen sie überein –, der mit dem Kopf das tiefste Loch in den Fels drücken könne. Schon nahm der erste Anlauf und schlug ein mächtiges Loch in die Wand. So groß, daß er den halben Kopf darin verbergen konnte. Der zweite wollte es noch besser machen, nahm Anlauf und donnerte mit solcher Gewalt gegen den Fels, daß er mit dem ganzen Kopf, bis zu den Schultern, in der Wand stekkenblieb und beinahe auf der anderen Seite wieder herausgefahren wäre. Aber eben nur beinahe! So aber blieb er stecken und konnte nicht mehr vor und nicht mehr zurück und mußte elend verzappeln.

Da wurde der erste zornig, daß er seinen Freund schon wieder verloren hatte, und er schwor, er wolle seinen Tod am ersten besten, der ihm begegne, furchtbar rächen.

Der erste, der ihm kurz darauf über den Weg lief, war ausgerechnet ein armer, dünner Schneider.

»Du kommst mir gerade recht«, rief der Riese und streckte schon die Faust nach dem Schneider. Der aber war nicht faul, machte einen Sprung zur Seite, tat ganz unbeeindruckt und prahlte: »Mit wem meinst du, daß du's zu tun hast? Vor dir fürchte ich mich nicht im geringsten. Wetten, daß ich stärker bin als du?« Das wunderte den Riesen doch etwas, und er sprach: »Nun, auf eine Probe kann man's ja ankommen lassen.« Er hob einen zentnerschweren Felsbrocken vom Boden auf und forderte den Schneider auf, es ihm doch gleichzutun.

»Oh, ich kann noch viel mehr«, sagte der Schneider, der ein rechter Prahlhans war, »ich kann den härtesten Kieselstein zwischen meinen Fingern zerreiben.«

Er tat als ob er sich einen Kieselstein greife, nahm aber unbemerkt aus seinem Rucksack ein Stück Käse und zerquetschte den, daß der Saft nur so heraustroff. Dem

Riesen, der von dem Tausch nichts bemerkt hatte, stand das Maul offen, und er bekam ordentlich Respekt vor dem Schneiderlein.

»Mit einem solchen Kerl zusammen kann ich mein Glück machen«, dachte er, und so schlossen sich die beiden zusammen und zogen gemeinsam weiter.

Nachdem sie lange gewandert waren, kamen sie schließlich in eine große, prächtige Stadt, wo der Palast des Königs stand. Aber statt Freude und Fröhlichkeit fanden sie dort nur Trauer und Leid, denn die einzige Tochter des Königs sollte gerade an diesem Tag einem grausamen Drachen zum Opfer gebracht werden. Der hauste schon lange nahe der Stadt und forderte jeden Tag einen Menschen zur Speise. Bekam er das nicht, so fiel der Drache über die Stadt her und wütete darin so schrecklich, daß die Leute am Ende froh waren, nur ein einziges Opfer bringen zu müssen statt vieler. So wurde jeden Tag neu ausgelost, und wen das Los traf, der mußte sich fügen. So war es bei Ehre und Eid ausgemacht.

Diesmal hatte es die Königstochter getroffen, und der König ließ ausrufen, wer den Drachen töte, der solle die Prinzessin zur Frau erhalten und das Königreich obendrein. Das vernahmen auch der Riese und der Schneider, und sogleich wollten sie die Tat wagen und ihr Glück versuchen.

»Ich habe die List«, dachte der Schneider, »und er die Kraft. Zusammen können wir den Drachen wohl besiegen.« Also meldeten sie sich beim König und rüsteten sich mit einem Hammer und einer Zange, um gegen den Drachen loszuziehen. Als sie vor der Drachenhöhle angekommen waren, überlegten sie sich folgende List: Der Riese würde mit dem Hammer das Untier aus der Höhle jagen, während draußen der Schneider mit der Zange lauern und den Drachen damit packen sollte.

Gesagt, getan! Aber als der Drache unter den furchtbaren Schlägen des Hammers aus der Höhle fuhr, schnappte er den Schneider samt seiner Zange im Fluge weg und verschluckte ihn mit Haut und Haar. Sogleich kam der Riese hinter dem Untier drein und schlug ihm den hornigen Schädel ein, daß es nur so krachte. Dann schnitt er dem Drachen den Bauch auf und ließ den Schneider herausschlüpfen.

Der Riese schimpfte nun gewaltig, daß der Schneider um ein Haar die ganze Sache verdorben hätte, und deshalb wolle er die Prinzessin und das Königreich für sich haben.

»Was machst du dich so wichtig, du alter Prahlhans!« sagte der Schneider. »Hättest du mich nur machen lassen. Ich bin ja absichtlich in das Drachenmaul geschlüpft, weil ich den gefährlichen Kerl von innen heraus umstülpen wollte, wie einen Handschuh.« So kamen sie miteinander streitend vor den König. Aber wem sollte nun die Prinzessin und das Reich gehören?

Wieder wußte der schlaue Schneider Rat. »Weißt du was«, sagte er, »wer von uns beiden mehr Reisbrei essen kann, der soll der Glückliche sein.«

Der Riese war sogleich einverstanden, denn Reisbrei war seine Leibspeise. Und so konnte er es kaum erwarten, bis der König einen gewaltig großen Topf voller Reisbrei bringen ließ, wie ein Berg so hoch. Nun begann das Wettessen: Der Riese aß und aß, aber der kleine Schneider hielt wacker mit und wurde gar nicht satt. Er hatte sich nämlich heimlich einen Sack unter seine Weste gehängt und löffelte da den süßen Reisbrei hinein statt in seinen Mund. So aß er sogar noch weiter, als der Riese längst zum Zerplatzen voll war. Und endlich mußte der seine Niederlage eingestehen.

Da bekam der Schneider die Prinzessin und das Reich und hielt auf der Stelle eine lustige Hochzeit. Das ärgerte den Riesen jedoch nicht so sehr, als daß er im Reisbreiwettessen besiegt worden war. Er plagte den Schneider, ihm doch zu sagen, wie er es angestellt habe, so viel Reisbrei zu verdrücken.

»Schau«, sagte der Schneider, »die Sache ist ganz einfach. Ich habe mir den Bauch aufgeschlitzt, und so ist der Brei eben immer wieder unten herausgelaufen.«

Das schrieb sich der Riese hinter die Ohren. In Zukunft wollte er Meister im Reisbreiwettessen sein. Er beschloß sogleich eine Probe zu machen, ließ sich einen gewaltigen Topf Reisbrei kochen, schluckte einige riesige Löffel voll und nahm dann das Messer... Ja, das war das letzte Mal in seinem Leben, daß er Reisbrei gegessen hatte.

Der Schneider aber lebte in Glück und in Frieden und wurde mit der Prinzessin sehr glücklich.

[Märchen aus der Schweiz]

Vom Knaben, der das Hexen lernen wollte

Es war einmal ein Knabe, der hatte vieles gehört von der Hexenkunst und wollte sie auch gerne lernen. Wen er aber danach fragte, der sagte ihm, daß er diese Kunst nicht kenne und nicht könne und auch nichts von ihr wissen wolle. Da ging der Knabe ganz allein in einen dunklen Wald und rief mehr als einmal recht laut: »Wer lehrt mich das Hexen?« Und da schallte es wie antwortend an mehreren Stellen des tiefen Waldes: »Hexen! Hexen!«

Nach einer Weile kam ein uraltes Weiblein durch das Gebüsch gekrochen. Das hatte keinen Zahn mehr im Mund und schrecklich rote Augen. Ihr Rücken war gekrümmt, das Haar weiß und hing ihr wild um den Kopf herum und wehte im Wind. Ihre Stimme klang wie die Stimme des Vogels Kreideweiß, wenn er ruft: »Komm mit!« Und geradeso rief auch das alte Weib dem Knaben zu und winkte ihm zu folgen, sie wollte ihn das Hexen lehren.

Der Knabe folgte ihr. Da führte sie ihn immer tiefer in den Wald hinein, und zuletzt auf ein sumpfiges Moor. Darauf stand eine graue, unscheinbare, halbverfallene Waldhütte. Die Wände waren aus Torfziegeln und mit Moos austapeziert, das Dach mit Schilf gedeckt. In der

Waldhütte war niemand als ein junges, hübsches Mädchen, das Lieschen hieß. Die Alte sagte aber nicht, ob es ihre Tochter oder ihre Enkelin war. Außerdem saßen nur noch drei große Kröten da, und über dem niedrigen Herd hing ein Kessel, darin kochte eine Brühe aus Gänseschwarz, Hasenpfeffer oder sonstigem Schwarzsauer mit Fleischknöchlein darin. Die Alte setzte eine Kröte vor die Türschwelle, daß sie Wache halte. Die zweite Kröte schickte sie auf den Dachboden, dem Knaben ein Lager zu bereiten, und die dritte Kröte stellte sie auf den Tisch, daß sie leuchte. Diese Kröte tat ihr Bestes im Leuchten; doch wie auch ihre Äuglein in grünlichem Schimmer flammten, sie brachte es trotzdem kaum fertig, so hell zu leuchten wie ein Glühwürmchen.

Nun aßen die Alte und das Lieschen aus dem Kessel ihre Abendmahlzeit, und der Knabe sollte auch essen, aber es grauste ihm vor dieser Speise. Er klagte, daß er sehr müde sei, und wurde auf sein Strohlager gewiesen. Er schlief bald mit dem Gedanken ein, daß am anderen Morgen seine Lehrzeit in der Hexenkunst beginnen würde und daß er es besonders schön fände, wenn das kleine Lieschen ihm diesen Unterricht geben würde. Die alte Hexe aber zischelte dem Mädchen zu: »Wieder einen gefangen! Einen hübschen Braten! Morgen wecke mich recht früh, ehe die Sonne aufgeht, dann wollen wir ihn schlachten.«

Jetzt gingen die beiden auch schlafen, aber Lieschen fand keinen Schlaf. Es machte sie sehr traurig, daß der schöne Knabe auch sterben sollte. Sie stand von ihrem Lager auf, trat an das seine und sah, wie schön rot seine

Wangen waren und wie blond sein gelocktes Haar. Daß seine Augen blau wie Vergißmeinnicht waren, hatte Lieschen nicht vergessen. Es grauste ihr vor sich selbst, weil sie gezwungen war, der alten bösen Hexe zu dienen. Die hatte sie schon lange, als sie noch ein ganz kleines Kind war, ihren Eltern geraubt und in den tiefen Wald geschleppt. Sie hatte das Hexenhandwerk lernen müssen: wie man pfeilschnell durch die Luft eilt, wie man sich unsichtbar macht und wie man sich in andere Gestalten verwandelt. Als sich nun Lieschens Herz in voller Zuneigung dem Knaben zuwandte, beschloß sie, ihn zu retten. Sie weckte ihn deshalb ganz leise und flüsterte ihm zu: »Lieber Knabe, steh auf und folge mir! Hier wartet nur der Tod auf dich.«

»Soll ich denn hier nicht das Hexen lernen?« fragte der Knabe, der Frieder hieß.

»Es ist besser für dich, wenn du es niemals lernst! Außerdem hast du immer noch Zeit genug dazu«, antwortete Lieschen. »Jetzt eile dich, flieh, und ich will mit dir fliehen.«

»Mit dir gehe ich gerne«, sagte der Knabe, »bei der häßlichen Alten mit ihren garstigen Kröten möchte ich nicht bleiben.«

»So komm denn!« sprach Lieschen, öffnete leise das Häuschen und sah nach, ob die Alte schlief. Das tat sie, denn es war erst die halbe Nacht vorbei und noch lange nicht Morgen.

Jetzt trat Lieschen mit Frieder aus dem Häuschen, und Lieschen spuckte auf die Schwelle. Danach eilten sie beide schnell davon. Durch das Öffnen und Schließen der Tür war aber doch ein kleines Geräusch entstanden, und weil alte Leute sehr leicht schlafen, erwachte die Hexe und rief: »Lieschen, steh auf! Ich glaube, es wird bald Tag!«

Da rief die Spucke auf der Schwelle durch einen Hexenzauber, den Lieschen angewendet hatte: »Ich bin schon auf! Ruhe nur noch, bis ich das Hüttchen gekehrt und Laub und Holz zum Feuer zusammengelesen habe.« Nun blieb die Alte noch ein Weilchen liegen, während die Fliehenden unaufhaltsam davoneilten. Die Hexe konnte aber nicht wieder einschlafen und rief wieder: »Lieschen, brennt das Feuer?«

Da antwortete abermals die Spucke auf der Schwelle: »Es brennt noch nicht, das Laub ist feucht, das Holz raucht. Ruhe noch ein Weilchen, bis ich das Feuer angeblasen habe.« Die Alte ruhte noch eine kurze Zeit, während die Fliehenden sich immer mehr von ihrer Hütte entfernten. Unterdessen ging die Sonne auf, da fuhr die Alte, die ein wenig eingenickt war, mit beiden Beinen zugleich aus dem Bett und schrie: »Teufelskind! Die Sonne geht auf, und du hast mich nicht geweckt. Wo steckst du?«

Auf diese Frage bekam die Alte keine Antwort, denn die Sonne hatte die Spucke auf der Schwelle getrocknet. Nun fuhr die Hexe wie ein Wirbelwind im Haus herum. Der Knabe war fort, und Lieschen war fort, und die Hütte war nicht gefegt, es lag nicht Laub, nicht Holz auf dem Herd. Die Alte war wütend. Sie ergriff einen Besenstiel und rannte aus dem Hause. Sie schlug mit dem Besen an die Tür, da wurde das Häuschen unsichtbar;

sie trat auf einen Pilz, da wallte eine Wolke empor. Dann setzte sie sich auf ihren Besenstiel und fuhr mit der Wolke in die Luft. Da sah sie, nach welcher Richtung Lieschen und Frieder flohen, und mit Windeseile flog die Wolke ihnen nach. Lieschen aber sah sich auf der Flucht immer um – denn sie kannte die Künste der alten Hexe – und sprach zu Frieder: »Siehst du dort am hohen Himmel die braune Wolke? Das ist die Hexe, die uns nachfährt. Wir können nicht weiter fliehen, sie wird uns bald einholen. Jetzt laß mich meine Kunst gebrauchen. Ich will ein Dornenstrauch werden und dich als eine Schlehe tragen.«

Plötzlich war Lieschen ein Schlehdornbusch, der viele Früchte trug und an einem Feldrand stand; und die unterste Beere, das war der Frieder.

Die Hexe bekam auf ihrer Luftfahrt großen Durst, und als sie den Schlehdornstrauch mit den vielen Früchten sah, sprach sie zu sich selbst: »Die Luft ist trocken und zehrt. Ich muß mich herablassen und ein paar Schlehen essen.«

Das tat sie und pflückte eine Beere nach der andern und sagte: »Sauer macht lustig.« Jetzt waren die Beeren alle verzehrt bis auf die letzte. Das war der Frieder, und das wußte die schlimme Alte recht gut. Sie krallte mehrmals danach, aber der Dornbusch stach sie tüchtig in ihre langen, dürren Finger. Doch sie kümmerte sich nicht darum, sie gab sich viel Mühe, die in Dornen ganz versteckte letzte Schlehe auch noch zu erhaschen. Da fiel die Schlehe ab und rollte den Feldrand hinab. Und da wurde plötzlich der Dornbusch zu einem Teich und die

Beere zu einem kleinen Enterich, alles durch Lieschens Zauberkunst, die sie von der Alten gelernt hatte.

Nun warf die Alte einen ihrer Pantoffel in die Luft. Der wurde bald ein großer Raubvogel und stieß auf den Enterich herab. Der tauchte schnell unter, und sobald der Raubvogel mit seinem Schnabel das Wasser berührte, schlug es eine Welle, die ihn faßte und ersäufte. Danach tauchte der Enterich wieder auf.

Wütend schleuderte die Alte ihren zweiten Pantoffel in das Wasser. Der wurde ein Krokodil und schoß nach dem Enterich hin, um ihn zu schnappen. Da flog der Enterich in die Luft und ließ sich an einer andern Stelle wieder auf das Wasser nieder. Das Wasser aber, das dem Krokodil in den Rachen drang, wurde zu Stein. Da wurde das Krokodil so schwer, daß es untersank. Jetzt legte sich die alte Hexe platt an den Teichrand, um das Wasser wegzutrinken, denn ohne das Wasser konnte sich der verzauberte Enterich nicht mehr retten. Sobald er das Land berührte, mußte er seine vorige Gestalt wieder annehmen.

Die Alte hatte aber noch nicht lange getrunken, da verwandelte sich das Wasser in ihrem Leib in Feuer. Es tat einen Knall, als ob die Hölle platzte. Die Hexe war zersprungen, der Enterich war wieder der schöne Knabe, das Feuer wurde zum Lieschen, und dann blieben sie beide miteinander treu verbunden. Als der Knabe das Lieschen fragte, ob es ihn das Hexen lehren wolle, lachte Lieschen und sagte: »Du kannst es ja schon, denn du hast ja mich behext.«

[Märchen aus Thüringen]

Die Geschichte von den fünf Zehen

Weißt du, warum die dicke Zehe hier so groß und fett ist und die anderen so mager aussehen? Ich will dir die Geschichte erzählen: Die kleine Zehe ist einmal in den Wald gegangen, die nächste Zehe hat einen Hasen gefangen, die dritte hat ihn nach Hause getragen, die vierte Zehe hat ihn gebraten und auf den Tisch gebracht, und diese garstige große Zehe hat ihn ganz und gar allein gegessen und wurde davon dick und rund. War das schön von ihr? Gewiß nicht! Darum können die anderen Zehen sie bis auf den heutigen Tag nicht recht leiden.

[Märchen aus Siebenbürgen]

Die Reise des Entleins

Das Schnatterentlein wackelte einmal fort und wollte eine Reise in die Welt machen. Da kam der Frosch Hutzelbein und sprach:

»Wohin, Schnatterentlein?«
»In die Welt hinein!«
Sagte das Schnatterentlein.
»Darf ich mit, Schnatterentlein?«
Fragte Frosch Hutzelbein.
»Setz dich auf mein Schwänzlein!«
Sprach das Schnatterentlein.

Da setzte Hutzelbein sich auf, und nun zogen beide fort. Da kam der dicke Mühlstein daher und sprach:

»Wohin, Entlein und Hutzelbein?«
»In die Welt hinein!«
Sprachen Entlein und Frosch Hutzelbein.
»Darf ich mit, Entlein und Hutzelbein?«
Fragte der dicke Mühlstein.
»Setz dich auf mein Schwänzlein!«
Sprach Frosch Hutzelbein.

Der dicke Mühlstein setzte sich darauf, und so ging's langsam fort. Da kam die glühende Kohle daher, mit den roten Backen, und sprach:

»Wohin, Entlein, Hutzelbein und dicker
  Mühlstein?«
»In die Welt hinein!«
Sprachen Entlein, Hutzelbein und der dicke
  Mühlstein.
»Darf ich mit, Entlein, Hutzelbein und dicker
  Mühlstein?«
Fragte das rotglühende Kohlenstücklein.
»Setz dich auf mein Schwänzlein!«
Sprach der Mühlstein.

Da setzte sich das Kohlenstücklein mit den roten Bakken darauf und war sehr lustig und froh, daß es die Welt sehen sollte. So zogen sie weiter fort und kamen an den Fluß. Das Entlein schwamm hinein, und als es in der Mitte war, sprach es: »Nun haltet euch gut fest, ich will einmal tauchen und mir ein Fischchen schnappen.«

O weh, da war's um den dicken Mühlstein und die rote, glühende Kohle geschehen. Sie stürzten hinab ins Wasser, der Mühlstein sank sogleich auf den Grund und wurde nicht mehr gesehen. Die Kohle blieb zwar oben, aber sie verlor gleich ihre roten Backen, wurde schwarz wie die Nacht und floß ins Meer.

Nur das Schnatterentlein und Frosch Hutzelbein blieben am Leben, weil sie schwimmen können. Und darüber waren sie froh und lachten sich die Bäuche voll, und so lachen sie bis auf den heutigen Tag. Die Leute aber, die diese Geschichte nicht kennen, sagen nur: »Sie schnattern und quaken.«

[Märchen aus Siebenbürgen]

Die Wassernixe

Ein Brüderchen und ein Schwesterchen spielten an einem Brunnen, und wie sie so spielten, plumpsten sie beide hinein.

Da war unten eine Wassernixe, die sprach: »Jetzt habe ich euch, jetzt sollt ihr mir brav arbeiten«, und führte sie mit sich fort. Dem Mädchen gab sie verwirrten, garstigen Flachs zu spinnen, und es mußte Wasser in ein hohles Faß schleppen, der Junge aber sollte einen Baum mit einer stumpfen Axt hauen, und nichts zu essen bekamen sie als steinharte Klöße.

Da wurden zuletzt die Kinder so ungeduldig, daß sie warteten, bis eines Sonntags die Nixe in der Kirche war, da entflohen sie. Und als die Kirche vorbei war, sah die Nixe, daß die Vögel ausgeflogen waren, und setzte ihnen mit großen Sprüngen nach. Die Kinder erblickten sie aber von weitem, und das Mädchen warf eine Bürste hinter sich. Das gab einen großen Bürstenberg mit tausend und tausend Stacheln, über den die Nixe mit großer Mühe klettern mußte, endlich aber kam sie doch hinüber. Wie das die Kinder sahen, warf der Knabe einen Kamm hinter sich, das gab einen großen Kammberg mit tausend mal tausend Zinken. Aber die Nixe wußte sich daran festzuhalten und kam zuletzt doch drüber. Da warf das Mädchen einen Spiegel hinterwärts, der einen Spiegelberg gab, der war so glatt, daß die Nixe unmöglich drüber konnte. Da dachte sie: »Ich will geschwind nach Haus gehen und meine Axt holen und den Spiegelberg entzweihauen.«

Bis sie aber wiederkam und das Glas aufgehauen hatte, waren die Kinder längst weit entflohen, und die Wassernixe mußte sich wieder in ihren Brunnen trollen.

[Märchen der Brüder Grimm]

Der Hofnarr wird König

E s war einmal ein König, der hatte an seinem Schloß die Aufschrift anbringen lassen: »Ohne Sorg und Kummer«.

Da kam nun eines Tages der benachbarte mächtige Kaiser, las diesen Spruch und sagte zu ihm: »Damit du Sorgen hast, gebe ich dir drei Rätsel zu lösen auf. Errätst du diese nicht, so wirst du dein Reich verlieren. Ich gebe dir einen Monat Zeit. Die erste Rätselfrage lautet: Wie viele Blätter hat der Lindenbaum vor deinem Schloßtor? die zweite: Wie tief ist das Meer? und die dritte Frage: Wie hoch ist der Himmel?«

Der König erschrak darüber sehr und ging so manchen Tag versonnen umher. Dem ganzen Hofgesinde fiel diese Besorgtheit des Königs auf, aber niemand getraute sich, ihn nach dem Grund zu fragen.

Als beinahe ein Monat um war, raffte sich endlich der Hofnarr auf und fragte den König nach der Ursache seines Kummers.

»Ach, du kannst mir auch nicht helfen«, erwiderte der König. »Wie solltest du, ein armer Narr, mir raten, wenn mein königlicher Verstand zu klein ist.«

Das war freilich eine schwere Beleidigung für den gutmeinenden Narren. Doch er entgegnete: »Wer weiß,

Herr König? Mitunter haben die Einfältigen die besten Gedanken.«

Da sagte der König: »Drei Rätsel hat mir der Kaiser aufgegeben, und wenn ich sie nicht löse, so nimmt er mir mein Königreich. Die Rätsel aber lauten: Wie viele Blätter hat der Lindenbaum vor dem Schloßtor? Wie tief ist das Meer? Und wie hoch ist der Himmel? Jetzt sage mir, wie sollte ich das alles wissen?«

»Herr König, nichts leichter als das«, ließ sich der Narr vernehmen, »gebt mir euer königliches Gewand, und ich gebe euch mein Narrenkleid für mehrere Tage, und es soll alles gut beantwortet werden.«

Der König folgte dem Rat des Narren, und als der Kaiser kam, trat ihm der als König verkleidete Hofnarr entgegen und sprach: »Herr Kaiser, Ihr habt mir aufgetragen drei Rätsel zu lösen. Wenn nun Eure kaiserliche Majestät mir sagt, wie viele Stengel der Lindenbaum vor dem Tor hat, dann will ich Euch gern sagen, wie viele Blätter er trägt. Das Meer aber, das ist gerade einen Steinwurf tief, es reicht nämlich bis zum Grund. Und der Himmel ist so hoch wie ein Baum, wenn dieser lang genug ist.«

Über diese treffenden Antworten war der Kaiser verblüfft, und er dachte, dieser Narr ist es wert, an Stelle des faulen Königs Herr im Königreich zu werden. Und er setzte den Narren zum König ein.

[Märchen aus der Steiermark]

Der Mond und seine Mutter

Der Mond sprach einmal zu seiner Mutter, sie möchte ihm doch ein warmes Kleid machen, weil die Nächte so kalt wären. Sie nahm ihm das Maß, und er lief davon. Wie er aber über ein kleines wiederkam, so war er so groß geworden, daß das Röcklein nirgends passen wollte. Die Mutter fing daher an, die Nähte zu trennen, um es auszulassen, allein da dies dem Mond zu lang dauerte, so ging er wieder fort seines Weges. Die Mutter nähte emsig am Kleid und saß manche Nacht auf beim Sternenschein.

Als nun der Mond zurückkam und viel gelaufen war, da hatte er sehr abgenommen, war dünn und bleich geworden, daher ihm das Kleid viel zu weit war und die Ärmel schlotterten bis auf die Knie. Da wurde die Mutter sehr verdrossen, daß er ihr solche Possen spiele, und verbot ihm, je wieder in ihr Haus zu kommen. Deswegen muß nun der arme Schelm nackt und bloß am Himmel laufen, bis jemand kommt, der ihm ein Röcklein kauft.

[Märchen der Brüder Grimm]

Tölpel-Hans

ief im Innern des Landes lag ein alter Herren-
hof, und auf dem war wiederum ein alter Gutsherr, der
zwei Söhne hatte, die sich so witzig und schlau vorka-
men, daß die Hälfte genügt hätte. Diese wollten sich nun
um die Königstochter bewerben, denn sie hatte öffent-
lich kundtun lassen, sie wolle denjenigen zum Gemahl
wählen, der seine Worte am besten zu setzen wisse.
Die beiden bereiteten sich nun volle acht Tage auf die
Bewerbung vor. Das war die längste, allerdings auch
völlig genügende Zeit, die ihnen vergönnt war, denn sie
hatten Vorkenntnisse, und wie nützlich die sind, weiß
jedermann. Der eine konnte das ganze lateinische Wörterbuch und nebenbei auch ganze drei Jahrgänge vom
Tagblatt des Städtchens auswendig, und zwar so, daß er
alles von vorne und von hinten, je nach Belieben, her-
sagen konnte. Der andere hatte sich in die Schulgesetze
hineingearbeitet und wußte auswendig, was jeder Schul-
rat wissen muß, weshalb er auch meinte, er könne bei
Staatsaffären mitreden und seinen Senf dazugeben. Ferner verstand er noch eins: Er konnte Hosenträger mit
Rosen und anderen Blümchen und Schnörkeleien be-
sticken, denn er war auch fein und fingerfertig.
»Ich bekomme die Königstochter!« riefen sie beide, und

so schenkte der alte Papa einem jeden von ihnen ein prächtiges Pferd. Derjenige, welcher das Wörterbuch und das Tagblatt auswendig konnte, bekam einen Rappen, der Gesetzeskluge erhielt ein milchweißes Pferd, und dann schmierten sie sich die Mundwinkel mit Fischtran ein, damit sie recht geschmeidig würden. Das ganze Gesinde stand unten im Hof und war Zeuge, wie sie ihre Pferde bestiegen. Wie von ungefähr kam auch der dritte Bruder hinzu, denn der alte Gutsherr hatte drei Söhne. Aber niemand zählte diesen dritten mit zu den anderen Brüdern, weil er nicht so gelehrt war wie diese, und man nannte ihn auch gemeinhin Tölpel-Hans.

»Ei«, sagte Tölpel-Hans, »wo wollt ihr hin? Ihr habt euch ja in den Sonntagsstaat geworfen.«

»Zum Hofe des Königs, uns die Königstochter erschwatzen. Weißt du denn nicht, was im ganzen Land ausgerufen worden ist?« Und nun erzählten sie ihm den Zusammenhang.

»Ei der Tausend, da bin ich auch dabei!« rief Tölpel-Hans, und die Brüder lachten ihn aus und ritten davon.

»Väterchen«, schrie Tölpel-Hans, »ich muß auch ein Pferd haben! Was für eine Lust ich zum Heiraten kriege! Nimmt sie mich, so nimmt sie mich, und nimmt sie mich nicht, so nehm ich sie – kriegen tu ich sie!«

»Laß das Geschwätz!« sagte der Alte. »Dir gebe ich kein Pferd. Du kannst ja nicht reden, du weißt ja deine Worte nicht zu setzen. Nein, deine Brüder, das sind ganz andere Kerle.«

»Nun«, sagte Tölpel-Hans, »wenn ich kein Pferd haben kann, so nehme ich den Ziegenbock, der gehört mir sowieso, und tragen kann er mich auch!« Und gesagt, getan. Er setzte sich rittlings auf den Ziegenbock, preßte ihm die Hacken in die Weichen und sprengte davon, die große Hauptstraße wie ein Sturmwind hinunter. Hei, hopp, das war eine Fahrt!

»Hier komme ich!« schrie Tölpel-Hans und sang, daß es weit und breit widerhallte.

Aber die Brüder ritten ganz langsam ihm voraus, sie sprachen kein Wort, sie mußten sich all die guten Einfälle überlegen, die sie an den Tag legen wollten, denn das sollte alles recht fein ausgedacht sein.

»Hei«, schrie Tölpel-Hans, »hier bin ich! Seht mal, was ich auf der Landstraße gefunden habe!« Und er zeigte ihnen eine tote Krähe, die er gefunden hatte.

»Tölpel!« sprachen die Brüder, »was willst du mit der machen?«

»Mit der Krähe? Die will ich der Königstochter schenken!«

»Ja, das tu nur«, sagten sie, lachten und ritten weiter.

»Hei, hopp, hier bin ich! Seht, was ich jetzt gefunden habe, das findet man nicht alle Tage auf der Landstraße.«

Und die Brüder drehten sich um, damit sie sähen, was er wohl noch gefunden haben könnte. »Tölpel«, sagten sie, »das ist ja ein alter Holzschuh, dem noch dazu das Oberteil fehlt. Wirst du auch den der Königstochter schenken?«

»Wohl werde ich das!« erwiderte Tölpel-Hans, und die

Brüder lachten und ritten davon. Sie gewannen einen großen Vorsprung.

»Hei hoppsassa, hier bin ich!« rief Tölpel-Hans. »Nein, es wird immer besser! Heissa! Nein, es ist ganz famos!«

»Was hast du denn jetzt gefunden?« fragten die Brüder.

»Oh«, sagte Tölpel-Hans, »das ist gar nicht zu sagen! Wie wird sie erfreut sein, die Königstochter.«

»Pfui«, sagten die Brüder, »das ist ja nur Schlamm, direkt aus dem Graben.«

»Ja, freilich ist es das«, sprach Tölpel-Hans, »und zwar von der feinsten Sorte. Seht, er läuft einem sogar durch die Finger!« Und dabei füllte er seine Tasche mit dem Schlamm.

Aber die Brüder sprengten dahin, daß Kies und Funken stoben, und deshalb gelangten sie auch eine ganze Stunde früher als Tölpel-Hans an das Stadttor. Hier bekamen alle Freier sofort nach ihrer Ankunft Nummern und wurden in Reih und Glied aufgestellt, sechs in jede Reihe und so eng zusammengedrängt, daß sie die Arme nicht bewegen konnten – und das war sehr weise, denn sie hätten einander wohl sonst das Fell über die Ohren gezogen, bloß weil der eine vor dem andern stand.

Alle Einwohner des Landes warteten rings um das königliche Schloß in dichten Massen zusammengedrängt, bis an die Fenster, um die Königstochter die Freier empfangen zu sehen, und kaum hatte einer von ihnen den Saal betreten, da ging ihm die Rede aus wie ein Licht.

»Taugt nichts!« sprach die Königstochter. »Fort, hinaus mit ihm!«

Endlich kam der Bruder an die Reihe, der das Wörterbuch auswendig konnte. Aber er konnte es nicht mehr, er hatte es in Reih und Glied ganz vergessen. Und die Dielen knarrten, und die Zimmerdecke war von lauter Spiegelglas, so daß er sich selber auf dem Kopf stehen sah, und an jedem Fenster standen drei Schreiber und ein Oberschreiber, und jeder von ihnen schrieb alles nieder, was gesprochen wurde, damit es sofort in die Zeitung kommen und an der Straßenecke verkauft werden konnte. Es war ganz entsetzlich, und dabei hatten sie den Ofen dermaßen geschürt, daß er ganz glühend war.

»Hier ist eine entsetzliche Hitze, hier«, sprach der Freier.

»Jawohl, mein Vater brät aber auch heute junge Hähne«, sagte die Königstochter.

»Mäh!« Da stand er wie ein Mähäh. Auf solche Rede war er nicht gefaßt gewesen. Kein Wort wußte er zu sagen, obgleich er was Witziges hatte sagen wollen. »Mäh!«

»Taugt nichts!« sprach die Königstochter. »Fort, hinaus mit ihm!« Und hinaus mußte er.

Nun trat der andere Bruder ein.

»Hier ist eine entsetzliche Hitze«, sagte er.

»Jawohl, wir braten heute junge Hähne«, bemerkte die Königstochter.

»Wie be – wie?« sagte er, und all die Schreiber schrieben: Wie be – wie?

»Taugt nichts!« sagte die Königstochter. »Fort, hinaus mit ihm!«

Nun kam Tölpel-Hans dran; er ritt auf dem Ziegenbock direkt in den Saal hinein. »Na, das ist aber eine Mordshitze hier«, sagte er.

»Jawohl, ich brate aber auch junge Hähne«, sagte die Königstochter.

»Ei, das ist schön«, erwiderte Tölpel-Hans, »dann kann ich wohl eine Krähe mitbraten?«

»Mit dem größten Vergnügen!« sprach die Königstochter. »Aber haben Sie etwas, worin Sie sie braten können, denn ich habe weder Topf noch Tiegel.«

»Oh, das hab' ich«, sagte Tölpel-Hans, »hier ist Kochgeschirr mit zinnernem Bügel«, und dann zog er den alten Holzschuh hervor und legte die Krähe hinein.

»Das ist ja eine ganze Mahlzeit«, sagte die Königstochter, »aber wo nehmen wir die Brühe her?«

»Die habe ich in der Tasche«, sprach Tölpel-Hans. »Ich habe so viel, daß ich sogar etwas davon wegwerfen kann.« Und nun goß er etwas Schlamm aus der Tasche heraus.

»Das gefällt mir!« sagte die Königstochter. »Du kannst doch antworten, und du kannst reden. Dich will ich zum Mann haben! Aber weißt du auch, daß jedes Wort, das wir sprechen und gesprochen haben, niedergeschrieben wird und morgen in die Zeitung kommt? An jedem Fenster, siehst du, stehen drei Schreiber und ein alter Oberschreiber, und dieser alte Oberschreiber ist noch der schlimmste, denn er kann nichts begreifen!« Das sagte sie nur, um Tölpel-Hans zu ängstigen. Und die Schreiber wieherten ordentlich und spritzten dabei jeder einen Tintenklecks auf den Fußboden.

»Ah, das ist also die Herrschaft«, sagte Tölpel-Hans, »nur, so werde ich dem Oberschreiber das Beste geben!« Und damit stülpte er seine Tasche um und warf ihm den Schlamm mitten ins Gesicht.

»Das war fein gemacht!« sagte die Königstochter, »das hätte ich nicht tun können, aber ich werde es schon noch lernen.«

Und Tölpel-Hans wurde König, bekam eine Frau und eine Krone und saß auf einem Thron.

[Märchen von Hans Christian Andersen]

Das Huhn, das nach dem Dovrefjeld wollte, damit nicht die Welt vergehen sollte

Es war einmal ein Huhn, das war abends auf eine Eiche geflogen und hatte sich da zur Ruhe gesetzt. In der Nacht träumte ihm, wenn es nicht nach dem Dovrefjeld käme, so müßte die Welt vergehen. Als es nun aufwachte, flog es sogleich herunter und machte sich auf den Weg.

Wie es ein Ende gereist war, begegnete ihm ein Hahn. »Guten Tag, Hahn Pahn!« sagte das Huhn. »Guten Tag, Huhn Puhn! wo willst du hin so früh?« fragte der Hahn.

»Oh, ich will nur nach dem Dovrefjeld, damit nicht die Welt vergehen soll«, sagte das Huhn.

»Wer hat dir das gesagt, Huhn Puhn?« fragte der Hahn.

»Ich saß in der Eiche und träumte es die Nacht«, sagte das Huhn.

»Ich will mit dir gehen«, sagte der Hahn.

Nun gingen beide ein weites Ende fort; da begegnete ihnen eine Ente. »Guten Tag, Ente Pente!« sagte der Hahn.

»Guten Tag, Hahn Pahn, wo willst du hin so früh?« sagte die Ente.

»Ich will nach dem Dovrefjeld, damit nicht die Welt vergehen soll«, sagte der Hahn.

»Wer hat dir das gesagt, Hahn Pahn?«

»Huhn Puhn«, sagte der Hahn.

»Wer hat es dir gesagt, Huhn Puhn?« fragte die Ente.

»Ich saß in der Eiche und träumte es die Nacht«, sagte das Huhn.

»Ich will mit euch«, sagte die Ente. Nun machten sie sich auf und gingen weiter; da begegnete ihnen eine Gans.

»Guten Tag, Gans Pans!« sagte die Ente.

»Guten Tag, Ente Pente!« sagte die Gans, »wo willst du hin so früh?«

»Ich will nach dem Dovrefjeld, damit nicht die Welt vergehen soll«, sagte die Ente.

»Wer hat dir das gesagt, Ente Pente?« fragte die Gans.

»Hahn Pahn.«

»Wer hat es dir gesagt, Hahn Pahn?«

»Huhn Puhn.«

»Woher weißt du es, Huhn Puhn?« fragte die Gans.

»Ich saß in der Eiche und träumte es die Nacht«, sagte das Huhn. »Ich will mit euch«, sagte die Gans. Wie sie nun ein Ende weitergegangen waren, begegnete ihnen der Fuchs. »Guten Tag, Fuchs Puchs«, sagte die Gans.

»Guten Tag, Gans Pans.«

»Wo hinaus, Fuchs Puchs?«

»Wo willst du hin, Gans Pans?«

»Ich will nach dem Dovrefjeld, damit nicht die Welt vergehen soll.«

»Wer hat dir das gesagt, Gans Pans?« fragte der Fuchs.

»Ente Pente.«

»Wer hat es dir gesagt, Ente Pente?«

»Hahn Pahn.«

»Und wer hat dir es gesagt, Hahn Pahn?«

»Huhn Puhn.«

»Und woher weißt du es, Huhn Puhn?«

»Ich saß in der Eiche und träumte es die Nacht«, sagte das Huhn.

»Papperlapapp!« sagte der Fuchs, »die Welt vergeht nicht, wenn ihr auch nicht nach dem Dovrefjeld kommt. Geht lieber mit mir in meine Höhle, da sitzt ihr warm und gut.«

Der Vorschlag gefiel den Reisenden, und sie gingen mit dem Fuchs in seine Höhle. Als sie aber dort ankamen, legte der Fuchs tüchtig Holz und Kohle nach im Kamin, so daß sie alle schläfrig wurden. Die Gans und die Ente setzten sich in einen Winkel, aber der Hahn und das Huhn flogen auf die Hühnersteige. Als die Gans und die Ente eingeschlafen waren, legte der Fuchs die Gans auf die Kohlen und briet sie. Wie es nun dem Huhn so brenzlig roch, hüpfte es einen Stock höher und sagte so halb im Schlaf: »Pfui! wie's hier stinkt!«

»Papperlapapp!« sagte der Fuchs, »das ist bloß der Rauch im Schornstein. Halt nur deinen Schnabel und schlaf ein!« Da schlief das Huhn wieder ein. Der Fuchs hatte aber kaum die Gans im Magen, da machte er es ebenso mit der Ente. Dem Huhn stieg es wieder so brenzlig in die Nase, und es flog deshalb noch ein wenig höher und sagte wieder: »Pfui! wie's hier stinkt!« Da tat es aber zugleich die Augen auf und sah nun, daß der

Fuchs die Gans und die Ente verzehrt hatte. Wie das Huhn das bemerkte, flog es noch höher und guckte zum Schornstein hinaus. »Nun, seh mal einer die schönen Gänse, die da fliegen!« sagte es zum Fuchs. Der lief hinaus und wollte sich sogleich einen fetten Braten holen. Da weckte das Huhn den Hahn und erzählte ihm, wie es der Gans Pans und der Ente Pente ergangen war. Darauf flogen Hahn Pahn und Huhn Puhn hinaus durch den Schornstein, und wären sie nicht nach dem Dovrefjeld gekommen, so wär's aus gewesen mit der Welt.

[Märchen aus Norwegen]

Die Geschichte vom Kalif Storch

Der Kalif Chasid zu Bagdad saß einmal an einem schönen Nachmittag behaglich auf seinem Sofa. Er hatte ein wenig geschlafen, denn es war ein heißer Tag, und sah nun nach seinem Schläfchen recht heiter aus. Er rauchte aus einer langen Pfeife von Rosenholz, trank hie und da ein wenig Kaffee, den ihm ein Sklave einschenkte, und strich sich allemal vergnügt den Bart, wenn es ihm geschmeckt hatte. Kurz, man sah dem Kalifen an, daß es ihm recht wohl war. Um diese Stunde konnte man gut mit ihm reden, weil er da immer recht mild und leutselig war; deswegen besuchte ihn auch sein Großwesir Mansor alle Tage um diese Zeit. An diesem Nachmittag nun kam er auch, sah aber sehr nachdenklich aus, ganz gegen seine Gewohnheit. Der Kalif tat die Pfeife ein wenig aus dem Mund und sprach: »Warum machst du ein so nachdenkliches Gesicht, Großwesir?«

Der Großwesir schlug seine Arme kreuzweis über die Brust, verneigte sich vor seinem Herrn und antwortete: »Herr, ob ich ein nachdenkliches Gesicht mache, weiß ich nicht, aber da drunten am Schloß steht ein Krämer, der hat so schöne Sachen, daß es mich ärgert, nicht viel überflüssiges Geld zu haben.«

Der Kalif, der seinem Großwesir schon lange gerne eine Freude gemacht hätte, schickte seinen schwarzen Sklaven hinunter, um den Krämer heraufzuholen. Bald kam der Sklave mit dem Krämer zurück. Dieser war ein kleiner, dicker Mann, schwarzbraun im Gesicht und in zerlumptem Anzug. Er trug einen Kasten, in welchem er allerhand Waren hatte, Perlen und Ringe, reichbeschlagene Pistolen, Becher und Kämme. Der Kalif und sein Wesir musterten alles durch, und der Kalif kaufte endlich für sich und Mansor schöne Pistolen, für die Frau des Wesirs aber einen Kamm. Als der Krämer seinen Kasten schon wieder zumachen wollte, sah der Kalif eine kleine Schublade und fragte, ob da auch noch Waren seien. Der Krämer zog die Schublade heraus und zeigte darin eine Dose mit schwärzlichem Pulver und ein Papier mit sonderbarer Schrift, die weder der Kalif noch Mansor lesen konnten.

»Ich bekam einmal diese zwei Stücke von einem Kaufmann, der sie in Mekka auf der Straße fand«, sagte der Krämer. »Ich weiß nicht, was sie enthalten. Euch stehen sie um geringen Preis zu Dienst, ich kann doch nichts damit anfangen.« Der Kalif, der in seiner Bibliothek gerne alte Manuskripte hatte, wenn er sie auch nicht lesen konnte, kaufte Schrift und Dose und entließ den Krämer.

Der Kalif aber dachte, er möchte gerne wissen, was die Schrift enthalte, und fragte den Wesir, ob er keinen kenne, der es entziffern könnte.

»Gnädigster Herr und Gebieter«, antwortete dieser, »an der großen Moschee wohnt ein Mann, er heißt Selim, der Gelehrte, der versteht alle Sprachen. Laß ihn kommen, vielleicht kennt er diese geheimnisvollen Züge.«

Der Gelehrte Selim war bald herbeigeholt. »Selim«, sprach zu ihm der Kalif, »Selim, man sagt, du seist sehr gelehrt. Guck' einmal ein wenig in diese Schrift, ob du sie lesen kannst. Kannst du sie lesen, so bekommst du ein neues Festkleid von mir, kannst du es nicht, so bekommst du zwölf Backenstreiche und fünfundzwanzig auf die Fußsohlen, weil man dich dann umsonst Selim, den Gelehrten, nennt.«

Selim verneigte sich und sprach: »Dein Wille geschehe, o Herr!«

Lange betrachtete er die Schrift, plötzlich aber rief er aus: »Das ist lateinisch, o Herr, oder ich laß mich hängen.«

»Sag', was drinsteht«, befahl der Kalif, »wenn es lateinisch ist.«

Selim fing an zu übersetzen: »Mensch, der du dieses findest, preise Allah für seine Gnade! Wer von dem Pulver in dieser Dose schnupft und dazu spricht: ›Mutabor‹, der kann sich in jedes Tier verwandeln und versteht auch die Sprache der Tiere. Will er wieder in seine menschliche Gestalt zurückkehren, so neige er sich dreimal nach Osten und spreche jenes Wort. Aber hüte dich, wenn du verwandelt bist, daß du nicht lachst, sonst verschwindet das Zauberwort gänzlich aus deinem Gedächtnis, und du bleibst ein Tier.«

Als Selim, der Gelehrte, gelesen hatte, war der Kalif über die Maßen vergnügt. Er ließ den Gelehrten schwören, niemand etwas von dem Geheimnis zu sagen, schenkte ihm ein schönes Kleid und entließ ihn. Zu seinem Großwesir aber sagte er: »Das heiß' ich gut einkaufen, Mansor! Wie freue ich mich, bis ich ein Tier bin. Morgen früh kommst du zu mir, wir gehen dann miteinander aufs Feld, schnupfen etwas aus meiner Dose und belauschen dann, was in der Luft und im Wasser, im Wald und Feld gesprochen wird!«

Kaum hatte am andern Morgen der Kalif Chasid gefrühstückt und sich angekleidet, als schon der Großwesir erschien, ihn, wie er befohlen, auf dem Spaziergang zu begleiten. Der Kalif steckte die Dose mit dem Zauberpulver in den Gürtel, und nachdem er seinem Gefolge befohlen zurückzubleiben, machte er sich mit dem Großwesir ganz allein auf den Weg. Sie gingen zuerst durch die weiten Gärten des Kalifen, spähten aber vergebens nach etwas Lebendigem, um ihr Kunststück zu probieren. Der Wesir schlug endlich vor, weiter hinaus an einen Teich zu gehen, wo er schon oft viele Tiere, namentlich Störche, gesehen habe, die durch ihr ernstes Wesen und ihr Geklapper immer seine Aufmerksamkeit erregt haben.

Der Kalif billigte den Vorschlag seines Wesirs und ging mit ihm dem Teich zu. Als sie dort angekommen waren, sahen sie einen Storchen ernsthaft auf und ab gehen, Frösche suchend und hie und da etwas vor sich hin klappernd. Zugleich sahen sie auch weit oben in der Luft einen andern Storch dieser Gegend zuschweben.

»Ich wette meinen Bart, gnädigster Herr«, sagte der Großwesir, »wenn nicht diese zwei Langfüßler ein schönes Gespräch miteinander führen werden. Wie wäre es, wenn wir Störche würden?«

»Wohl gesprochen!« antwortete der Kalif, »aber vorher wollen wir noch einmal betrachten, wie man wieder Mensch wird. – Richtig! Dreimal nach Osten geneigt und ›Mutabor‹ gesagt, so bin ich wieder Kalif und du Wesir. Aber nur um Himmels willen nicht gelacht, sonst sind wir verloren!«

Während der Kalif also sprach, sah er den andern Storch über ihrem Haupt schweben und langsam sich zur Erde lassen. Schnell zog er die Dose aus dem Gürtel, nahm eine gute Prise, bot sie dem Großwesir an, der gleichfalls schnupfte, und beide riefen: »Mutabor!«

Da schrumpften ihre Beine ein und wurden dünn und rot, die schönen gelben Pantoffeln des Kalifen und seines Begleiters wurden unförmige Storchfüße, die Arme wurden zu Flügeln, der Hals fuhr aus den Achseln und wurde eine Elle lang, der Bart war verschwunden, und den Körper bedeckten weiche Federn.

»Ihr habt einen hübschen Schnabel, Herr Großwesir«, sprach nach langem Erstaunen der Kalif. »Beim Bart des Propheten, so etwas habe ich in meinem Leben nicht gesehen.«

»Danke untertänigst«, erwiderte der Großwesir, indem er sich bückte, »aber wenn ich es wagen darf zu behaupten, Eure Hoheit sehen als Storch beinahe noch hübscher aus denn als Kalif. Aber kommt, wenn es Euch gefällig ist, daß wir unsere Kameraden dort belauschen und erfahren, ob wir wirklich Storchisch können.«

Unterdessen war der andere Storch auf der Erde angekommen. Er putzte sich mit dem Schnabel seine Füße, legte seine Federn zurecht und ging auf den ersten Stor-

chen zu. Die beiden neuen Störche aber beeilten sich, in
ihre Nähe zu kommen, und vernahmen zu ihrem Erstaunen folgendes Gespräch:

»Guten Morgen, Frau Langbein, so früh schon auf der
Wiese?«

»Schönen Dank, lieber Klapperschnabel! Ich habe mir
nur ein kleines Frühstück geholt. Ist Euch vielleicht ein
Viertelchen Eidechs gefällig oder ein Froschschenke-
lein?«

»Danke gehorsamst, habe heute gar keinen Appetit. Ich
komme auch wegen etwas ganz anderem auf die Wiese.
Ich soll heute vor den Gästen meines Vaters tanzen, und
da will ich mich im stillen ein wenig üben.«

Zugleich schritt die junge Störchin in wunderlichen Be-
wegungen durch das Feld. Der Kalif und Mansor sahen
ihr verwundert nach. Als sie aber in malerischer Stellung
auf einem Fuß stand und mit den Flügeln anmutig dazu
wedelte, da konnten sich die beiden nicht mehr halten:
ein unaufhaltsames Gelächter brach aus ihren Schnäbeln
hervor, von dem sie sich erst nach langer Zeit erhol-
ten.

Der Kalif faßte sich zuerst wieder: »Das war einmal ein
Spaß«, rief er, »der nicht mit Gold zu bezahlen ist.
Schade, daß die dummen Tiere durch unser Gelächter
sich haben verscheuchen lassen, sonst hätten sie gewiß
auch noch gesungen!«

Aber jetzt fiel es dem Großwesir ein, daß das Lachen
während der Verwandlung verboten war. Er teilte seine
Angst deswegen dem Kalifen mit.

»Potz Mekka und Medina, das wäre ein schlechter Spaß,

wenn ich ein Storch bleiben müßte! Besinne dich doch auf das dumme Wort! Ich bring' es nicht heraus.«

»Dreimal nach Osten müssen wir uns bücken und dazu sprechen: Mu – Mu – Mu –«

Sie stellten sich gen Osten und bückten sich in einem fort, daß ihre Schnäbel beinahe die Erde berührten. Aber, o Jammer, das Zauberwort war ihnen entfallen, und so oft sich auch der Kalif bückte, so sehnlich auch sein Wesir Mu – Mu dazu rief, jede Erinnerung daran war verschwunden, und der arme Chasid und sein Wesir waren und blieben Störche.

Traurig wandelten die Verzauberten durch die Felder. Sie wußten gar nicht, was sie in ihrem Elend anfangen sollten. Aus ihrer Storchenhaut konnten sie nicht heraus, in die Stadt zurück konnten sie auch nicht, um sich zu erkennen zu geben, denn wer hätte einem Storch geglaubt, daß er der Kalif sei. Und wenn man es auch geglaubt hätte, würden die Einwohner von Bagdad einen Storchen zum Kalifen gewollt haben?

So schlichen sie mehrere Tage umher und ernährten sich kümmerlich von Feldfrüchten, die sie aber wegen ihrer langen Schnäbel nicht gut verspeisen konnten. Zu Eidechsen und Fröschen hatten sie übrigens keinen Appetit, denn sie befürchteten, mit solchen Leckerbissen sich den Magen zu verderben. Ihr einziges Vergnügen in dieser traurigen Lage war, daß sie fliegen konnten, und so flogen sie oft auf die Dächer von Bagdad, um zu sehen, was darin vorging.

In den ersten Tagen bemerkten sie große Unruhe und Trauer in den Straßen. Aber ungefähr am vierten Tag nach ihrer Verzauberung saßen sie auf dem Palast des Kalifen, da sahen sie unten in der Straße einen prächtigen Aufzug. Trommeln und Pfeifen ertönten, ein Mann in einem goldgestickten Scharlachmantel saß auf einem geschmückten Pferd, umgeben von glänzenden Dienern. Halb Bagdad sprang ihm nach, und alle schrien: »Heil Mizra, dem Herrscher von Bagdad!«

Da sahen die beiden Störche auf dem Dach des Palastes einander an, und der Kalif Chasid sprach: »Ahnst du jetzt, warum ich verzaubert bin, Großwesir? Dieser Mizra ist der Sohn meines Todfeindes, des mächtigen Zauberers Kaschnur, der mir in einer bösen Stunde Rache schwor. Aber noch gebe ich die Hoffnung nicht auf. Komm mit mir, du treuer Gefährte meines Elends, wir wollen zum Grab des Propheten wandern, vielleicht, daß an heiliger Stätte der Zauber gelöst wird.«

Sie erhoben sich vom Dach des Palastes und flogen der Gegend von Medina zu. Mit dem Fliegen wollte es aber gar nicht gut gehen, denn die beiden Störche hatten noch wenig Übung.

»O Herr«, ächzte nach ein paar Stunden der Großwesir, »ich halte es mit Eurer Erlaubnis nicht mehr lange aus. Ihr fliegt gar zu schnell, auch ist es schon Abend, und wir täten wohl, ein Unterkommen für die Nacht zu suchen.«

Chasid gab der Bitte seines Dieners Gehör, und da er unten im Tal eine Ruine erblickte, die ein Obdach zu gewähren schien, so flogen sie dahin. Der Ort, wo sie sich für diese Nacht niedergelassen hatten, schien ehemals ein Schloß gewesen zu sein. Schöne Säulen ragten aus den Trümmern hervor, mehrere Gemächer, die noch ziemlich erhalten waren, zeugten von der ehemaligen Pracht des Hauses. Chasid und sein Begleiter gingen durch die Gänge umher, um sich ein trockenes Plätzchen zu suchen.

Plötzlich blieb der Storch Mansor stehen. »Herr und Gebieter«, flüsterte er leise, »wenn es nur nicht töricht für einen Großwesir, noch mehr aber für einen Storch wäre, sich vor Gespenstern zu fürchten! Mir ist ganz unheimlich zumute, denn hier neben hat es ganz vernehmlich geseufzt und gestöhnt.«

Der Kalif blieb nun auch stehen und hörte ganz deutlich ein leises Weinen, das eher einem Menschen als einem Tiere anzugehören schien. Voll Erwartung wollte er der Gegend zugehen, woher die Klagetöne kamen. Der Wesir aber packte ihn mit dem Schnabel am Flügel und bat ihn flehentlich, sich nicht in neue, unbekannte Gefahren zu stürzen. Doch vergebens! Der Kalif, dem auch unter dem Storchenflügel ein tapferes Herz schlug, riß sich mit Verlust einiger Federn los und eilte in einen finstern Gang. Bald war er an einer Tür angelangt, die nur angelehnt schien und woraus er deutliche Seufzer mit ein wenig Geheul vernahm. Er stieß mit dem Schnabel die Türe auf, blieb aber überrascht auf der Schwelle stehen. In dem verfallenen Gemach, das nur durch ein kleines Gitterfenster spärlich erleuchtet war, sah er eine große Nachteule am Boden sitzen. Dicke Tränen rollten ihr aus den großen, runden Augen, und mit heiserer Stimme stieß sie ihre Klagen zu dem krummen Schnabel heraus.

Als sie aber den Kalifen und seinen Wesir, der indes auch herbeigeschlichen war, erblickte, erhob sie ein lautes Freudengeschrei. Zierlich wischte sie mit dem braungefleckten Flügel die Tränen aus dem Auge, und zu dem großen Erstaunen der beiden rief sie in gutem menschlichem Arabisch: »Willkommen, ihr Störche! Ihr seid mir ein gutes Zeichen meiner Errettung, denn durch Störche werde mir ein großes Glück kommen, ist mir einst prophezeit worden.«

Als sich der Kalif von seinem Erstaunen erholt hatte, bückte er sich mit seinem langen Hals, brachte seine dünnen Füße in eine zierliche Stellung und sprach: »Nachteule! Deinen Worten nach darf ich glauben, eine Leidensgefährtin in dir zu sehen. Aber ach, deine Hoffnung, daß durch uns deine Rettung kommen werde, ist vergeblich. Du wirst unsere Hilflosigkeit selbst erkennen, wenn du unsere Geschichte hörst.«

Die Nachteule bat ihn zu erzählen, der Kalif aber fing an und erzählte, was wir bereits wissen.

Als der Kalif der Eule seine Geschichte vorgetragen hatte, dankte sie ihm und sagte: »Vernimm auch meine Geschichte und höre, wie ich nicht weniger unglücklich bin als du. Mein Vater ist der König von Indien, ich, seine einzige, unglückliche Tochter, heiße Lusa. Jener Zauberer Kaschnur, der euch verzauberte, hat auch mich ins Unglück gestürzt. Er kam eines Tages zu meinem Vater und begehrte mich zur Frau für seinen Sohn Mizra. Mein Vater aber, der ein hitziger Mann ist, ließ ihn die Treppe hinunterwerfen. Der Elende wußte sich unter einer andern Gestalt wieder in meine Nähe zu schleichen, und als ich einst in meinem Garten Erfrischungen zu mir nehmen wollte, brachte er mir, als Sklave verkleidet, einen Trank, der mich in diese abscheuliche Gestalt verwandelte. Vor Schrecken ohnmächtig, brachte er mich hierher und rief mir mit schrecklicher Stimme in die Ohren: ›Da sollst du bleiben, häßlich, selbst von den Tieren verachtet, bis an dein Ende, oder bis einer aus freiem Willen dich, selbst in dieser schrecklichen Gestalt, zur Gattin begehrt. So räche ich mich an dir und deinem stolzen Vater.‹

Seitdem sind viele Monate verflossen. Einsam und traurig lebe ich als Einsiedlerin in diesem Gemäuer, verabscheut von der Welt, selbst den Tieren ein Greuel. Die schöne Natur ist vor mir verschlossen, denn ich bin blind am Tage, und nur wenn der Mond sein bleiches Licht über dieses Gemäuer ausgießt, fällt der verhüllende Schleier von meinem Auge.«

Die Eule hatte geendet und wischte sich mit dem Flügel wieder die Augen aus, denn die Erzählung ihrer Leiden hatte ihr Tränen entlockt.

Der Kalif war bei der Erzählung der Prinzessin in tiefes Nachdenken versunken. »Wenn mich nicht alles täuscht«, sprach er, »so findet zwischen unserem Unglück ein geheimer Zusammenhang statt, aber wo finde ich den Schlüssel zu diesem Rätsel?«

Die Eule antwortete ihm: »O Herr, auch mir ahnt dies, denn es ist mir einst in meiner frühesten Jugend von einer weisen Frau vorausgesagt worden, daß ein Storch mir ein großes Glück bringen werde, und ich wüßte vielleicht, wie wir uns retten könnten.«

Der Kalif war sehr erstaunt und fragte, auf welchem Weg sie meine.

»Der Zauberer, der uns beide unglücklich gemacht hat«, sagte sie, »kommt alle Monate einmal in diese Ruinen. Nicht weit von diesem Gemach ist ein Saal. Dort pflegt er dann mit anderen Zauberern zu schmausen. Schon oft habe ich sie dort belauscht. Sie erzählen dann einander ihre schändlichen Werke. Vielleicht, daß er dann das Zauberwort, das ihr vergessen habt, ausspricht.«

»Oh, teuerste Prinzessin«, rief der Kalif, »sag, wann kommt er, und wo ist der Saal?«

Die Eule schwieg einen Augenblick und sprach dann: »Aber nur unter einer Bedingung kann ich Euern Wunsch erfüllen.«

»Sprich aus! Sprich aus!« schrie Chasid. »Befiehl, es ist mir jede recht.«

»Nämlich, ich möchte auch gern zugleich frei sein; dies kann aber nur geschehen, wenn einer von euch mich zur Frau nimmt.«

Die Störche schienen über den Antrag etwas betroffen zu sein, und der Kalif winkte seinem Diener, ein wenig mit ihm hinauszugehen.

»Großwesir«, sprach vor der Türe der Kalif, »das ist ein dummer Handel, aber Ihr könntet sie schon nehmen.«

»So?« antwortete dieser, »daß mir meine Frau, wenn ich nach Haus komme, die Augen auskratzt? Auch bin ich ein alter Mann, und Ihr seid noch jung und unverheiratet und könnet eher einer jungen, schönen Prinzessin die Hand geben.«

»Das ist es eben«, seufzte der Kalif, indem er traurig die

Flügel hängen ließ, »wer sagt dir denn, daß sie jung und schön ist? Das heißt eine Katze im Sack kaufen!«

Sie redeten einander gegenseitig noch lange zu, endlich aber, als der Kalif sah, daß sein Wesir lieber Storch bleiben als die Eule heiraten wollte, entschloß er sich, die Bedingung lieber selbst zu erfüllen. Die Eule war hocherfreut. Sie gestand ihnen, daß sie zu keiner bessern Zeit hätten kommen können, weil wahrscheinlich in dieser Nacht die Zauberer sich versammeln würden.

Sie verließ mit den Störchen das Gemach, um sie in jenen Saal zu führen. Sie gingen lange in einem finstern Gang hin, endlich strahlte ihnen aus einer halb verfallenen Mauer ein heller Schein entgegen. Als sie dort angelangt waren, riet ihnen die Eule, sich ganz ruhig zu verhalten. Sie konnten von der Lücke, an welcher sie standen, in einen großen Saal sehen. Er war ringsum mit Säulen geschmückt und prachtvoll verziert. Viele farbige Lampen ersetzten das Licht des Tages. In der Mitte des Saales stand ein runder Tisch, mit vielen und ausgesuchten Speisen besetzt. Rings um den Tisch zog sich ein Sofa, auf welchem acht Männer saßen. In einem dieser Männer erkannten die Störche jenen Krämer wieder, der ihnen das Zauberpulver verkauft hatte. Sein Nebensitzer forderte ihn auf, ihnen seine neuesten Taten zu erzählen. Er erzählte unter andern auch die Geschichte des Kalifen und seines Wesirs.

»Was für ein Wort hast du ihnen denn aufgegeben?« fragte ihn ein anderer Zauberer. »Ein recht schweres lateinisches, es heißt ›Mutabor‹.«

Als die Störche an ihrer Mauerlücke dieses hörten, kamen sie vor Freude beinahe außer sich. Sie liefen auf ihren langen Füßen so schnell dem Tor der Ruine zu, daß die Eule kaum folgen konnte.

Dort sprach der Kalif gerührt zu der Eule: »Retterin meines Lebens und des Lebens meines Freundes, nimm zum ewigen Dank für das, was du an uns getan, mich zum Gemahl an!«

Dann aber wandte er sich nach Osten. Dreimal bückten die Störche ihre langen Hälse der Sonne entgegen, die soeben hinter dem Gebirge heraufstieg. »Mutabor!« riefen sie. Im Nu waren sie verwandelt, und in der Freude des neugeschenkten Lebens lagen Herr und Diener lachend und weinend einander in den Armen. Wer beschreibt aber ihr Erstaunen, als sie sich umsahen? Eine schöne Dame, herrlich geschmückt, stand vor ihnen. Lächelnd gab sie dem Kalifen die Hand.

»Erkennt Ihr Eure Nachteule nicht mehr?« sagte sie.

Der Kalif war von ihrer Schönheit und Anmut so entzückt, daß er ausrief, es sei sein größtes Glück, daß er Storch geworden sei.

Die drei zogen nun miteinander auf Bagdad zu. Der Kalif fand in seinen Kleidern nicht nur die Dose mit Zauberpulver, sondern auch seinen Geldbeutel. Er kaufte daher im nächsten Dorf, was zu ihrer Reise nötig war, und so kamen sie bald an die Tore von Bagdad. Dort aber erregte die Ankunft des Kalifen großes Erstaunen. Man hatte ihn für tot gehalten, und das Volk war daher hocherfreut, seinen geliebten Herrscher wieder zu haben.

Um so mehr aber entbrannte ihr Haß gegen den Betrüger Mizra. Sie zogen in den Palast und nahmen den alten Zauberer und seinen Sohn gefangen. Den Alten schickte der Kalif in dasselbe Gemach der Ruine, das die Prinzessin als Eule bewohnt hatte, und ließ ihn dort aufhängen. Dem Sohn aber, welcher nichts von den Künsten des Vaters verstand, ließ der Kalif die Wahl, ob er sterben oder schnupfen wolle. Als er das letztere wählte, bot ihm der Großwesir die Dose. Eine tüchtige Prise, und das Zauberwort des Kalifen verwandelte ihn in einen Storchen. Der Kalif ließ ihn in einen eisernen Käfig sperren und in seinem Garten aufstellen.

Lange und vergnügt lebte Kalif Chasid mit seiner Frau, der Prinzessin. Seine vergnügtesten Stunden waren immer die, wenn ihn der Großwesir nachmittags besuchte. Da sprachen sie dann oft von ihrem Storchenabenteuer, und wenn der Kalif recht heiter war, ließ er sich herab, den Großwesir nachzuahmen, wie er als Storch aussah. Er stieg dann ernsthaft mit steifen Füßen im Zimmer auf und ab, klapperte, wedelte mit den Armen wie mit Flügeln und zeigte, wie jener sich vergeblich nach Osten geneigt und Mu – Mu – dazu gerufen habe. Für die Frau Kalifin und ihre Kinder war diese Vorstellung allemal eine große Freude. Wenn aber der Kalif gar zu lange klapperte und nickte und Mu – Mu – schrie, dann drohte ihm lächelnd der Wesir, er wolle das, was vor der Tür der Prinzessin Nachteule verhandelt worden sei, der Frau Kalifin mitteilen.

[Märchen von Wilhelm Hauff]

Die Mühle, die auf dem Meeresgrunde mahlt

Es waren einmal in uralter Zeit zwei Brüder, der eine war reich, und der andere war arm. Als nun das Weihnachtsfest herankam, hatte der arme keinen Bissen Fleisch und auch kein Brot im Haus, ging darum zu seinem Bruder und bat ihn um eine Kleinigkeit.

Nun war es aber nicht das erste Mal, daß der reiche Bruder dem armen etwas gegeben hatte, und er war daher nicht sonderlich froh, als er ihn kommen sah.

»Wenn du tun willst, was ich dir sage«, sprach er, »so sollst du einen ganzen Schinken haben.« Ja, das wollte der Arme gern und bedankte sich.

»Hier hast du ihn«, sagte der Reiche und gab ihm den Schinken, »und nun geh zur Hölle!«

»Hab ich es versprochen, so muß ich es tun«, sagte der andere, nahm den Schinken und ging fort.

Er wanderte den ganzen Tag, und als es dunkel wurde, erblickte er vor sich einen hellen Lichtschimmer.

»Hier wird es wohl sein«, dachte er. Etwas weiter im Walde aber stand ein alter Mann und hackte Holz.

»Guten Abend«, sagte der mit dem Schinken.

»Guten Abend, wo willst du hin?« fragte der alte Mann.

»Oh, ich wollte nur zur Hölle, aber ich weiß nicht, ob ich richtig gegangen bin.«

»Ja, du bist ganz richtig gelaufen«, sagte der Alte, »denn das hier ist die Hölle. Wenn du nun weiter hineinkommst, dann werden dir die Teufel wohl alle deinen Schinken abkaufen wollen, denn das ist ein seltenes Gericht in der Hölle. Du sollst ihn aber nicht für Geld verkaufen, sondern dafür die alte Handmühle verlangen, die hinter der Tür steht. Wenn du dann wieder herauskommst, will ich dir auch zeigen, was du damit tun und wie du sie stellen mußt, damit sie dir nützt. Du mußt nämlich wissen, es ist eine Zaubermühle, wenn man sie richtig zu gebrauchen weiß.«

Der Mann mit dem Schinken dankte für den guten Rat und klopfte beim Teufel an. Als er in die Hölle eintrat, geschah alles so, wie der Alte es ihm gesagt hatte. Alle Teufel, groß und klein, wollten gerne den Schinken haben.

»Es war freilich meine Absicht, ihn zum Weihnachts-Heiligen-Abend mit meiner Frau zu verschmausen«, sagte der Mann, »aber weil ihr alle so erpicht darauf seid, will ich ihn euch überlassen. Ich verkaufe ihn allerdings nur für die alte Handmühle, die da hinter der Tür steht.«

Die wollte der Oberteufel aber gar nicht gerne hergeben, und er handelte und feilschte mit dem Mann. Der aber blieb dabei, und so mußte ihm der Teufel endlich die Mühle überlassen. Als der Mann nun wieder aus der Hölle herausgekommen war, fragte er den alten Holzhacker, für was die Mühle gut sei und was er damit machen müsse, und als der es ihm gesagt hatte, bedankte er sich und machte sich wieder auf den Heimweg.

»Wo in aller Welt bist du denn eigentlich so lange gewesen?« fragte seine Frau, als er eintrat. »Ich habe hier gesessen und von einer Stunde zur anderen gewartet und habe nicht einmal zwei Holzsplitter, um uns ein Weihnachtsessen zu kochen.«

»Oh«, sagte der Mann, »ich konnte nicht eher kommen, denn ich hatte einen weiten Weg zu machen. Aber nun sollst du sehen, was ich uns mitgebracht habe«, und damit stellte er die Mühle auf den Tisch und ließ sie mahlen. Wie staunte da die Frau, als die Mühle erst Kerzen und ein Tischtuch mahlte und danach ein leckeres Essen und Wein und alles, was zu einem guten Weihnachtsschmaus gehört. Als die Mühle schon drei Tage lang gemahlen hatte, lud der Mann all seine Freunde ein, denn er wollte ihnen einen Gastschmaus geben. Wie nun der reiche Bruder sah, was da alles auf dem Tisch stand, lief es ihm heiß und kalt über den Rücken, weil er seinem armen Bruder nichts gönnte.

»Am Weihnachtsabend«, sagte er zu den anderen, »war er noch so bettelarm, daß er zu mir kam und mich um eine Kleinigkeit bat, und nun tischt er auf einmal auf, als wenn er Graf oder König geworden wäre. Wo zum Teufel hast du all den Reichtum herbekommen?« fragte er den Bruder.

Zuerst wollte der es nicht sagen, aber als es Abend geworden war, und alle reichlich gegessen und getrunken hatten, da holte er dann doch seine Wundermühle hervor, und er ließ sie bald dieses, bald jenes mahlen. Wie das der Reiche sah, wollte er dem Bruder die Mühle sogleich abkaufen. Und endlich sollte er sie für dreihundert Taler haben, aber bis zum Sommer wollte sie der Arme noch behalten. »Denn«, so dachte er, »hab' ich sie noch so lange, kann ich mir Essen für manches Jahr damit mahlen.«

In dieser Zeit wurde die Mühle, wie du dir wohl denken kannst, nicht rostig, weil sie immerzu gute Sachen mahlen mußte. Und als nun der Sommer kam, erhielt der reiche Bruder sie. Der Arme hatte sich aber gehütet, ihm zu sagen, wie er die Mühle stellen müsse, damit sie ihm gehorche.

Gegen Mittag stellte der Reiche die Mühle auf den Küchentisch und befahl: »Mahl mir Heringe und Milchsuppe, daß es eine Art hat!« Da fing die Mühle an, alle Schüsseln voller Heringe und alle Krüge voller Milchsuppe zu mahlen, und es dauerte gar nicht lange, da schwamm die ganze Küche davon. Wie der Mann die Wundermühle auch drehte und wendete, sie hörte nicht mehr auf zu mahlen, und zuletzt stand die Milchsuppe schon so hoch, daß der Mann nahe daran war zu ertrinken. Nur mit knapper Not konnte er in der Flut von Milchsuppe die Türklinke fassen, und kaum hatte er die Tür aufgerissen, da stürzten Heringe und Milchsuppe hinter ihm drein, so daß der ganze Hof und das Feld davon strömte. Gerade kamen ihm seine Frau und die Knechte und Mägde vom Feld entgegen, und er rief: »Oh, wenn doch jeder von euch hundert Bäuche hätte, um das alles zu essen. Nehmt euch in acht, daß ihr nicht in meinem Mittagessen ertrinkt!« Und damit rannte er an ihnen vorbei, als wäre der Teufel hinter ihm her. Er sauste hinüber zu seinem Bruder und bat ihn, er möge doch bitte, bitte, die Mühle wieder zu sich nehmen. »Wenn sie noch eine Stunde mahlt«, sprach er, »dann ertrinkt das ganze Dorf in lauter Hering und Milchsuppe.«

Der Bruder wollte die Mühle nur nehmen, wenn ihm der Reiche dreihundert Taler dazu bezahlte. Weil der sich aber keinen anderen Rat wußte, so mußte er ihm das Geld geben. Nun hatte der Arme viel Geld und die Mühle obendrein, und es dauerte gar nicht lange, da hatte er sich ein Haus gebaut, weit prächtiger, als das, worin der Bruder wohnte. Mit der Mühle mahlte er soviel Gold, daß er die Wände damit bekleiden konnte, und weil das Haus nahe am Meeresstrand lag, so konnte man den Goldglanz schon weit draußen auf dem Meere sehen. Alle die vorbeisegelten, hielten dort an, um den reichen Mann in dem goldenen Haus zu besuchen und die wunderbare Mühle zu sehen, denn weit und breit sprach man davon.

Einmal kam auch ein Schiffer vorbei, der fragte, ob die Mühle auch Salz mahlen könne.

»Ja, Salz kann sie auch mahlen«, sagte der Mann, und nun wollte der Schiffer sie unbedingt kaufen, sie möge kosten, was sie wolle. »Wenn ich die habe«, so dachte er, »dann brauche ich nicht immer so weit übers wilde Meer zu segeln, um Salz zu holen, sondern lasse die Mühle für mich mahlen und mache mir einen lustigen Tag.«

Als nun der Schiffer die Mühle für viele tausend Taler bekommen hatte, blieb er nicht lange in der Gegend. Er ließ sich nicht einmal soviel Zeit, um den Mann zu fragen, wie er die Mühle richtig gebrauchen müsse, sondern eilte auf sein Schiff und segelte davon.

Mitten auf dem weiten Meer nahm er die Mühle hervor und befahl: »Mahle Salz, daß es eine Art hat!« Da fing die Mühle an und mahlte Salz, daß es knisterte und sprühte. Als der Schiffer sein ganzes Schiff voller Salz hatte, wollte er die Mühle zum Stehen bringen. Aber wie er's auch anfing und sie stellte und drehte und wendete, die Mühle mahlte immer fort, und der Salzhaufen wuchs höher und immer höher, bis das Schiff zuletzt im Meer versank. Da steht nun die Mühle auf dem Meeresgrunde und mahlt Salz bis zum heutigen Tag, und daher kommt es, daß das Meerwasser so salzig ist.

[Märchen aus Norwegen]

Der alte Koffer

Ein alter Herr, der viel reiste, besaß einen Koffer. Schön war der Koffer nicht, eher häßlich, denn er war mit struppigem Seehundsfell überzogen und hatte eiserne Bänder und Ecken. In dem Fell aber waren schon oft die Motten gewesen, und die eisernen Beschläge waren stark verrostet. Der ganze Koffer hatte mit der Zeit manchen Buckel und manche Schmarre bekommen.

»Der kann was vertragen«, sagten die Kofferträger, wenn sie ihn aus dem Wagen hoben. Bums! warfen sie ihn hin, daß es krachte. Das war nun gerade nicht dazu angetan, die ohnedies üble Laune des alten Koffers zu bessern. Mit seinen eisernen Ecken stieß und knuffte er jeden, der ihm in den Weg kam. »Ihr braucht mir ja nicht zu nahe zu kommen«, brummte er, wenn die andern Koffer, mit denen er zusammen reiste, sich darüber beklagten. »Ihr wollt euch doch bloß ansehen, wie struppig ich bin.«

Aber der Herr, dem der Koffer gehörte, war ein Sonderling. Wenn er zu Hause war, mußte der Koffer stets in seiner Stube unter dem vergoldeten Spiegel stehen, obgleich es recht komisch aussah: der alte häßliche Koffer in der sonst ganz hübschen, gemütlichen Stube. Und wenn der Herr reiste und irgendwo einkehrte, war es stets das erste, daß er sich den Koffer bringen und neben sein Bett stellen ließ.

»Es wird wohl Geld im Koffer sein«, meinten die Leute, »weil er ihn gar nicht aus den Augen läßt.« Doch da waren sie völlig auf dem Holzweg. Freilich war etwas darin, aber Geld? Nein, Geld am allerwenigsten!

War nun der alte Herr ganz allein im Zimmer, dann drückte er auf eine geheime Feder. Schwupp! sprang der Koffer auf. Und was war darin? Ein vollständig verschlossener, prachtvoller Kasten, mit rotem Samt beschlagen und mit goldenen Borten und Schnüren besetzt.

Sobald jemand anders in die Stube eintrat, schnapp! schlug der Deckel wieder zu.

Doch das Dienstmädchen des alten Herrn war sehr schlau. Einmal ließ sie ihre Schuhe vor der Türe stehen und schlich ganz leise in Strümpfen bis an den Koffer hin, der gerade offenstand.

Sie war schon ganz dicht daneben, und als sie es so rot und golden im Koffer blinken sah, vergaß sie sich und rief: »Donnerwetter, der alte Koffer ist ja innen ganz hübsch!« Da merkte der Koffer, daß jemand Fremdes da war. Schnapp! schlug er mit Gewalt zu und hätte ihr beinahe den Finger abgeklemmt; denn sie wollte gerade hineingreifen, um sich zu überzeugen, ob es wirklich Samt und weich wäre.

»Pfui!« sagte sie erschrocken, »was ist das für ein alter garstiger Koffer. Mit dem darf man sich gar nicht einlassen!« Wenn sie später jemand nach dem Koffer fragte, mit dem ihr Herr so geheimnisvoll tue, und ob nicht irgend etwas Besonderes daran sei, erwiderte sie, es sei gar nichts an dem alten Koffer und darin noch viel weniger. Jeder Mensch habe seine Eigenheiten, besonders alte, unverheiratete Leute. Ihr Herr habe nun einmal sein Herz an den alten struppigen Koffer gehängt; weiter sei es nichts.

Aber es war doch etwas Besonderes in dem Koffer. Denn zuweilen riegelte der alte Herr vorsichtig sämtliche Zimmertüren zu, drückte auf die geheime Feder, so daß der Deckel aufsprang, horchte dann noch einmal, ob draußen alles still wäre, und wenn er niemanden hörte, hob er den roten Samtkasten aus dem Koffer heraus und setzte ihn vor sich auf den Tisch. Dann drückte er auf eine zweite verborgene Feder am Kasten, und der rote Samtdeckel sprang auch auf.

Und was war darin?

Unglaublich, aber wahr! Eine ganz niedliche, kleine Märchenprinzessin mit zwei langen Zöpfen und roten Schuhen. Sie sprang auch sofort aus dem Kasten heraus, setzte sich darauf und ließ die Beine baumeln. Das machte sie sehr reizend! Und dann fing sie an, die allerhübschesten Märchen zu erzählen. Und der alte Herr saß im Lehnstuhl und hörte ihr aufmerksam zu.

Eines Tages, als sie eben mit Erzählen fertig war, sagte sie: »Ich habe dir nun schon so viele hübsche Märchen erzählt. Aber ich glaube, du vergiß sie immer wieder. Kannst du sie nicht aufschreiben?«

»O ja«, antwortete der alte Herr, »aufschreiben könnte ich sie schon, wenigstens so einigermaßen und freilich bei weitem nicht so hübsch, wie du sie erzählst. Aber es darf niemand wissen, woher ich sie weiß, und besonders nicht, daß du in dem alten Koffer steckst. Denn ich will dich ganz allein haben. Sonst kommen gleich alle Leute und wollen dich ansehen und tapsen dich mit ihren ungeschickten Fingern an. Der Samt am Kasten würde auch bald schlecht werden.«

»Nein, um Gottes willen!« entgegnete die kleine Märchenprinzessin, »aber wundern würden sich die Leute doch, wenn sie wüßten, wer in dem alten Kasten steckt.« Und dann lachte sie.

»Still!« sagte auf einmal der alte Herr, »es klopft jemand an die Türe. Springe rasch wieder in den Kasten!« Dann legte er eilig den Kasten in den Koffer. Schnapp! schlug der Deckel mit Seehundsfell zu, und als das Dienstmädchen – denn sie hatte geklopft – hereinkam und den Tee brachte, stand der alte Koffer wie immer ganz mürrisch und struppig unter dem Spiegel.

Als sie an ihm vorbeiging, gab sie ihm heimlich und ohne daß es der alte Herr merkte, einen Fußtritt und murmelte: »Alter garstiger Koffer, gestern hast du mir beinahe den Finger eingeklemmt!«

[Märchen von Richard von Volkmann-Leander]

Die goldene Gans

Es war ein Mann, der hatte drei Söhne, davon hieß der jüngste Dummling und wurde verachtet und verspottet und bei jeder Gelegenheit zurückgesetzt. Es geschah, daß der älteste in den Wald gehen wollte, Holz hauen, und eh' er ging, gab ihm noch seine Mutter einen schönen, feinen Eierkuchen und eine Flasche Wein mit, damit er nicht Hunger und Durst litte. Als er in den Wald kam, begegnete ihm ein altes graues Männlein, das bot ihm einen guten Tag und sprach: »Gib mir doch ein Stück Kuchen aus deiner Tasche und laß mich einen Schluck von deinem Wein trinken, ich bin so hungrig und durstig.« Der kluge Sohn aber antwortete: »Geb' ich dir meinen Kuchen und meinen Wein, so hab' ich selber nichts, pack dich deiner Wege«, ließ das Männlein stehen und ging fort. Als er nun anfing, einen Baum zu behauen, dauerte es nicht lange, da hieb er fehl, und die Axt fuhr ihm in den Arm, daß er heimgehen mußte und sich verbinden lassen. Das war aber von dem grauen Männchen gekommen.

Darauf ging der zweite Sohn in den Wald, und die Mutter gab ihm, wie dem ältesten, einen Eierkuchen und eine Flasche Wein. Dem begegnete gleichfalls das alte graue Männchen und hielt um ein Stückchen Kuchen und einen Trunk Wein an. Aber der zweite Sohn sprach auch ganz verständig: »Was ich dir gebe, das geht mir selber ab, pack dich deiner Wege«, ließ das Männlein stehen und ging fort. Die Strafe blieb nicht aus. Als er ein paar Hiebe am Baum getan, hieb er sich ins Bein, daß er nach Haus getragen werden mußte.

Da sagte der Dummling: »Vater, laß mich einmal hinausgehen und Holz hauen.«

Antwortete der Vater: »Deine Brüder haben sich Schaden dabei getan, laß es, du verstehst nichts davon.«

Der Dummling aber bat so lange, bis er endlich sagte: »Geh nur hin, durch Schaden wirst du klug werden.«

Die Mutter gab ihm einen Kuchen, der war mit Wasser in der Asche gebacken, und dazu eine Flasche saures Bier. Als er in den Wald kam, begegnete ihm gleichfalls das alte graue Männchen, grüßte ihn und sprach: »Gib mir ein Stück von deinem Kuchen und einen Trunk aus deiner Flasche, ich bin so hungrig und durstig.«

Antwortete der Dummling: »Ich habe aber nur Aschenkuchen und saures Bier, wenn dir das recht ist, so wollen wir uns setzen und essen.« Da setzten sie sich, und als der Dummling seinen Aschenkuchen herausholte, so war's ein feiner Eierkuchen, und das saure Bier war ein guter Wein.

Nun aßen und tranken sie, und danach sprach das Männlein: »Weil du ein gutes Herz hast und von dem Deinigen gerne mitteilst, so will ich dir Glück bescheren. Dort steht ein alter Baum, den hau ab, so wirst du in den Wurzeln etwas finden.« Darauf nahm das Männlein Abschied.

Der Dummling ging hin und hieb den Baum um, und wie er fiel, saß in den Wurzeln eine Gans, die hatte Federn von reinem Gold. Er hob sie heraus, nahm sie mit sich und ging in ein Wirtshaus, da wollte er übernachten. Der Wirt hatte aber drei Töchter, die sahen die Gans, waren neugierig, was das für ein wunderlicher Vogel wäre, und hätten zu gern eine von seinen goldenen Federn gehabt. Die älteste dachte: »Es wird sich schon eine Gelegenheit finden, wo ich mir eine Feder ausziehen kann«, und als der Dummling einmal hinausgegangen war, faßte sie die Gans beim Flügel, aber Finger und Hand blieben ihr daran festhängen. Bald danach kam die zweite und hatte keinen andern Gedanken, als sich eine goldene Feder zu holen. Kaum aber hatte sie ihre Schwester angeführt, so blieb sie festhängen. Endlich kam auch die dritte in gleicher Absicht. Da schrien die andern: »Bleib weg, um Himmels willen, bleib weg!«

Aber sie begriff nicht, warum sie wegbleiben sollte, und dachte: »Sind die dabei, so kann ich auch dabei sein«, und sprang herzu, und wie sie ihre Schwester angerührt hatte, so blieb sie an ihr hängen. So mußten sie die Nacht bei der Gans zubringen.

Am andern Morgen nahm der Dummling die Gans in den Arm, ging fort und bekümmerte sich nicht um die drei Mädchen, die daran hingen. Sie mußten immer hinter ihm drein laufen, links und rechts, wie's ihm in die Beine kam.

Mitten auf dem Felde begegnete ihnen der Pfarrer, und als er den Aufzug sah, sprach er: »Schämt euch, ihr garstigen Mädchen, was lauft ihr dem jungen Bursch durchs Feld nach, schickt sich das?« Damit faßte er die jüngste an die Hand und wollte sie zurückziehen, aber wie er sie anrührte, blieb er gleichfalls hängen und mußte selber hinterdrein laufen.

Nicht lange, so kam der Küster daher und sah den Herrn Pfarrer, der drei Mädchen auf dem Fuß folgte. Da verwunderte er sich und rief: »Ei, Herr Pfarrer, wo hinaus so geschwind? Vergeßt nicht, daß wir heute noch eine Kindtaufe haben«, lief auf ihn zu und faßte ihn am Ärmel, blieb aber auch festhängen.

Wie die fünf so hintereinanderher trabten, kamen zwei Bauern mit ihren Hacken vom Feld. Da rief der Pfarrer sie an und bat, sie möchten ihn und den Küster losmachen. Kaum aber hatten sie den Küster angerührt, so blieben sie hängen und waren ihrer nun sieben, die dem Dummling mit der Gans nachliefen.

Er kam darauf in eine Stadt, da herrschte ein König, der hatte eine Tochter, die war so ernst, daß sie niemand zum Lachen bringen konnte. Darum hatte er ein Gesetz gegeben, wer sie zum Lachen bringen könnte, der sollte sie heiraten. Der Dummling, als er das hörte, ging mit seiner Gans und ihrem Anhang vor die Königstochter, und als diese die sieben Menschen immer hintereinander herlaufen sah, fing sie überlaut an zu lachen und wollte gar nicht wieder aufhören.

Da verlangte sie der Dummling zur Braut, aber dem König gefiel der Schwiegersohn nicht, er machte allerlei Einwendungen und sagte, er müßte ihm erst einen Mann bringen, der einen Keller voll Wein austrinken könnte. Der Dummling dachte an das graue Männchen, das könnte ihm wohl helfen, ging hinaus in den Wald, und auf der Stelle, wo er den Baum abgehauen hatte, sah er einen Mann sitzen, der machte ein ganz betrübtes Gesicht. Der Dummling fragte, was er sich so sehr zu Herzen nähme. Da antwortete er: »Ich habe so großen Durst und kann ihn nicht löschen, das kalte Wasser vertrage ich nicht, ein Faß Wein habe ich zwar ausgeleert, aber was ist ein Tropfen auf einem heißen Stein?«

»Da kann ich dir helfen«, sagte der Dummling, »komm nur mit mir, du sollst satt haben.« Er führte ihn darauf in des Königs Keller, und der Mann machte sich über die großen Fässer. Trank und trank, daß ihm der Bauch weh tat, und ehe ein Tag herum war, hatte er den ganzen Keller ausgetrunken.

Der Dummling verlangte abermals seine Braut, der König aber ärgerte sich, daß ein schlechter Bursch, den jedermann einen Dummling nannte, seine Tochter heiraten sollte, und machte neue Bedingungen. Er müßte erst einen Mann herbeischaffen, der einen Berg voll Brot aufessen könnte.

Der Dummling besann sich nicht lange, sondern ging gleich hinaus in den Wald. Da saß auf demselben Platz ein Mann, der schnürte sich den Leib mit einem Riemen zusammen, machte ein grämliches Gesicht und sagte: »Ich habe einen ganzen Backofen voll Raspelbrot gegessen, aber was hilft das, wenn man so großen Hunger hat wie ich! Mein Magen bleibt leer, und ich muß mich nur zuschnüren, wenn ich nicht Hungers sterben soll.«

Der Dummling war froh darüber und sprach: »Mach dich auf und geh mit mir, du sollst dich satt essen.« Er führte ihn an den Hof des Königs, der hatte alles Mehl aus dem ganzen Reich zusammenfahren und einen ungeheuern Berg davon backen lassen. Der Mann aber aus dem Walde stellte sich davor, fing an zu essen, und in einem Tag war der ganze Berg verschwunden.

Der Dummling forderte zum dritten Mal seine Braut. Der König aber suchte noch einmal Ausflucht und verlangte ein Schiff, das zu Land und zu Wasser fahren könnte: »Sowie du aber damit angesegelt kommst«, sagte er, »so sollst du gleich meine Tochter zur Gemahlin haben.«

Der Dummling ging geraden Weges in den Wald, da saß das alte graue Männchen, dem er seinen Kuchen gegeben hatte, und sagte: »Ich habe für dich getrunken und gegessen, ich will dir auch das Schiff geben. Das alles tu' ich, weil du so gut zu mir gewesen bist.« Da gab er ihm das Schiff, das zu Land und zu Wasser fuhr, und als der König das sah, konnte er ihm seine Tochter nicht länger vorenthalten. Die Hochzeit ward gefeiert, nach des Königs Tod erbte der Dummling das Reich und lebte lange Zeit vergnügt mit seiner Frau.

[Märchen der Brüder Grimm]

Der Sternenknabe

Vor Zeiten lebte einmal ein armer Holzfäller, der hatte zwölf Kinder. Oft genug gab es in seinem Hause nicht genug zu brechen und zu beißen.

Eines Abends, als schon der Winter nahte, ging er durch den Wald, um Holz zu sammeln. Es war bitterkalt, und die Sterne funkelten am Himmel. Auf einmal sah er, wie sich ein kleiner Stern vom Firmament löste. Wie er noch staunte und schaute, seht, da fiel er ihm geradewegs vor die Füße. Und er sah ein neugeborenes Kind, das in ein goldbesticktes Tuch gehüllt war. Um den Hals trug es eine goldene Kette, und unter den Windeln fand er einen Beutel voller Goldstücke.

Da nahm er den winzigen Knaben in seine Arme und trug ihn nach Hause. Seine Frau aber schimpfte ihn und sprach: »Du bist wohl närrisch geworden, wir haben ja kaum genug zu essen für unsere Kinder!«

Als sie aber das Gold sah, da ließ sie sich besänftigen und nahm das Kind wie ein eigenes auf. So blieb der Knabe im Hause des Holzfällers und wuchs heran. Er war wunderschön von Angesicht und Gestalt, aber grausam und böse von Herzen. Die Tiere flohen vor ihm, denn er quälte sie, wo er nur konnte. Als der Holzfäller ihn einmal voller Kummer fragte, warum er nur so böse sei, da antwortete der Knabe: »Was geht das dich an?«

Der Holzfäller erzählte ihm hierauf, daß er ihn im Wald gefunden und großgezogen habe. Der Knabe aber gab nicht viel auf diese Worte und verspottete ihn.

Eines Tages wankte eine Bettlerin die Dorfstraße entlang. Sie trug zerrissene Kleider und hatte wunde Füße. Als der Sternenknabe sie sah, da rief er ihr zu: »Du alte häßliche Hexe!« und warf mit Steinen nach ihr.

Der Holzfäller, der das gesehen hatte, eilte der Frau zu Hilfe und sprach zu dem Knaben: »Was plagst du eine arme Frau, die um ein Almosen bittet? Hast du Bösewicht denn gar kein Herz?«

Die Bettlerin aber betrachtete den Knaben und sprach: »Was habe ich dir nur getan, daß du mit Steinen nach mir wirfst? Ich habe selbst einen Sohn, der so alt ist wie du. Aber er ist mir geraubt worden. Überall in der Welt habe ich nach ihm gesucht. Die Füße habe ich mir wundgelaufen. Nirgends konnte ich ihn finden.«

»Was, du einfältiges, häßliches Weib willst meine Mutter sein?« schrie der Knabe zornig.

»Vielleicht bist du wirklich mein Sohn«, antwortete die Frau und begann zu weinen.

Da erzählte der Holzfäller, daß er vor zwölf Jahren in den Wald gegangen sei, um Holz zu sammeln, und daß ein kleiner Stern vom Himmel gefallen sei und er ein Kind in einem goldbestickten Tuch mit einer goldenen Kette um den Hals und einem Beutel voller Goldstücke unter den Windeln gefunden habe.

»Zeigt mir, was Ihr damals gefunden habt«, bat die

Frau. Da öffnete der Holzfäller die Truhe, in der er all diese Dinge verwahrt hatte. Da waren das goldbestickte Tuch und die goldene Kette. Auch einige Goldstücke waren noch übriggeblieben. Die anderen hatte der Holzfäller verbraucht, um für seine Familie sorgen zu können.

»Ich habe meinen Sohn gefunden!« rief die Bettlerin, »bringt ihn zu mir, damit ich ihn umarmen und küssen kann!«

Der Holzfäller rief den Knaben herbei. Dieser aber lachte höhnisch, spottete und schrie:

»Diese Bettlerin da, diese Hexe soll meine Mutter sein? Lieber küsse ich eine Schlange als die!«

Da weinte die Bettlerin und sprach: »Mein Sohn, du wirst mich noch brauchen, aber vielleicht wird es dann schon zu spät sein.«

Mit diesen Worten ging sie fort.

»Endlich ist die Hexe fort!« rief der Knabe seinen Gefährten zu. Als diese ihn sahen, rannten sie schreiend vor ihm davon. Da ging der Sternenknabe ans Ufer eines Flusses, und als er sein Spiegelbild im Wasser sah, da hatte er den Kopf einer Kröte. Er begann bitterlich zu weinen und sprach zu sich: »Oh, was habe ich nur getan! Wer weiß, wo meine Mutter jetzt ist. Ich will mich aufmachen und sie suchen.«

Auf dem Weg begegnete er einem Schmetterling.

»Oh, Schmetterling, hast du vielleicht meine Mutter gesehen?«

»Und wenn ich sie gesehen hätte, ich würde es dir nicht sagen. Du hast mir ja die Flügel ausgerissen.«

Da kam ein Vogel geflogen.

»Oh, Vogel, hast du vielleicht meine Mutter gesehen?«

»Und wenn ich sie gesehen hätte, würde ich es dir nicht sagen, denn du hast mir ja die Eier aus dem Nest geworfen.«

Alle Tiere, die er fragte, wollten ihm keine Antwort geben, denn er hatte sie alle grausam behandelt.

So zog er traurig weiter. Er wanderte und wanderte und kam endlich zum Palast eines Königs. Er klopfte an die Pforte und fragte nach seiner Mutter.

»Nein, deine Mutter ist nicht hier, du häßlicher Krötenkopf«, riefen die Wächter, »pack dich fort!«

In diesem Augenblick ging ein alter Mann mit langem weißem Bart und durchdringenden Augen am Palast vorüber. Er fragte den Knaben, was denn geschehen sei.

Dieser sprach: »Oh, ich habe meine Mutter schlecht behandelt. Ich tat ihr Böses. Nun suche ich überall nach ihr.«

»Komm mit mir! Wenn du mein Diener sein willst, so will ich dir helfen«, sprach der Alte. Der aber war ein Zauberer.

Der Sternenknabe willigte ein. Da verband ihm der Zauberer die Augen und führte ihn mit sich. Sie wanderten und wanderten. Endlich gelangten sie an einen Palast. Der Zauberer führte den Knaben in einen Keller voller Spinnweben. Dort nahm er ihm die Binde von den Augen und sprach: »Von nun an sollst du hier als mein Diener leben.«

Dann gab er ihm ein Stück Brot und einen Krug mit Wasser.

»Iß, wenn dich hungert, und trink, wenn du Durst hast.«

Da jammerte und klagte der Knabe und sprach: »Wie soll ich meine Mutter jemals finden, wenn ich hier gefangen bin?«

Der Zauberer aber schwieg und verließ ihn.

Am anderen Morgen kam er in das Verlies und sprach: »Auf, gehe in den Wald. Du wirst dort drei Goldstücke finden, eines aus weißem, eines aus gelbem, das dritte aus rotem Gold. Das weiße Goldstück aber bring zu mir. Bringst du es mir nicht, bekommst du hundert Peitschenhiebe.«

Traurig machte sich der Sternenknabe auf den Weg. Er wanderte lange durch den großen Wald. Als es schon dunkelte, hatte er das weiße Goldstück noch immer nicht gefunden. Da hörte er auf einmal eine Stimme, die rief: »Zu Hilfe! Zu Hilfe!«

Als er der Stimme nachging, fand er einen Hasen, der in eine Falle geraten war. Er hatte Mitleid und befreite ihn. Da sprach der Hase: »Wie kann ich dir dafür danken, daß du mich gerettet hast?«

»Oh, du wirst mir nicht helfen können. Mein Herr hat mir befohlen, das weiße Goldstück zu ihm zu bringen. Wenn ich es nicht finde, gibt er mir hundert Peitschenhiebe.«

»Wenn's weiter nichts ist«, sprach der Hase, »komm mit mir!«

Der Sternenknabe folgte dem Hasen, und dieser zeigte

ihm das weiße Goldstück, das in einem hohlen Baum lag. Voller Freude und Dankbarkeit nahm er es und machte sich auf den Heimweg.

Da begegnete ihm ein Aussätziger. Flehend bat er um ein Almosen. Der Sternenknabe bekam Mitleid mit dem armen Kranken und gab ihm das weiße Goldstück.

Vor dem Palast wartete der Zauberer schon auf ihn und fragte sogleich: »Hast du das weiße Goldstück gefunden?«

»Ja«, antwortete der Knabe, »aber ich habe es einem armen Aussätzigen gegeben.«

Da nahm der Zauberer eine Peitsche und gab ihm hundert Hiebe. Dann schloß er ihn wieder in dem Verlies ein, ohne ihm zu essen und zu trinken zu geben.

Am nächsten Morgen kam der Zauberer wieder und befahl: »Auf, bring mir das gelbe Goldstück! Bringst du es mir aber nicht, so soll es dir schlimmer ergehen als beim ersten Mal, zweihundert Peitschenhiebe sollst du dann bekommen.«

Traurig machte sich der Knabe auf den Weg. Im Wald fand er wiederum den Hasen. Er war noch einmal in eine Falle geraten. Auch diesmal befreite der Knabe ihn, und der Hase sprach: »Zum zweiten Male hast du mich gerettet. Wie kann ich dir dafür danken?«

»Oh, du wirst mir nicht helfen können. Nun will mein Herr, daß ich ihm das gelbe Goldstück bringe. Wenn ich es nicht finde, gibt er mir zweihundert Peitschenhiebe.«

»Wenn's weiter nichts ist«, sprach der Hase, »komm mit mir!«

Der Sternenknabe folgte dem Hasen, und dieser zeigte ihm eine Höhle, in der das gelbe Goldstück lag. Voller Freude und Dankbarkeit nahm er es und machte sich auf den Heimweg.

Da begegnete ihm wieder der Aussätzige. Flehend bat er um ein Almosen. Der Sternenknabe bekam Mitleid mit dem armen Kranken und gab ihm das gelbe Goldstück.

Vor dem Palast wartete der Zauberer schon auf den Knaben und fragte ihn sogleich: »Hast du das gelbe Goldstück gefunden?«

»Ja, aber ich habe es dem armen Aussätzigen gegeben.«

Da nahm der Zauberer die Peitsche und gab ihm zweihundert Hiebe. Dann schloß er ihn wieder in dem Verlies ein, ohne ihm zu essen und zu trinken zu geben.

Am nächsten Morgen kam der Zauberer wieder und befahl: »Auf, heute bringst du mir das rote Goldstück. Bringst du es mir aber nicht, so peitsche ich dich zu Tode.«

Da ging der Knabe in den Wald, setzte sich auf einen Baumstumpf und weinte. Auf einmal begegnete ihm der Hase, den er schon zweimal befreit hatte, und fragte: »Warum weinst du denn so sehr?«

»Warum sollte ich nicht weinen? Es ist um mich geschehen. Mein Herr hat mir befohlen, daß ich ihm das rote Goldstück bringe. Wenn ich es nicht finde, peitscht er mich zu Tode.«

»Du hast mir zweimal das Leben gerettet«, sprach der Hase, »nun will ich das deine retten. Komm mit mir!«

Der Sternenknabe folgte dem Hasen, und dieser zeigte ihm eine Baumwurzel, unter der das rote Goldstück lag. Voller Freude und Dankbarkeit nahm er es und machte sich auf den Heimweg.

Da begegnete ihm wiederum der Aussätzige. Flehend bat er um ein Almosen. Da erfaßte den Sternenknaben das Mitleid mit dem armen Kranken, und er gab ihm das rote Goldstück und bat ihn, für seine Seele zu beten.

In diesem Augenblick fing die Erde an zu beben, und ein gewaltiges Donnern war in der Luft.

Plötzlich stand da, wo noch eben Wald gewesen, ein prächtiger Palast. Diener verneigten sich vor dem Knaben, der nicht wußte, wie ihm geschah, und brachten ihn in einen großen Saal. Dort sah er sein Gesicht in einem Spiegel. Der Krötenkopf war verschwunden, und er war schöner als je zuvor. Da traten der König und die Königin zu ihm und umarmten und küßten ihn. Der König sprach: »Ich bin dein Vater. Jener arme Aussätzige, dem du aus Mitleid die Goldstücke gegeben, bin ich gewesen.«

Da wandte sich die Königin an ihn und sprach: »Ich bin deine Mutter, die so lange nach dir gesucht und die du so böse behandelt hast. Jener Zauberer aber hat dir absichtlich aufgetragen, die Goldstücke zu suchen. Weil du mit dem Hasen und dem Aussätzigen Mitleid hattest, bist du erlöst. Du bist unser lieber Sohn.«

»Nun will ich aber auch den Holzfäller und seine Familie einladen«, sprach der Sternenknabe.

Da nahm der Zauberer seinen Stab und murmelte einige Worte, und schon waren der Holzfäller, dessen Frau und die zwölf Söhne und Töchter um den Thron versammelt. Der König und die Königin erzählten ihnen die ganze Geschichte, und sie feierten alle miteinander ein großes Fest. Der Sternenknabe aber, der nun ein Prinz war, verliebte sich in eine der Holzfällerstöchter und heiratete sie später. Er ist nach dem Tode seines Vaters ein guter und gerechter König geworden.

[Märchen aus Bulgarien]

Die drei Schwestern mit den gläsernen Herzen

Es gibt Menschen mit gläsernen Herzen. Wenn man leise daran rührt, klingen sie so fein wie silberne Glocken. Stößt man jedoch derb daran, so gehen sie entzwei.

Da war nun auch ein Königspaar, das besaß drei Töchter, und alle drei hatten gläserne Herzen. »Kinder«, sagte die Königin, »nehmt euch mit euren Herzen in acht, sie sind sehr zerbrechlich!« Und sie taten es auch.

Eines Tages jedoch lehnte sich die älteste Schwester zum Fenster hinaus über die Brüstung und sah hinab in den Garten, wie die Bienen und Schmetterlinge um die Blumen flogen. Dabei drückte sie sich ihr Herz: Kling, machte es, wie wenn etwas zerspringt, und sie fiel hin und war tot.

Wieder nach einiger Zeit trank die zweite Tochter eine Tasse zu heißen Kaffee. Da gab es abermals einen Klang, wie wenn ein Glas springt, nur etwas feiner als das erste Mal, und auch sie fiel um. Da hob sie ihre Mutter auf und sah sie an, merkte aber bald zu ihrer Freude, daß sie nicht tot war, sondern daß ihr Herz nur einen Sprung bekommen hatte. Aber es hielt noch.

»Was sollen wir nun mit unserer Tochter anfangen?« ratschlagten der König und die Königin. »Sie hat einen

Sprung im Herzen, und wenn er auch nur fein ist, so wird es doch leicht ganz zerbrechen. Wir müssen sie sehr in acht nehmen.«

Aber die Prinzessin sagte: »Laßt mich nur! Manchmal hält das, was einen Sprung bekommen hat, nachher doch noch recht lange.«

Indessen war die jüngste Königstochter auch groß geworden und so schön, gut und verständig, daß aus allen Ländern Königssöhne herbeiströmten und sie heiraten wollten. Doch der alte König war durch Schaden klug geworden und sagte: »Ich habe nur noch eine ganze Tochter, und auch die hat ein gläsernes Herz. Soll ich sie jemandem geben, so muß es ein König sein, der zugleich auch Glaser ist und mit so zerbrechlicher Ware umzugehen versteht.« Allein es war unter den vielen Freiern nicht einer, der gleichzeitig auch die Glaserei erlernt hätte, und so mußten sie alle wieder abziehen.

Da war nun unter den Edelknaben im Schloß des Königs einer, der nur noch dreimal der jüngsten Königstochter die Schleppe tragen mußte, dann war er Edelmann. Dann würde ihm der König gratulieren und zu ihm sagen: »Du bist nun fertig und Edelmann. Ich danke dir. Du kannst gehen.«

Als er nun das erste Mal der Prinzessin die Schleppe trug, sah er, daß sie einen ganz königlichen Gang hatte. Als er sie ihr das zweite Mal trug, sagte die Prinzessin: »Laß einen Augenblick die Schleppe los, gib mir deine Hand und führe mich die Treppe hinauf, aber fein und zierlich, wie es sich für einen Edelknaben, der eine Königstochter führt, gehört.« Als er dies tat, sah er, daß die

Königstochter auch eine ganz königliche Hand hatte. Sie aber bemerkte auch etwas. Was es aber war, will ich euch erst nachher erzählen. Endlich, als er ihr das dritte Mal die Schleppe trug, drehte sich die Königstochter um und sagte zu ihm: »Wie reizend du mir meine Schleppe trägst! So reizend hat sie mir noch keiner getragen.« Da merkte der Edelknabe, daß sie auch eine ganz königliche Sprache führte. Der König dankte und gratulierte ihm und sagte, er könne nun gehen.

Als er ging, stand die Königstochter an der Gartentüre und sprach zu ihm: »Du hast mir so reizend die Schleppe getragen wie kein anderer. Wenn du doch Glaser und König wärst!«

Darauf antwortete der junge Edelmann, er wolle sich alle Mühe geben, es zu werden. Sie möge nur auf ihn warten, er käme gewiß wieder.

Er ging also zu einem Glaser und fragte ihn, ob er nicht einen Glaserjungen gebrauchen könne. »Jawohl«, erwiderte dieser, »aber du mußt vier Jahre bei mir lernen. Im ersten Jahre lernst du die Semmeln vom Bäcker holen und die Kinder waschen, kämmen und anziehen. Im zweiten lernst du die Ritzen mit Kitt verschmieren, im dritten Glas schneiden und einsetzen und im vierten Jahr wirst du Meister.«

Darauf fragte der Edelmann den Glaser, ob er nicht von hinten anfangen könne, weil es dann doch viel schneller ginge. Aber der Glaser sagte ihm, daß ein ordentlicher Glaser immer von vorn anfangen müsse, sonst würde nichts Gescheites daraus.

Damit gab sich der Edelmann zufrieden. Im ersten Jahre

holte er also die Semmeln vom Bäcker, wusch und kämmte die Kinder und zog sie an. Im zweiten verschmierte er die Ritzen mit Kitt, im dritten lernte er Glas schneiden und einsetzen, und im vierten Jahr wurde er Meister. Darauf zog er sich wieder seine Edelmannskleider an, nahm Abschied von seinem Lehrherrn und überlegte sich, wie er es anfangen solle, um nun auch noch König zu werden.

Während er so auf der Straße ganz in Gedanken versunken einherging und aufs Pflaster sah, trat ein Mann an ihn heran und fragte, ob er etwas verloren habe, daß er immer so auf die Erde sähe. Da erwiderte er, verloren habe er zwar nichts, aber suchen täte er doch etwas: nämlich ein Königreich! Und er fragte ihn, ob er ihm nicht raten könne, was er tun müsse, um König zu werden.

»Wenn du ein Glaser wärst«, sagte der Mann, »wüßte ich schon Rat.«

»Aber ich bin ja ein Glaser«, antwortete er, »und eben Meister geworden.«

Als er dies gesagt hatte, erzählte ihm der Mann die Geschichte von den drei Schwestern mit den gläsernen Herzen, und wie der alte König durchaus seine Tochter nur einem Glaser vermählen wolle. »Anfangs«, so sprach er, »war noch die Bedingung, daß der Glaser, der sie bekäme, auch noch ein König oder ein Königssohn sein müsse. Weil sich aber keiner finden will, der alles beides ist, so hat der alte König etwas nachgegeben, wie es der Klügste immer tun muß, und zwei andere Bedingungen gestellt. Glaser muß er freilich immer noch sein, dabei bleibt es!«

»Welches sind denn die beiden Bedingungen?« fragte der junge Edelmann.

»Er muß der Prinzessin gefallen und Samthände haben. Kommt nun ein Glaser, welcher der Prinzessin gefällt und auch Samthände hat, so will ihm der König seine Tochter geben und ihn später, wenn er gestorben ist, zum König machen. Es sind auch schon eine Menge Glaser auf dem Schloß gewesen, aber der Prinzessin wollte keiner gefallen. Außerdem hatten sie auch alle keine zarten Samthände, sondern grobe Hände, wie das von gewöhnlichen Glasern nicht anders zu erwarten ist.«

Als dies der junge Edelmann vernommen hatte, ging er in das Schloß zum König und erinnerte ihn daran, daß er bei ihm einmal Edelknabe gewesen sei. Und er erzählte ihm, daß er seiner Tochter zuliebe Glaser geworden sei und sie nun gerne heiraten und nach seinem Tod König werden wolle.

Da ließ der König die Prinzessin rufen und fragte sie, ob der junge Edelmann ihr gefalle. Als sie dies bejahte, weil sie ihn gleich erkannte, sagte er dann weiter, er solle nun auch seine Handschuhe ausziehen und zeigen, ob er auch Samthände habe. Aber die Prinzessin meinte, dies sei ganz unnötig, sie wisse es ganz genau, daß er wirklich Samthände habe. Sie hätte es schon damals gemerkt, als er sie die Treppe hinaufgeführt hätte.

So waren denn beide Bedingungen erfüllt, und da die Prinzessin einen Glaser zum Mann bekam, und noch dazu einen mit Samthänden, so nahm er ihr Herz sehr in acht, und es hielt bis an ihr seliges Ende.

Die zweite Schwester aber, deren Herz schon den

Sprung hatte, wurde die Tante, und zwar die allerbeste Tante der Welt. Dies versicherten nicht bloß die Kinder, welche der junge Edelmann und die Prinzessin zusammen bekamen, sondern auch alle anderen Leute. Die kleinen Prinzessinnen lehrte sie lesen, beten und Puppenkleider machen; den Prinzen aber besah sie die Noten. Wer eine gute Note hatte, wurde sehr gelobt und bekam etwas geschenkt. Hatte aber einmal einer eine schlechte Note, dann gab sie ihm einen Klaps und sprach: »Sage einmal, du sauberer Prinz, was du dir eigentlich vorstellst? Was willst du später einmal werden? Heraus mit der Sprache! Nun, wird's bald?«

Und wenn er dann schluckte und sagte: »Kö-Kö-Kö-König!« lachte sie und fragte: »König? Wohl König Midas? König Midas Hochgeboren mit zwei langen Eselsohren!« Dann schämte sich der Prinz gewaltig, der die schlechte Note bekommen hatte.

Und auch diese zweite Prinzessin wurde steinalt, obwohl ihr Herz einen Sprung hatte. Wenn sich jemand darüber wunderte, sagte sie immer: »Was in der Jugend einen Sprung kriegt und geht nicht gleich entzwei, das hält nachher oft noch recht lange.«

Und das ist auch wahr. Denn meine Mutter hat auch ein altes Sahnentöpfchen. Es ist weiß, mit kleinen bunten Blumensträußchen besät. Das hat einen Sprung, solange ich denken kann, und hält immer noch. Und seit es meine Mutter hat, sind schon so viele neue Sahnentöpfchen gekauft und immer wieder zerbrochen worden, daß man sie gar nicht zählen kann.

[Märchen von Richard von Volkmann-Leander]

Wie ein Knabe den Teufel überlistete

Einst fuhr ein Müller auf seinem Wagen Säcke zur Mühle. Da geschah es, daß der Maulesel, der den Wagen zog, stürzte und nicht wieder aufstehen konnte. So sehr der Müller sich auch abmühte, das Tier blieb auf der Straße liegen. In seiner Not rief er alle Heiligen an. Aber keiner kam ihm zu Hilfe. Da rief er in seinem Kummer unbedacht nach dem Teufel. Dieser war sofort zur Stelle, und im selben Augenblick konnte der Maulesel wieder stehen und gehen. Nun aber sprach der Teufel: »Zum Dank sollst du mir dein erstes Kind bringen, sobald es vierzehn Jahre alt ist.«

Der Müller sagte leichten Herzens zu, denn er dachte: »Ich bin schon alt, und meine Frau ist alt, wir werden keine Kinder mehr haben.«

Nach einiger Zeit aber wurde die Frau schwanger, und sie gebar einen wunderschönen Knaben. Der wuchs und gedieh prächtig, doch so oft er ihn ansah, mußte der Müller weinen. Da fragte ihn endlich seine Frau: »Warum weinst du denn immer, lieber Mann, wenn du unseren Sohn siehst? Er ist doch schön und hat ein gutes Herz.«

Da antwortete der Mann traurig: »Ich weine, weil ich ihn dem Teufel versprochen habe, noch bevor er geboren war. Wenn er vierzehn Jahre alt ist, wird der Teufel kommen und ihn holen.«

Da begann auch die Frau bittere Tränen zu weinen.

Der Knabe aber wuchs heran und fragte eines Tages, warum denn seine Eltern die ganze Zeit weinten. Unter Tränen erzählten sie ihm alles. Der Knabe aber tröstete sie und sprach: »Seid nicht traurig, Mutter und Vater. Es wird schon alles gut werden, ihr werdet sehen.«

Und der Knabe ging zu seinem Lehrer und erzählte ihm alles. Der Lehrer aber war ein weiser Mann. Er gab dem Knaben einen Stock und sprach: »Behalte diesen Stock stets in deiner Hand. Der Teufel kann dir nichts anhaben, solange du ihm den Stock entgegenhältst. Befiehlt er dir aber etwas, so tu genau das Gegenteil!«

Dann nahm er ihn mit sich in die Kirche und betete mit ihm.

Am folgenden Tag aber wurde der Knabe vierzehn Jahre alt. In der Tat kam der Teufel auch gleich und wollte dem Knaben Fesseln anlegen und ihn mit sich nehmen.

Der Knabe aber erhob den Stock und sprach: »Ich komme freiwillig und brauche keine Fesseln.«

Dann verabschiedete er sich von seinen weinenden Eltern und folgte dem Teufel, der ihn geradewegs mit in die Hölle nahm. Dort befahl der Teufel dem Knaben, Wasser zu holen. Der Knabe aber leerte es aus.

Der Teufel befahl, das Feuer zu schüren. Der Knabe aber goß Wasser darauf.

Der Teufel befahl, Geschirr abzuwaschen. Der Knabe aber schlug es in Stücke.

Da geriet der Teufel in großen Zorn und sprach: »Dieser Knabe ist zu nichts nütze. Ich kann ihn nicht einmal berühren, und befehlen kann ich ihm auch nicht.«

Und so schickte der Teufel den Knaben wieder nach Hause und war froh, ihn losgeworden zu sein.

Glücklich umarmten ihn seine Eltern und waren von Herzen froh, daß er gesund und wohlbehalten wieder bei ihnen war. Der Knabe aber sprach: »Laßt mich nochmals zum Teufel gehen, denn für immer will ich mich von ihm befreien.«

Er machte sich auf den Weg und kam durch einen großen Wald. Dort befand sich das Häuschen eines Einsiedlers. Diesem erzählte er seine Geschichte und fragte ihn um Rat. Der Einsiedler antwortete ihm: »Mein Sohn, ich kann dir nicht helfen. Aber ich habe einen Bruder. Dieser wohnt auf der anderen Seite des Berges und ist ein gefürchteter Räuberhauptmann. Ich werde dir einen Brief für ihn mitgeben. Mein Bruder kann dir vielleicht helfen.«

Der Knabe dankte dem Einsiedler und machte sich auf den Weg. Endlich fand er den Räuberhauptmann, übergab ihm den Brief und erzählte ihm seine Geschichte. Lange dachte der Räuberhauptmann nach. Dann rief er den Teufel zu sich und sprach: »Ich habe vierzig Seelen unter mir und dazu meine eigene. Diese einundvierzig Seelen sind alle dein, wenn du dafür von diesem Knaben läßt, den du ja doch nicht in der Hölle brauchen kannst.«

Der Teufel willigte ein und verschwand durch den Kamin.

Der Knabe kehrte zu seinen Eltern zurück und lebte von nun an glücklich und zufrieden.

Der Räuberhauptmann aber beschloß, zu seinem Bruder, dem Einsiedler, zu gehen und von nun an ein gutes Leben zu führen. Alle seine Räuber taten es ihm gleich. So wurde der Teufel gleich zweimal überlistet, und er begann, den Menschen zu mißtrauen.

[Märchen aus dem Tessin]

Von dem Jungen, der immer
an der Sahne schleckte

Es war einmal ein kleiner Junge, gerade so groß, wie du es bist, der ging, wenn seine Mutter auf dem Markt war, immer zum Topf mit der süßen Sahne und schleckte daran. Da sagte seine Mutter: »Wenn du noch einmal an der Sahne schleckst, dann gebe ich dich dem garstigen Bären.«

Kaum war sie wieder fort, husch, lief der Junge gleich zum Sahnetopf und schleckte und schleckte so lange, bis keine Sahne mehr im Topf war.

Jetzt aber begann er, sich vor seiner Mutter zu fürchten, und in der Angst lief er fort und kam in den Wald. Als er da war, dachte er an die vielen wilden Tiere, die im Wald wohnen, die würden jetzt kommen und ihn zerreißen. Was sollte er anfangen? Mit einem Mal sah er einen dicken Baum, und er dachte: »Da willst du hinaufklettern, dann bist du sicher.«

Der Baum war aber hohl, und als er oben war, fiel er hinein und gerade mitten in ein Bärennest. Die jungen Bärchen rannten durcheinander, denn sie hatten sich erschreckt. Bald kam auch der alte Bär und brachte Futter und fing an zu brummen: »Boboborou.« Und die Kleinen brummten freudig: »Bebeberou.«

Nun kannst du dir vorstellen, wie sich der kleine Junge

bei all dem Gebrumm fürchten mußte. Als aber der alte
Bär oben am Baumloch stand und unten die Augen des
Jungen sah, da dachte er: »Jetzt ist es aus mit dir!« Er
meinte nämlich, es sei die Katze oder die Schlange drinnen, die fresse erst seine Jungen, und dann werde die
Reihe an ihn kommen. Schnell drehte er sich um, dabei
bekam aber der Knabe den Schwanz des Bären ins Gesicht. In der Angst faßte er danach, und als der Bär nun
fortsprang, da zog er den Jungen mit aus dem Baum
hinaus.

Der Bär aber glaubte, die Katze habe ihn am Schwanz
und sei ihm nachgesprungen und wolle ihn fressen. Da
riß er sich schnell wieder los, sprang ins Nest zurück
und blieb dort ganz ruhig sitzen. Er hatte sich aber so
heftig losgerissen, daß dem Jungen der Schwanz in der
Hand geblieben war, und seitdem hat der Bär einen
Stummelschwanz.

Der Junge hatte aber nicht weniger Angst gehabt als der
Bär, das kannst du dir denken. Er lief schnell nach
Hause und erzählte seiner Mutter, wie es ihm im Wald
ergangen war. »Ich fürchtete mich«, sagte er zu ihr, »daß
du mich schlagen würdest, deshalb lief ich in den Wald.
Ich dachte an die vielen wilden Tiere, die dort wohnen,
und stieg auf einen Baum, um mich zu verstecken. Da
fiel ich geradewegs in ein Bärennest. Die Bärenjungen
waren zu Hause, und sie sahen mich so garstig an und
brummten immerzu: ›Jetzt fressen wir dich!‹ Dann kam
auch noch der alte Bär heim und brummte: ›Habt ihr
ihn?‹ und die Bärchen brummten wieder: ›Ja, wir haben
ihn!‹ Danach kam der alte Bär ans Baumloch und

schaute mit so feurigen Augen herein, daß ich dachte: ›Nun ist es aus mit dir.‹ Aber der gute Bär warf mich nur aus dem Bärennest hinaus und ließ mich laufen und drückte mir obendrein noch dieses Pelzstückchen in die Hand.

Bist du jetzt auch wieder gut mit mir, Mutter, wenn ich dir verspreche, nie mehr an der süßen Sahne zu schlekken?«

[Märchen aus Siebenbürgen]

Das Kätzchen und die Stricknadeln

Es war einmal eine arme Frau, die in den Wald ging, um Holz zu sammeln. Als sie mit ihrem Holzbündel auf dem Rückweg war, sah sie ein krankes Kätzchen hinter einem Zaun liegen, das kläglich schrie. Die arme Frau nahm es mitleidig in ihre Schürze und trug es nach Hause.

Auf dem Weg kamen ihr ihre beiden Kinder entgegen, und als sie sahen, daß die Mutter etwas trug, fragten sie: »Mutter, was trägst du?«

Sie wollten gleich das Kätzchen haben, aber die Mutter gab es ihnen nicht. Sie hatte nämlich Sorge, die Kinder könnten es quälen. Sie legte vielmehr das Kätzchen zu Hause auf alte, weiche Lumpen und Decken und gab ihm Milch zu trinken. Dem Kätzchen ging es von Tag zu Tag besser, und als es wieder ganz gesund war, war es mit einem Mal fort und verschwunden.

Nach einiger Zeit ging die arme Frau wieder in den Wald, und als sie mit ihrem Holzbündel auf dem Rückweg war und wieder an die Stelle kam, wo das kranke Kätzchen gelegen hatte, da stand eine ganz vornehme Dame dort, winkte die arme Frau zu sich und warf ihr fünf Stricknadeln in die Schürze. Die Frau wußte nicht recht, was sie von diesem sonderbaren Geschenk halten sollte, doch abends legte sie die fünf Stricknadeln zu Hause auf den Tisch.

Als sie am anderen Morgen aufstand, was glaubt ihr, was sie da sah? Da lag auf dem Tisch ein Paar neuer, mollig warmer, fertiggestrickter Strümpfe. Das wunderte die arme Frau sehr, und am nächsten Abend legte sie die Stricknadeln wieder auf den Tisch, und am Morgen darauf lagen wieder neue Strümpfe da. Jetzt merkte sie, daß sie zur Belohnung für das Mitleid, das sie mit dem kranken Kätzchen gehabt hatte, die fleißigen Nadeln geschenkt bekam.

Und die ließ sie nun jede Nacht stricken, bis sie und ihre Kinder genug warme Strümpfe hatten. Dann verkaufte sie auch Strümpfe, und sie mußten nie wieder Not leiden.

[Märchen aus Thüringen]

Daumerlings Wanderschaft

Ein Schneider hatte einen Sohn, der war klein geraten und nicht größer als ein Daumen, darum hieß er auch der Daumerling. Er hatte aber Mut im Leib und sagte zu seinem Vater: »Vater, ich soll und muß in die Welt hinaus.«

»Recht, mein Sohn«, sprach der Alte, nahm eine lange Stopfnadel und machte an der Öse einen Knoten von Siegellack daran, »da hast du auch einen Degen mit auf den Weg.«

Nun wollte das Schneiderlein noch einmal mitessen und hüpfte in die Küche, um zu sehen, was die Frau Mutter zu guter Letzt gekocht hätte. Es war aber eben angerichtet, und die Schüssel stand auf dem Herd. Da sprach es: »Frau Mutter, was gibt's heute zu essen?«

»Sieh du selbst zu«, sagte die Mutter. Da sprang Daumerling auf den Herd und guckte in die Schüssel. Weil er aber den Hals zu weit hineinstreckte, faßte ihn der Dampf von der Speise und trieb ihn zum Schornstein hinaus. Eine Weile ritt er auf dem Dampf in der Luft herum, bis er endlich wieder auf die Erde herabsank. Nun war das Schneiderlein draußen in der weiten Welt, zog umher, ging auch bei einem Meister in die Arbeit, aber das Essen war ihm nicht gut genug.

»Frau Meisterin, wenn Sie uns kein besseres Essen gibt«, sagte der Daumerling, »so gehe ich fort und schreibe morgen früh mit Kreide an ihre Haustüre: Kartoffel zu viel, Fleisch zu wenig, adieu, Herr Kartoffelkönig.«

»Was willst du wohl, Grashüpfer?« sagte die Meisterin, wurde bös, ergriff einen Lappen und wollte nach ihm schlagen. Mein Schneiderlein kroch behende unter den Fingerhut, guckte unten hervor und streckte der Frau Meisterin die Zunge heraus. Sie hob den Fingerhut auf und wollte ihn packen, aber der kleine Daumerling hüpfte in die Lappen, und wie die Meisterin diese auseinanderwarf und ihn suchte, sprang er in den Tischritz.

»He, he, Frau Meisterin«, rief er und steckte den Kopf in die Höhe, und wenn sie zuschlagen wollte, sprang er in die Schublade hinunter. Endlich aber erwischte sie ihn doch und jagte ihn zum Haus hinaus.

Das Schneiderlein wanderte und kam in einen großen Wald. Da begegnete ihm ein Haufen Räuber, die hatten vor, des Königs Schatz zu stehlen. Als sie das Schneiderlein sahen, dachten sie: »So ein kleiner Kerl kann durch ein Schlüsselloch kriechen und uns als Dietrich dienen.«

»Heda«, rief einer, »du Riese Goliath, willst du mit zur Schatzkammer gehen? Du kannst dich hineinschleichen und das Geld herauswerfen.«

Der Daumerling besann sich, endlich sagte er: »Ja«, und ging mit zu der Schatzkammer. Da besah er die Türe oben und unten, ob kein Ritz darin wäre. Nicht lange, so entdeckte er einen, der breit genug war, um ihn einzulassen. Er wollte auch gleich hindurch, aber eine von den beiden Schildwachen, die vor der Tür standen, bemerkte ihn und sprach zu der andern: »Was kriecht da für eine häßliche Spinne? Ich will sie tottreten.«

»Laß das arme Tier gehen«, sagte die andere, »es hat dir ja nichts getan.«

Nun kam der Daumerling durch den Ritz glücklich in die Schatzkammer, öffnete das Fenster, unter welchem die Räuber standen, und warf ihnen einen Taler nach dem andern hinaus. Als das Schneiderlein in der besten Arbeit war, hörte es den König kommen, der seine Schatzkammer besehen wollte, und verkroch sich eilig. Der König merkte, daß viele harte Taler fehlten, konnte aber nicht begreifen, wer sie sollte gestohlen haben, da Schlösser und Riegel in gutem Stand waren, und alles wohl verwahrt schien. Da ging er wieder fort und sprach zu den zwei Wachen: »Habt acht, es ist einer hinter dem Geld her.« Als der Daumerling nun seine Arbeit von neuem anfing, hörten sie das Geld drinnen sich regen und klingen: »Klipp klapp, klipp klapp.« Sie sprangen geschwind hinein und wollten den Dieb greifen. Aber das Schneiderlein, das sie kommen hörte, war noch geschwinder, sprang in eine Ecke und deckte einen Taler über sich, so daß nichts von ihm zu sehen war. Dabei neckte es noch die Wachen und rief: »Hier bin ich.«

Die Wachen liefen dahin, wie sie aber ankamen, war es schon in eine andere Ecke unter einen Taler gehüpft und rief: »He, hier bin ich.« Die Wachen sprangen eilends herbei, Daumerling war aber längst in einer dritten Ecke und rief: »He, hier bin ich.«

Und so hatte es sie zu Narren und trieb sie so lange in der Schatzkammer herum, bis sie müde waren und davongingen. Nun warf es die Taler nach und nach alle hinaus; den letzten schnellte es mit aller Macht, hüpfte dann selber noch behende darauf und flog mit ihm durchs Fenster hinaus.

Die Räuber machten ihm große Lobsprüche: »Du bist ein gewaltiger Held«, sagten sie, »willst du unser Hauptmann werden?« Daumerling bedankte sich aber und sagte, er wollte erst die Welt sehen. Sie teilten nun die Beute, das Schneiderlein aber verlangte nur einen Kreuzer, weil es nicht mehr tragen konnte.

Darauf schnallte es seinen Degen wieder um den Leib, sagte den Räubern guten Tag und nahm den Weg zwischen die Beine. Es ging bei einigen Meistern in Arbeit, aber sie wollte ihm nicht schmecken. Endlich verdingte es sich als Hausknecht in einem Gasthof. Die Mägde aber konnten es nicht leiden, denn ohne daß sie ihn sehen konnten, sah er alles, was sie heimlich taten, und gab bei der Herrschaft an, was sie von den Tellern genommen und aus dem Keller für sich weggeholt hatten.

Da sprachen sie: »Wart, wir wollen dir's eintränken«, und verabredeten untereinander, ihm einen Schabernack anzutun. Als die eine Magd bald hernach im Garten mähte und den Daumerling da herumspringen und an den Kräutern auf und ab kriechen sah, mähte sie ihn mit dem Gras schnell zusammen, band alles in ein großes Tuch und warf es heimlich den Kühen vor. Nun war eine große schwarze darunter, die schluckte ihn mit hinab, ohne ihm weh zu tun. Unten gefiel's ihm aber schlecht, denn es war da ganz finster, und es brannte auch kein Licht. Als die Kuh gemelkt wurde, da rief er:

> »Strip, strap, stroll,
> ist der Eimer bald voll?«

Doch bei dem Geräusch des Melkens wurde er nicht verstanden.

Hernach trat der Hausherr in den Stall und sprach: »Morgen soll die Kuh da geschlachtet werden.«

Da wurde dem Daumerling angst, daß er mit heller Stimme rief: »Laßt mich erst heraus, ich sitze ja drin.« Der Herr hörte das wohl, wußte aber nicht, wo die Stimme herkam. »Wo bist du?« fragte er.

»In der schwarzen«, antwortete er, aber der Herr verstand nicht, was das heißen sollte, und ging fort.

Am andern Morgen wurde die Kuh geschlachtet. Glücklicherweise traf bei dem Zerhacken und Zerlegen den Daumerling kein Hieb, aber er geriet unter das Wurstfleisch. Wie nun der Metzger herbeitrat und seine Arbeit anfing, schrie er aus Leibeskräften: »Hackt nicht zu tief, hackt nicht zu tief, ich stecke ja drunter.« Vor dem Lärmen der Hackmesser hörte das kein Mensch.

Nun hatte der arme Daumerling seine Not, aber die Not macht Beine, und da sprang er so behend zwischen den Hackmessern durch, daß ihn keins anrührte und er mit heiler Haut davonkam. Aber entspringen konnte er auch nicht: Er mußte sich mit den Speckbrocken in eine Blutwurst hinunterstopfen lassen. Da war das Quartier etwas eng, und dazu wurde er noch in den Schornstein zum Räuchern aufgehängt, wo ihm Zeit und Weile gewaltig lang wurde.

Endlich im Winter wurde er heruntergeholt, weil die Wurst einem Gast vorgesetzt werden sollte. Als nun die Frau Wirtin die Wurst in Scheiben schnitt, nahm er sich in acht, daß er den Kopf nicht zu weit vorstreckte, damit ihm nicht etwa der Hals mitabgeschnitten würde. Endlich sah er seinen Vorteil, machte sich Luft und sprang heraus. In dem Hause aber, wo es ihm so übel ergangen war, wollte das Schneiderlein nicht länger mehr bleiben, sondern begab sich gleich wieder auf die Wanderung. Doch seine Freiheit dauerte nicht lange. Auf dem offenen Feld kam es einem Fuchs in den Weg, der schnappte es in Gedanken auf.

»Ei, Herr Fuchs«, rief's Schneiderlein, »ich bin's ja, der in eurem Hals steckt, laßt mich wieder frei.«

»Du hast recht«, antwortete der Fuchs, »an dir habe ich doch so viel als nichts. Versprichst du mir die Hühner in deines Vaters Hof, so will ich dich loslassen.«

»Von Herzen gern«, antwortete der Daumerling, »die Hühner sollst du alle haben, das verspreche ich dir.«

Da ließ ihn der Fuchs wieder los und trug ihn selber heim. Als der Vater sein liebes Söhnlein wieder sah, gab er dem Fuchs gerne alle die Hühner, die er hatte.

»Dafür bring' ich dir auch ein schön Stück Geld mit«, sprach der Daumerling und reichte ihm den Kreuzer, den er auf seiner Wanderschaft erworben hatte.

»Warum hat aber der Fuchs die armen Piephühner zu fressen kriegt?«

»Ei, du Narr, deinem Vater wird ja wohl sein Kind lieber sein als die Hühner auf dem Hof.«

[Märchen der Brüder Grimm]

Der höllische Torwartel

Ein recht schmutziger Junge wollte sich gar nie waschen lassen und lief immer mit seinem schmutzigen Gesicht und dreckigen Händen und Füßen herum. Kein Warnen und Zureden half hier, und so wurde der Schmutzige täglich noch schmutziger. Wenn aber die Menschen recht unrein sind und so ungewaschen herumlaufen, bekommt der Teufel über sie Gewalt. Das hat schon mancher zu spät bereut. So ging es auch diesem Knaben.

Auf einmal war er verschwunden, man konnte von ihm weder Laub noch Staub sehen, und kein Mensch wußte zu sagen, wo er geblieben war.

Sieben Jahre waren seit dem Verschwinden des Knaben vergangen, und er war fast ganz vergessen, als er nach so langer Zeit auf einmal wieder um die Wege war. Er war aber so verändert und gealtert, daß ihn seine besten Freunde nur mit Mühe erkennen konnten. Seine Hautfarbe war ganz dunkel und sein Haar ganz struppig. Auch war er sehr still und einsilbig geworden, und man brachte nicht viel aus ihm heraus.

Nur das erzählte er öfters, besonders den Kindern, daß er wegen seiner Scheu vor dem Waschen in die Gewalt des Teufels gekommen sei und deshalb als Torwartel und Wächter am Höllentor habe dienen müssen. Da hat er nun alle gesehen, welche in dieser langen Zeit durch dies feurige Tor in die Hölle gezogen waren, und es waren so viele, daß sie niemand hätte zählen können. Reiche und Vornehme, Arme und Niedrige, Männer und Frauen mußten am Torwartel vorüberziehen, und er war froh, daß er nicht selbst durch das Tor gemußt und seine Dienstzeit nur sieben Jahre gedauert hatte. Auch hatte er gute Vorsätze, sich fleißig zu waschen und nicht mehr den Schmutz an sich zu leiden.

Und dies hat er auch fleißig erfüllt, denn er wollte nie und nimmermehr höllischer Torwartel werden.

[Märchen aus Tirol]

Ole Luk-Oie

Es gibt niemanden in der ganzen Welt, der so viele Geschichten weiß wie Ole Luk-Oie. Der kann gehörig erzählen!

So gegen Abend hin, wenn die Kinder noch so nett am Tisch oder auf ihrem Schemel sitzen, kommt Ole Luk-Oie. Er kommt sachte die Treppe herauf, denn er geht auf Socken. Er macht ganz leise die Tür auf, und husch! da spritzt er den Kindern süße Milch in die Augen hinein, und das so fein, so fein, aber doch immer genug, daß sie die Augen nicht aufhalten und ihn deshalb auch nicht sehen können. Er schleicht sich gerade hinter sie, bläst ihnen sachte in den Nacken, und davon wird es ihnen schwer im Kopf. O ja, aber es tut nicht weh, denn Ole Luk-Oie meint es gerade gut mit den Kindern. Er will nur, daß sie ruhig sein sollen, und das sind sie, wenn man sie zu Bett gebracht hat. Sie sollen still sein, damit er ihnen Geschichten erzählen kann.

Wenn die Kinder dann schlafen, setzt sich Ole Luk-Oie auf ihr Bett. Er ist gut gekleidet. Sein Rock ist von Seidenzeug, aber es ist unmöglich, zu sagen, von welcher Farbe, denn er glänzt grün, rot und blau, je nachdem er sich wendet. Unter jedem Arm hält er einen Regenschirm. Den einen, mit Bildern darauf, spannt er über die guten Kinder aus, und dann träumen sie die ganze Nacht die herrlichsten Geschichten. Aber einen andern Schirm hat er, auf dem überhaupt nichts ist, den stellt er über die unartigen Kinder, dann schlafen sie wie dumm und haben am Morgen, wenn sie erwachen, nicht das allergeringste geträumt. Nun werden wir hören, wie Ole Luk-Oie jeden Abend während einer ganzen Woche zu einem kleinen Knaben kam, welcher Hjalmar hieß, und was er ihm erzählte. Es sind sieben Geschichten, denn es sind sieben Tage in der Woche.

Montag

»Höre einmal«, sagte Ole Luk-Oie am Abend, als er Hjalmar zu Bett gebracht hatte, »jetzt werde ich aufputzen.« Und da wurden alle Blumen in den Blumentöpfen zu großen Bäumen, welche ihre langen Zweige unter der Zimmerdecke und längs den Wänden ausstreckten, so daß die ganze Stube wie ein prächtiges Lusthaus aussah. Alle Zweige waren voller Blumen, jede Blume war noch schöner als eine Rose, duftete gleich lieblich, und wollte man sie essen, so war sie noch süßer als Honig. Die Früchte glänzten wie Gold, und es waren da Kuchen, die vor lauter Rosinen platzten. Es war unvergleichlich schön. Aber zu gleicher Zeit ertönte ein schreckliches Jammern aus dem Tischkasten her, wo Hjalmars Schulbücher lagen.

»Was ist nur das?« sagte Ole Luk-Oie und ging hin zu dem Tisch und zog den Kasten heraus. Es war die Schiefertafel, in der es riß und wühlte, denn es war eine falsche Zahl in das Rechenexempel gekommen, so daß es nah daran war, auseinanderzufallen. Der Stift hüpfte und sprang an seinem Band, als ob er ein kleiner Hund sei, der dem Rechenexempel helfen möchte, aber er konnte es nicht. Und dann jammerte es auch in Hjalmars Schreibheft. Oh, es war ordentlich häßlich mitanzuhören! Auf jedem Blatt standen der Länge nach herunter die großen Buchstaben, ein jeder mit einem kleinen zur Seite. Das war die Vorschrift. Und neben diesen standen wieder einige Buchstaben, welche ebenso auszusehen glaubten, und diese hatte Hjalmar geschrieben. Sie lagen aber fast so, als ob sie über die Bleistiftstriche gefallen wären, auf denen sie stehen sollten.

»Seht, so solltet ihr euch halten!« sagte die Vorschrift. »Seht, so schräg geneigt, mit einem kräftigen Schwung!«

»Oh, wir möchten gern«, sagten Hjalmars Buchstaben, »aber wir können nicht, wir sind so schwächlich.«

»Dann müßt ihr einnehmen«, sagte Ole Luk-Oie.

»O nein«, riefen sie, und da standen sie so schlank, daß es eine Lust war.

»Ja, nun können wir keine Geschichten erzählen«, sagte Ole Luk-Oie. »Nun muß ich mit ihnen üben. Eins, zwei! Eins, zwei!« Und so übte er mit den Buchstaben, und sie standen ganz schlank und so schön, wie nur eine Vorschrift stehen kann. Aber als Ole Luk-Oie ging und Hjalmar sie am Morgen besah, da waren sie ebenso schwächlich und jämmerlich wie vorher.

Dienstag

Sobald Hjalmar zu Bett war, berührte Ole Luk-Oie mit seiner kleinen Zauberspritze alle Möbel in der Stube, und sogleich fingen sie an zu plaudern. Allesamt sprachen sie von sich selbst, mit Ausnahme des Spucknapfes, welcher stumm dastand und sich darüber ärgerte, daß sie so eitel sein könnten, nur von sich selbst zu sprechen, nur an sich selbst zu denken und durchaus keine Rücksicht auf den zu nehmen, der doch so bescheiden in der Ecke stand und sich bespucken ließ.

Über der Kommode hing ein großes Gemälde in einem vergoldeten Rahmen, das war eine Landschaft. Man sah darauf große alte Bäume, Blumen im Grase und einen breiten Fluß, welcher um den Wald herumfloß, an vielen Schlössern vorbei und weit hinaus in das wilde Meer.

Ole Luk-Oie berührte mit seiner Zauberspritze das Gemälde. Sogleich begannen die Vögel darauf zu singen, die Baumzweige bewegten sich, und die Wolken zogen ordentlich weiter; man konnte ihre Schatten über die Landschaft hingleiten sehen.

Nun hob Ole Luk-Oie den kleinen Hjalmar zu dem Rahmen empor und stellte seine Füße in das Gemälde, gerade in das hohe Gras, und da stand er. Die Sonne beschien ihn durch die Zweige der Bäume. Er lief hin zum Wasser und setzte sich in ein kleines Boot, welches dort lag. Es war rot und weiß angestrichen, die Segel glänzten wie Silber, und sechs Schwäne, alle mit Goldkronen um den Hals und einem strahlenden blauen Stern auf dem Kopf, zogen das Boot an dem grünen

Wald vorüber, wo die Bäume von Räubern und Hexen, die Blumen von den niedlichen kleinen Elfen und von dem, was die Schmetterlinge ihnen gesagt hatten, erzählen.

Die herrlichsten Fische, mit Schuppen wie Silber und Gold, schwammen dem Boot nach. Mitunter machten sie einen Sprung, so daß es im Wasser plätscherte. Und Vögel, rot und blau, klein und groß, flogen in zwei langen Reihen hinterher, die Mücken tanzten, und die Maikäfer sagten: Bum! Bum! Sie wollten Hjalmar alle folgen, und jeder hatte eine Geschichte zu erzählen.

Das war eine Lustfahrt! Bald waren die Wälder dicht und dunkel, bald waren sie wie der herrlichste Garten voll Sonnenschein und Blumen. Und da lagen große Schlösser von Glas und von Marmor. Auf den Balkonen standen Prinzessinnen, und das waren alles kleine Mädchen, die Hjalmar gut kannte. Er hatte früher mit ihnen gespielt. Eine jede streckte die Hand aus und hielt das niedlichste Zuckerherz hin, welches je eine Kuchenfrau verkaufen konnte. Hjalmar faßte die Hälfte eines Zuckerherzens an, als er vorüberfuhr. Die Prinzessin hielt aber recht fest, und so bekam jeder ein Stück: sie das kleinste, Hjalmar das allergrößte. Bei jedem Schloß standen kleine Prinzen Schildwache. Sie schulterten mit Goldsäbeln und ließen es Rosinen und Zinnsoldaten regnen. Man sah ihnen an, daß es echte Prinzen waren.

Bald segelte Hjalmar durch Wälder, bald durch große Säle oder mitten durch eine Stadt. Er kam auch durch die, in welcher seine Kinderfrau wohnte, die ihn getragen hatte, als er noch ein ganz kleiner Knabe war, und die ihm immer so gut gewesen. Sie nickte und winkte und sang den niedlichen kleinen Vers, den sie selbst gedichtet und Hjalmar gesendet hatte:

Ich denke deiner so manches Mal,
Mein teurer Hjalmar, du Lieber!
Ich gab dir Küsse ja ohne Zahl
Auf Stirn, Mund, Augenlider.

Ich hörte dich lallen das erste Wort,
Doch mußt' ich dir Abschied sagen.
Es segne der Herr dich an jedem Ort,
Du Engel, den ich getragen!

Und alle Vögel sangen mit, die Blumen tanzten auf den Stielen, und die alten Bäume nickten, gerade als ob Ole Luk-Oie ihnen auch Geschichten erzählte.

Mittwoch

Nein, wie strömte der Regen draußen hernieder! Hjalmar konnte es im Schlaf hören, und als Ole Luk-Oie ein Fenster öffnete, stand das Wasser herauf bis an das Fensterbrett. Es war ein ganzer See da draußen, aber das prächtigste Schiff lag dicht am Hause.
»Willst du mitsegeln, kleiner Hjalmar«, sagte Ole Luk-Oie, »so kannst du diese Nacht nach fremden Ländern gelangen und morgen wieder hier sein.« Und da stand Hjalmar plötzlich in seinen Sonntagskleidern mitten auf

dem prächtigen Schiff. Sogleich wurde das Wetter schön, und sie segelten durch die Straßen, kreuzten um die Kirche, und nun war alles eine große, wilde See. Sie segelten so lange, bis kein Land mehr zu erblicken war, doch sahen sie einen Zug Störche, die kamen aus der Heimat und wollten nach den warmen Ländern. Ein Storch flog immer hinter dem andern, und sie waren schon weit, sehr weit geflogen. Einer von ihnen war so ermüdet, daß seine Flügel ihn kaum noch zu tragen vermochten; es war der allerletzte in der Reihe, und bald blieb er ein großes Stück zurück. Zuletzt sank er mit ausgebreiteten Flügeln tiefer und tiefer, er machte noch ein paar Schläge mit den Schwingen, aber es half nichts. Nun berührte er mit seinen Füßen das Tauwerk des Schiffes, nun glitt er vom Segel herab, und plumps! da stand er auf dem Verdeck.

Jetzt nahm ihn der Schiffsjunge und setzte ihn in das Hühnerhaus, zu den Hühnern, Enten und Truthähnen. Der arme Storch stand ganz befangen mitten unter ihnen.

»Sieh den Kerl an!« sagten alle Hühner.

Der Hahn blies sich so dick auf, wie er konnte, und fragte, wer er sei, und die Enten gingen rückwärts und pufften einander: »Rappel dich! Rappel dich!« Und der Storch erzählte vom warmen Afrika, von den Pyramiden und vom Strauß, der, einem wilden Pferde gleich, die Wüste durchlaufe. Aber die Enten verstanden nicht, was er sagte, und dann pufften sie einander: »Wir sind doch wohl alle derselben Meinung, nämlich, daß er dumm ist?«

»Ja, sicher ist er dumm!« sagte der Truthahn, und dann kollerte er. Da schwieg der Storch ganz still und dachte an sein Afrika.

»Das sind ja herrlich dünne Beine, die ihr habt«, sagte der Hahn. »Was kostet die Elle davon?«

»Skrat, skrat, skrat«, grinsten alle Enten, aber der Storch tat, als ob er es gar nicht höre.

»Ihr könnt ruhig mitlachen«, sagte der Hahn zu ihm, »denn es war sehr witzig gesagt. Oder war es euch vielleicht zu hoch? Ach, ach, er ist nicht vielseitig! Wir wollen interessant unter uns selbst bleiben.«

Und dann gluckte er, und die Enten schnatterten: »Gik, gak! Gik, gak!« Es war schrecklich, wie sie sich selbst belustigten.

Aber Hjalmar ging nach dem Hühnerhaus, öffnete die Türe, rief den Storch, und der hüpfte zu ihm hinaus auf das Verdeck. Nun hatte er ja ausgeruht, und es war gleichsam, als ob er Hjalmar zunicke, um ihm zu danken. Darauf entfaltete er seine Schwingen und flog nach den warmen Ländern, aber die Hühner gluckten, die Enten schnatterten, und der Hahn wurde ganz feuerrot am Kopf.

»Morgen werden wir Suppe von euch kochen«, sagte Hjalmar, und damit erwachte er und lag in seinem kleinen Bett. Es war doch eine sonderbare Reise, die Ole Luk-Oie ihn diese Nacht hatte machen lassen!

Donnerstag

»Weißt du was?« sagte Ole Luk-Oie, »werde nur nicht furchtsam. Hier wirst du eine kleine Maus sehen.« Und dann hielt er ihm seine Hand hin mit dem leichten, niedlichen Tier darin. »Sie ist gekommen, um dich zur Hochzeit einzuladen. Es wollen diese Nacht zwei kleine Mäuse in den Stand der Ehe treten. Sie wohnen unter deiner Mutter Speisekammerfußboden, das soll eine schöne Wohnung sein.«

»Aber wie kann ich durch das kleine Mäuseloch im Fußboden kommen?« fragte Hjalmar.

»Da laß mich nur sorgen«, sagte Ole Luk-Oie. »Ich werde dich schon klein machen.« Und nun berührte er Hjalmar mit seiner Zauberspritze, worauf dieser sogleich kleiner und kleiner wurde, zuletzt war er keinen Finger lang. »Nun kannst du dir die Kleider des Zinnsoldaten leihen. Ich denke, sie werden dir passen, und es sieht so gut aus, Uniform zu tragen, wenn man in Gesellschaft ist.«

»Ja, freilich!« sagte Hjalmar, und da war er im Augenblick wie der niedlichste Zinnsoldat gekleidet.

»Wollen Sie nicht so gut sein und sich in den Fingerhut Ihrer Mutter setzen«, sagte die kleine Maus, »dann werde ich die Ehre haben, Sie zu ziehen.«

»Gott, wollen das Fräulein selbst sich bemühen?« sagte Hjalmar, und so fuhren sie zur Mäusehochzeit.

Zuerst kamen sie unter den Fußboden in einen langen Gang, der nicht höher war, als daß sie gerade mit dem Fingerhut dort fahren konnten. Und der ganze Gang war mit faulem Holz ausgelegt.

»Riecht es hier nicht herrlich?« fragte die Maus, die ihn zog. »Der ganze Gang ist mit Speckschwarten geschmiert worden. Es kann nichts Schöneres geben!« Nun kamen sie in den Brautsaal hinein. Hier standen zur Rechten alle kleinen Mäusedamen, und die wisperten und pisperten, als ob sie einander zum besten hätten. Zur Linken standen alle Mäuseherren und strichen sich mit der Pfote den Schnauzbart. Mitten in dem Saal aber sah man die Brautleute, die standen in einer ausgehöhlten Käserinde und küßten sich viel, denn sie waren ja Verlobte und sollten nun gleich Hochzeit halten.

Es kamen immer mehr und mehr Fremde. Die eine Maus war nahe daran, die andere totzutreten, und das Brautpaar hatte sich mitten in die Tür gestellt, so daß man weder hinaus- noch hereingelangen konnte. Die Stube war ebenso wie der Gang mit Speckschwarten eingeschmiert, das war die ganze Bewirtung. Aber zum Dessert wurde eine Erbse vorgezeigt, in die eine Maus aus der Familie den Namen des Brautpaares eingebissen hatte, das heißt den ersten Buchstaben. Das war etwas ganz Außerordentliches!

Alle Mäuse sagten, daß es eine schöne Hochzeit und daß die Unterhaltung sehr angenehm gewesen sei.

Hierauf fuhr Hjalmar wieder nach Hause. Er war wahrlich in vornehmer Gesellschaft gewesen, aber er hatte auch ordentlich zusammenkriechen, sich klein machen und Zinnsoldaten-Uniform anziehen müssen.

Freitag

»Es ist unglaublich, wie viele ältere Leute es gibt, die mich gar zu gern haben möchten«, sagte Ole Luk-Oie. »Es sind besonders die, welche etwas Böses verübt haben. ›Guter, kleiner Ole‹, sagen sie zu mir, ›wir können die Augen nicht schließen, und so liegen wir die ganze Nacht und sehen alle unsere bösen Taten, die wie häßliche kleine Kobolde auf der Bettkante sitzen und uns mit heißem Wasser bespritzen. Möchtest du doch kommen und sie fortjagen, damit wir einen guten Schlaf bekämen‹, und dann seufzen sie so tief. ›Wir möchten es wahrlich gern bezahlen. Gute Nacht, Ole, das Geld liegt im Fenster.‹ – Aber ich tue es nicht für Geld«, sagte Ole Luk-Oie.

»Was wollen wir nun diese Nacht vornehmen?« fragte Hjalmar.

»Ja, ich weiß nicht, ob du diese Nacht wieder Lust hast, zur Hochzeit zu gehen. Es ist eine von anderer Art als die gestrige. Deiner Schwester große Puppe, die, welche wie ein Mann aussieht und Hermann genannt wird, will sich mit der Puppe Bertha verheiraten. Es ist obendrein der Puppe Geburtstag, und deshalb werden sie sehr viele Geschenke bekommen.«

»Ja, das kenne ich schon«, sagte Hjalmar, »immer wenn die Puppen neue Kleider brauchen, dann läßt meine Schwester sie ihren Geburtstag feiern oder Hochzeit halten; das ist sicher schon hundertmal geschehen.«

»Ja, aber in dieser Nacht ist es die hundertunderste Hochzeit, und wenn hundertundeins aus ist, dann hört alles auf. Deshalb wird auch diese ganz beispiellos schön. Sieh nur einmal!«

Und Hjalmar sah auf den Tisch. Da stand das kleine Papphaus mit Licht in den Fenstern, und davor präsentierten alle Zinnsoldaten das Gewehr. Das Brautpaar saß ganz gedankenvoll, wozu es wohl Ursache hatte, auf dem Fußboden und lehnte sich gegen das Tischbein. Aber Ole Luk-Oie, in der Großmutter schwarzen Rock gekleidet, traute sie. Als die Trauung vorbei war, stimmten alle Möbel in der Stube einen schönen Gesang an. Und nun bekamen sie Geschenke, aber sie hatten sich alle Speisen verbeten, denn sie hatten an ihrer Liebe genug.

»Wollen wir nun eine Sommerwohnung beziehen oder auf Reisen gehen?« fragte der Bräutigam. Und da wurde die Schwalbe, die so viel gereist war, und die alte Hofhenne, welche fünfmal Küken ausgebrütet hatte, zu Rate gezogen. Und die Schwalbe erzählte von den warmen Ländern, wo die Weintrauben so groß und schwer hingen, wo die Luft so mild sei und die Berge Farbe hätten, wie man sie hier gar nicht an denselben kenne.

»Sie haben aber nicht unsern Braunkohl!« sagte die Henne. »Ich war einen Sommer lang mit allen meinen Küchlein auf dem Lande. Da war eine Sandgrube, in der wir umhergehen und kratzen konnten, und dann hatten wir Zutritt zu einem Garten mit Braunkohl. O wie war der herrlich! Ich kann mir nichts Schöneres denken.«

»Aber der eine Kohlstrunk sieht gerade so aus wie der andere«, sagte die Schwalbe, »und dann ist hier so oft schlechtes Wetter!«

»Ja, daran ist man gewöhnt«, sagte die Henne.

»Aber hier ist es kalt, und es friert!«

»Das ist gut für den Kohl«, sagte die Henne. »Übrigens können wir es auch warm haben. Hatten wir nicht vor vier Jahren einen Sommer, der fünf Wochen lang dauerte? Es war so heiß, man konnte nicht atmen. Und dann haben wir nicht alle die giftigen Tiere, die sie dort haben, und wir sind von Räubern frei. Der ist ein Bösewicht, der nicht findet, daß unser Land das schönste ist. Er verdient wahrlich nicht, hier zu sein.« Und dann weinte die Henne und fuhr fort: »Ich bin auch gereist, ich bin in einer Bütte über zwölf Meilen gefahren. Es ist durchaus kein Vergnügen beim Reisen.«

»Ja, die Henne ist eine vernünftige Frau«, sagte die Puppe Bertha. »Ich halte auch nichts davon, Berge zu bereisen, denn das geht nur hinauf und dann wieder herunter. Nein, wir wollen nur hinaus vors Tor in die Sandgrube ziehen und im Kohlgarten umherspazieren!«

Sonnabend

»Bekomme ich nun Geschichten zu hören?« fragte der kleine Hjalmar, sobald Ole Luk-Oie ihn in den Schlaf gebracht hatte.

»Diesen Abend haben wir keine Zeit dazu«, sagte Ole Luk-Oie und spannte seinen schönsten Regenschirm über ihm auf. »Betrachte nun diese Chinesen!« Und der ganze Regenschirm sah aus wie eine große chinesische Schale mit blauen Bäumen und spitzen Brücken und mit kleinen Chinesen darauf, die dastanden und mit dem

Kopfe nickten. »Wir müssen die ganze Welt bis morgen schön aufgeputzt haben«, sagte Ole Luk-Oie, »es ist ja dann ein Feiertag, es ist Sonntag. Ich will zu den Kirchtürmen hin, um zu sehen, ob die kleinen Kirchenkobolde die Glocken polieren, damit sie hübsch klingen. Ich will hinaus auf das Feld und sehen, ob die Winde den Staub von Gras und Blättern blasen, und was die größte Arbeit ist, ich will alle Sterne herunterholen, um sie zu polieren. Ich nehme sie in meine Schürze. Aber erst muß ein jeder numeriert werden, und die Löcher, worin sie da oben sitzen, müssen auch numeriert werden, damit sie wieder auf den rechten Fleck kommen können, sonst würden sie nicht festsitzen, und wir bekämen zu viele Sternschnuppen, wenn einer nach dem andern herunterpurzeln würde!«

»Hören Sie, wissen Sie was, Herr Luk-Oie!« sagte ein altes Porträt, welches an der Wand hing, wo Hjalmar schlief, »ich bin Hjalmars Urgroßvater, ich danke Ihnen, daß Sie dem Knaben Geschichten erzählen, aber Sie müssen seine Begriffe nicht verwirren. Die Sterne können nicht herunterkommen und poliert werden! Die Sterne sind Weltkugeln, ebenso wie unsere Erde, und das ist gerade das Gute an ihnen.«

»Ich danke dir, du alter Urgroßvater«, sagte Ole Luk-Oie, »ich danke dir! Du bist ja das Haupt der Familie, du bist das Urhaupt, aber ich bin doch älter als du. Ich bin ein alter Heide, Römer und Griechen nannten mich den Traumgott. Ich bin in die vornehmsten Häuser gekommen und komme noch dahin. Ich weiß sowohl mit Geringen wie mit Großen umzugehen. Nun kannst du erzählen.« Und da ging Ole Luk-Oie und nahm seinen Regenschirm mit.

»Nun, nun, man darf wohl gar seine Meinung nicht mehr sagen!« brummte das alte Porträt.

Und da erwachte Hjalmar.

Sonntag

»Guten Abend!« sagte Ole Luk-Oie, und Hjalmar nickte und sprang dann hin und kehrte das Porträt des Urgroßvaters gegen die Wand um, damit es nicht wie gestern mit hineinreden könne.

»Nun mußt du mir Geschichten erzählen: von den fünf grünen Erbsen, die in einer Schote wohnten, und von dem Hahnenfuß, der dem Hühnerfuß den Hof machte, und von der Stopfnadel, die so vornehm tat, daß sie sich einbildete, eine Nähnadel zu sein.«

»Man kann auch des Guten zuviel bekommen«, sagte Ole Luk-Oie. »Du weißt doch wohl, daß ich dir am liebsten etwas zeige. Ich will dir meinen Bruder zeigen. Er heißt auch Ole Luk-Oie, aber er kommt zu keinem öfter als einmal, und zu wem er kommt, den nimmt er mit auf seinem Pferd und erzählt ihm Geschichten. Er kennt nur zwei: Die eine ist so außerordentlich schön, daß niemand in der Welt sie sich denken kann, und die andere ist ganz unbeschreiblich häßlich und gräßlich.«

Und dann hob Ole Luk-Oie den kleinen Hjalmar zum Fenster hinauf und sagte: »Da wirst du meinen Bruder sehen, den andern Ole Luk-Oie. Sie nennen ihn auch den Tod. Siehst du, er sieht gar nicht so schlimm aus wie in den Bilderbüchern, wo er nur ein Knochengerippe ist. Nein, das ist Silberstickerei, die er auf dem Kleid hat. Das ist die schönste Husaren-Uniform, ein Mantel von schwarzem Samt fliegt hinter ihm über das Pferd. Sieh, wie er im Galopp reitet!«

Und Hjalmar sah, wie dieser Ole Luk-Oie davonritt und sowohl junge wie alte Leute auf sein Pferd nahm. Einige setzte er vorne, andere hinten auf, aber immer fragte er erst: »Wie steht es mit dem Zeugnisbuch?«

»Gut!« sagten sie allesamt.

»Ja, laßt mich selbst sehen«, sagte er. Und dann mußten sie ihm das Buch zeigen, und alle, die »Sehr gut« und »Ausgezeichnet gut« hatten, kamen vorne auf das Pferd und bekamen die herrliche Geschichte. Die aber, welche »Ziemlich gut« und »Mittelmäßig« hatten, mußten hinten auf und bekamen die gräßliche Geschichte zu hören. Sie zitterten und weinten, sie wollten vom Pferde springen, konnten es aber nicht, denn sie waren sogleich daran festgewachsen.

»Aber der Tod ist ja der prächtigste Ole Luk-Oie«, sagte Hjalmar, »vor ihm ist mir nicht bange.«

»Das soll dir auch nicht sein«, sagte Ole Luk-Oie. »Sieh nur zu, daß du ein gutes Zeugnisbuch hast!«

»Ja, das ist lehrreich«, murmelte des Urgroßvaters Porträt, »es hilft doch, wenn man seine Meinung sagt.« Und nun gab er sich zufrieden.

Sieh, das ist die Geschichte von Ole Luk-Oie. Nun mag er dir selber heute abend mehr erzählen!

[Märchen von Hans Christian Andersen]

Die kluge Gretel

Es war eine Köchin, die hieß Gretel. Die trug Schuhe mit roten Absätzen, und wenn sie damit ausging, so drehte sie sich hin und her, war ganz fröhlich und dachte: »Du bist doch ein schönes Mädel.« Und wenn sie nach Haus kam, so trank sie aus Fröhlichkeit einen Schluck Wein, und weil der Wein auch Lust zum Essen macht, so versuchte sie das Beste, was sie kochte, so lang, bis sie satt war und sprach: »Die Köchin muß wissen, wie's Essen schmeckt.«

Es trug sich zu, daß der Herr einmal zu ihr sagte: »Gretel, heut abend kommt ein Gast, richte mir zwei Hühner fein wohl zu.«

»Will's schon machen, Herr«, antwortete Gretel. Nun stach sie Hühner ab, brühte sie, rupfte sie, steckte sie an den Spieß und brachte sie, wie's gegen Abend ging, zum Feuer, damit sie braten sollten. Die Hühner fingen an braun und gar zu werden, aber der Gast war noch nicht gekommen. Da rief Gretel dem Herrn: »Kommt der Gast nicht, so muß ich die Hühner vom Feuer tun, ist aber Jammer und Schade, wenn sie nicht bald gegessen werden, wo sie am besten im Saft sind.«

Sprach der Herr: »So will ich nur selbst laufen und den Gast holen.«

Als der Herr den Rücken gekehrt hatte, legte Gretel den Spieß mit den Hühnern beiseite und dachte: »So lange da beim Feuer stehen, macht schwitzen und durstig, wer weiß, wann die kommen! Derweil spring' ich in den Keller und tue einen Schluck.« Lief hinab, setzte einen Krug an, sprach: »Gott gesegne's dir, Gretel«, und tat einen guten Zug. »Der Wein hängt aneinander«, sprach sie weiter, »und ist nicht gut abbrechen«, und tat noch einen ernsthaften Zug.

Nun ging sie und stellte die Hühner wieder übers Feuer, strich sie mit Butter und trieb den Spieß lustig herum. Weil aber der Braten so gut roch, dachte Gretel: »Es könnte etwas fehlen, versucht muß er werden!« Sie schleckte mit dem Finger und sprach: »Ei, was sind die Hühner so gut! Ist ja Sünd' und Schand', daß man sie nicht gleich ißt.« Lief zum Fenster, ob der Herr mit dem Gast noch nicht käm', aber sie sah niemand, stellte sich wieder zu den Hühnern und dachte: »Der eine Flügel verbrennt, besser ist's, ich ess' ihn weg.« Also schnitt sie ihn ab und aß ihn auf, und er schmeckte. Und wie sie damit fertig war, dachte sie: »Der andere muß auch herab, sonst merkt der Herr, daß etwas fehlt.«

Wie die zwei Flügel verzehrt waren, ging sie wieder und schaute nach dem Herrn und sah ihn nicht. »Wer weiß«, fiel ihr ein, »sie kommen wohl gar nicht und sind wo eingekehrt.« Da sprach's: »Hei, Gretel, sei guter Dinge, das eine ist doch angegriffen, tu noch einen frischen Trunk und iß es vollends auf, wenn's all ist, hast du Ruhe. Warum soll die gute Gottesgabe umkommen?« Also lief sie noch einmal in den Keller, tat einen ehrba-

ren Trunk und aß das eine Huhn in aller Freudigkeit
auf.

Wie das eine Huhn hinunter war und der Herr noch
immer nicht kam, sah Gretel das andere an und sprach:
»Wo das eine ist, muß das andere auch sein, die zwei
gehören zusammen. Was dem einen recht ist, das ist dem
andern billig. Ich glaube, wenn ich noch einen Trunk
tue, so sollte mir's nicht schaden.« Also tat sie noch
einen herzhaften Trunk und ließ das zweite Huhn wieder zum andern laufen.

Wie sie so im besten Essen war, kam der Herr daher-
gegangen und rief: »Eil dich, Gretel, der Gast kommt
gleich nach.«

»Ja, Herr, will's schon zurichten«, antwortete Gretel.
Der Herr sah indessen, ob der Tisch wohl gedeckt war,
nahm das große Messer, womit er die Hühner zer-
schneiden wollte, und wetzte es auf dem Gang. Indem
kam der Gast und klopfte höflich an der Haustüre. Gretel lief und schaute, wer da war, und als sie den Gast sah,
hielt sie den Finger an den Mund und sprach: »Still!
Still! Macht geschwind, daß Ihr wieder fortkommt,
wenn Euch mein Herr erwischt, so seid Ihr unglücklich.
Er hat Euch zwar zum Nachtessen eingeladen, aber er
hat nichts anders im Sinn, als Euch die beiden Ohren
abzuschneiden. Hört nur, wie er das Messer dazu
wetzt.«

Der Gast hörte das Wetzen und eilte, was er konnte, die
Stiegen wieder hinab. Gretel war nicht faul, lief schrei-
end zu dem Herrn und rief: »Da habt Ihr einen schönen
Gast eingeladen!«

»Ei, warum, Gretel? Was meinst du damit?«

»Ja«, sagte sie, »der hat mir beide Hühner, die ich eben auftragen wollte, von der Schüssel genommen und ist damit fortgelaufen.«

»Das ist ja eine feine Weise!« sprach der Herr, und es wurde ihm leid um die schönen Hühner, »wenn er mir dann wenigstens das eine gelassen hätte, damit mir was zu essen geblieben wäre.«

Er rief ihm nach, er sollte bleiben, aber der Gast tat, als hörte er es nicht. Da lief er hinter ihm her, das Messer noch immer in der Hand, und schrie: »Nur eins! Nur eins!« und meinte, der Gast sollte ihm ein Huhn lassen und nicht alle beide nehmen. Der Gast aber meinte nicht anders, als er sollte eines von seinen Ohren hergeben, und lief, als wenn Feuer unter ihm brenne, damit er sie beide heimbrächte.

[Märchen der Brüder Grimm]

Das Zauberpferd

Es war einmal eine arme, arme Frau, die hatte einen Sohn und versuchte durch Spinnen so viel zu verdienen, daß sie davon leben konnten, und was sie zu Hause spann, das trug der Knabe zum Verkauf.

Einmal hatte er einen ganzen Groschen erlöst und machte sich fröhlich auf den Heimweg. Da sah er, wie Buben eine junge Schlange quälten. Er hatte Mitleid und sprach: »Gebt mir das Tier für einen Groschen!« Da waren sie zufrieden, und der Knabe nahm die Schlange und trug sie nach Hause.

»Schau, Mutter, was ich für den Erlös gekauft habe«, sagte er. Die Mutter aber schüttelte den Kopf und sprach: »Oh, du dummer Junge, wie hast du für das giftige Tier einen Groschen geben können?«

»Laß es nur gut sein, Mutter, die wird mir gewiß einmal danken!« Er pflegte nun die Schlange sehr gut und gab ihr von allem, was er aß und trank, und sie wuchs allmählich zu einem mächtigen Tier heran.

Als sie nun groß und ausgewachsen war, sprach sie eines Tages zum Knaben: »Wisse, ich bin die einzige Tochter des großen Schlangenkönigs! Setze dich nun auf meinen Rücken, ich will in meine Heimat ziehen und dich mitnehmen, und mein Vater wird dich reich belohnen, weil du mich gerettet hast.« Der Knabe setzte sich auf die Schlange, und in kurzer Zeit waren sie schon weit, weit weg, in einem großen Wald. Da sprach die Schlange: »Klettere hier auf den höchsten Baum!«

Kaum war das geschehen, da pfiff sie dreimal so gewaltig, daß der scharfe Ton dem Knaben durch und durch ging. Mit einem Male wimmelten von allen Seiten Schlangen heran und freuten sich, daß die verlorene Königstochter wieder da war, und sie schmiegten sich an sie und verneigten sich vor ihr.

Endlich kam auch ihr Vater, der Schlangenkönig. Er war größer als die anderen Schlangen und hatte eine Krone auf dem Kopf, darin strahlte ein großer roter Edelstein. Er war über alle Maßen froh, als er seine Tochter wiedersah. Sie erzählte ihm, wie sie von bösen Knaben gefangen und gequält, endlich aber von einem guten gekauft und dann gepflegt worden war. Da fragte der König, wo der gute Knabe denn zu finden sei, er möchte ihn belohnen.

»Wenn du mir versprichst, daß du ihm nichts Böses tun und ihm das schenken willst, was er sich wünscht, so will ich ihn herbeiholen«, sprach sie.

»Ja, das soll geschehen«, versprach der Schlangenkönig. Da rief die Schlangentochter nach dem Knaben auf dem Baum, und dieser kam voller Furcht herunter, denn die Schlangen züngelten und zischelten von allen Seiten nach ihm.

»Nun«, sprach der Schlangenkönig, »du darfst dir etwas wünschen, mein Junge, weil du so gut für meine Tochter gesorgt hast.«

Diese hatte aber dem Knaben während der Reise gesagt, er solle von ihrem Vater das weiße Zauberpferd mit den acht Flügeln verlangen und dazu den Edelstein aus seiner Krone. Und das wünschte er sich jetzt. Der Schlangenkönig aber wollte ihm dies nicht geben und sprach: »Du bekommst jedes andere von meinen Pferden und große Schätze dazu, nur mein weißes Zauberpferd und den roten Edelstein aus meiner Krone kann ich dir nicht geben!«

Doch der Knabe blieb bei seinem Wunsch. Da wurde der Schlangenkönig zornig: »Lieber will ich dich gleich verschlingen, als daß ich dir meine kostbarsten Schätze gebe!« Und wie er's sagte, da war der Knabe auch schon von dem Schlangenkönig verschlungen.

Nun aber fing die Königstochter an zu jammern und zu klagen: »Oh, wäre ich doch lieber nie mehr heimgekommen, um nicht sehen zu müssen, wie undankbar mein Vater ist und daß er sein Versprechen nicht hält!«

Als dies der alte Schlangenkönig hörte und seine Tochter nicht trösten konnte, da spuckte er den Knaben wieder aus. Der aber sah jetzt nicht mehr aus wie ein armer Junge, sondern er war groß und schön wie ein Königssohn. Der Schlangenkönig brach nun den Edelstein aus seiner Krone, reichte ihn dem Jüngling und sprach: »Nimm den Edelstein, und mein Pferd sollst du obendrein haben.«

Sogleich ließ er das weiße Zauberpferd mit den acht Flügeln herbeiführen, setzte den Jüngling darauf und sprach: »Nun reite hinaus in die Welt! Wenn du aber einmal eine schwierige Aufgabe zu verrichten hast und dir nicht mehr zu helfen weißt, dann sage es nur deinem Pferd, das wird dir immer helfen. Wenn es Nacht ist, dann nimm den Edelstein und setze ihn deinem Pferd an die Stirn. Vor dir wird es dann immer Tag sein.«

Der Jüngling ritt fort, und bald hatte er das Schlangenreich hinter sich, denn das Pferd lief schneller als der Morgenwind und sprang immer von einer Bergspitze zur anderen. Sie hatten auch immer Tag, denn wenn die Nacht herankam, nahm er den Edelstein hervor, und der strahlte so hell wie die Sonne.

Endlich kam er in ein Land, wo ein reicher und stolzer König herrschte. Gerade wurde es Tag. Da versteckte er den Edelstein, ging an den Königshof und sagte, er wolle dem König als Knecht dienen, wenn er sein Pferd im königlichen Stall halten dürfe. Das erlaubte man ihm gerne.

Der König aber war ein großer Jäger, und alle Tage war er auf der Jagd, und wer von seinen Dienern das meiste Wild erlegte, der war ihm der liebste. In kurzer Zeit war das der junge Knecht, denn wenn er auf seinem weißen Zauberpferd jagte, so konnte ihm kein Wild, weder Hirsch noch Wolf, weder Bär noch Wildschwein, entgehen. Das ärgerte die anderen Jagdgehilfen, und so überlegten sie, wie sie den jungen Knecht verderben könnten.

Es hauste aber am Rande eines großen Sumpfes in hohem Schilfrohr ein Wildschwein mit goldenen Borsten, und das hatte zwölf Ferkelchen. Schon viele, die es erjagen wollten, waren elend in dem Sumpf umgekommen. Der König wußte auch davon und hätte dieses

Wildschwein gerne gehabt, doch wagte er selber es nicht, es zu jagen.

Da kamen die neidischen Knechte zum König und sprachen: »Herr, dein neuer Knecht hat sich gerühmt, ihm sei es ein leichtes, das Wildschwein mit den goldenen Borsten und seine zwölf Ferkel zu fangen.« Der König ließ den Jüngling sogleich zu sich rufen und sagte ihm, was ihm zu Ohren gekommen sei. Dieser beteuerte zwar, er wisse von alledem nichts, doch der König sprach: »Wenn morgen früh das Schwein mit den goldenen Borsten mit seinen zwölf Ferkeln nicht in meinem Schloßhof herumläuft, dann lasse ich dir den Kopf abschlagen!«

Da wurde der Jüngling sehr traurig, ging in den Stall und klagte seinem Pferd. »Fasse nur Mut«, sprach das Zauberpferd, »ich will dir helfen. Gehe gleich zum König, verlange von ihm einen großen Sack, der wohl zwanzig Kübel faßt, und lasse den innen mit Pech bestreichen.«

Als das geschehen war, nahm der Jüngling den Sack, setzte sich auf sein Pferd, und das trug ihn über den Sumpf zum Schilfrohr hin. Hier stellte er den Sack offen hin, stellte sich daneben, und sein Zauberpferd begann zu wiehern. Da knisterte und regte es sich im Schilf, und mit einem Mal sah er das Wildschwein mit den goldenen Borsten und seine zwölf Ferkel. Das rollte wild mit den Augen und schnaubte fürchterlich, und als es den Jüngling und das Zauberpferd sah, rannte es schnell wie der Blitz auf jene los und rannte mit all seinen Ferkeln geradewegs in den aufgestellten Sack hinein. Rasch schnürte der Jüngling den Sack zu, legte ihn auf sein Pferd und ritt nach Hause.

Als der König am anderen Morgen erwachte, da sah er einen strahlend hellen Glanz vor den Schloßfenstern, und er hörte auch ein fürchterliches Grunzen. Er freute sich sehr, als er das Wildschwein mit den goldenen Borsten und die zwölf Ferkel im Schloßhof herumrennen sah. Sein Knecht war ihm nun noch lieber, und der mußte mit ihm an der königlichen Tafel speisen.

Das ärgerte aber die anderen Knechte noch viel mehr, und so heckten sie einen neuen Plan aus, ihn zu verderben. Sie gingen wieder zum König und sprachen: »Dein neuer Knecht hat sich gerühmt, es sei ihm ein leichtes, für dich um die schöne Königstochter mit den goldenen Zöpfen zu werben.« Die aber wohnte weit über dem Meer. Ihre Schönheit hatte schon viele kühne Jünglinge angelockt, doch alle hatte sie abgewiesen, denn sie wollte niemals heiraten.

Der König ließ seinen Knecht sogleich zu sich kommen und sagte ihm, was ihm zu Ohren gekommen war. Dieser beteuerte zwar, daß er von alledem nichts wisse und das niemals gesagt habe, aber der König sprach: »Wenn du mir nicht bis in drei Tagen die schöne Königstochter mit den goldenen Zöpfen bringst, dann lasse ich dir den Kopf abschlagen!«

Nun wurde der Jüngling abermals traurig, ging in den Stall und klagte seinem Pferd. Das tröstete ihn und sprach: »Ich will dir helfen. Gehe zum König, er soll ein Schiff bauen und die größten Kostbarkeiten aus seiner Schatzkammer hineinschaffen lassen.« Das geschah auch sogleich. Das Allerschönste aber war ein prunkvolles Bett, wie man noch nie eins gesehen hatte. Der Jüngling nahm nun sein Zauberpferd mit aufs Schiff und segelte ab.

Als er im Lande der Königstochter mit den goldenen Zöpfen angekommen war, setzte er seinem Pferd den Edelstein an die Stirn, daß es strahlte wie der helle Tag und man die Schätze und Kostbarkeiten weithin sehen konnte. Die Königstochter kam auch sogleich, um sich alles zu besehen, und zuletzt legte sie sich auf das kostbare Bett. Das war aber so angenehm und weich, daß sie in einen tiefen Schlummer fiel, und als sie wieder erwachte, da war das Schiff schon mitten auf dem Meer. Der Jüngling bat, sie möge nicht böse sein, denn sie würde die Frau eines großen und mächtigen Königs werden.

»Nie und nimmer wird das geschehen!« rief sie da wütend. Als sie am Hofe angekommen waren, war der König über alle Maßen von der Schönheit der Königstochter entzückt. Die aber sagte, sie wolle erst dann seine Gemahlin werden, wenn er ihr die Stuten von der Wiese auf dem Meeresgrunde herbeischaffe. Sie glaubte, das könne niemand gelingen, denn die Stuten lebten nicht nur auf einer großen Wiese unter dem Meer, sie wurden auch von einem Hengst bewacht, der Feuer schnaubte und so unglaublich stark war, daß ihn bisher noch niemand besiegen konnte.

Da ging der König zum Jüngling und sprach: »Wenn du mir die Königstochter gebracht hast, dann mußt du mir auch die Stuten bringen, die sie verlangt, und den Hengst noch dazu.«

Der Jüngling weinte und sagte, das werde er nicht vollbringen können, aber der König sprach: »Wenn es dir nicht bis zum morgigen Tag gelingt, dann wirst du deinen Kopf verlieren!«

Da ging der Jüngling in den Stall und erzählte sein ganzes Unglück seinem Pferd.

»Gehe gleich zum König«, tröstete ihn dieses, »und lasse dir einen Mantel aus sieben Büffelhäuten machen.« Als das geschehen war, ritt der Jüngling ans Ufer des Meeres und ließ dort, ganz wie es ihm sein Zauberpferd geraten hatte, eine große Höhle graben. So groß, daß er und sein Pferd sich darin verstecken konnten. Nun wieherte das weiße Zauberpferd so laut, daß es der Hengst auf der Wiese unter dem Meer hören konnte. Der spitzte die Ohren, glaubte Gefahr zu spüren und lief geschwind wie der Sturmwind hinauf ans Meeresufer. Als er dort niemand sah, eilte er zurück, zur Wiese auf dem Meeresgrund.

Nun wieherte das Zauberpferd zum zweiten Mal und versteckte sich sogleich wieder. Der Hengst kam abermals im Sturm herbeigelaufen, als er aber wiederum niemand sah, kehrte er zurück.

Da wieherte das Zauberpferd zum dritten Mal und blieb stehen und erwartete den Hengst voller Kampfeslust. Der stürmte feuerschnaubend heran und fiel über das Zauberpferd her. Beide bissen sich so sehr, daß das Blut in Strömen floß, aber keines wollte nachgeben. Der Meereshengst biß dem Zauberpferd allmählich alle sieben Büffelhäute durch, aber nun war er vom dreimaligen Ritt vom Grunde des Meeres hinauf zum Ufer und vom

langen Kampf müde geworden. Das Zauberpferd hatte
aber noch all seine Kräfte und biß den Hengst, daß dieser niederfiel und sich ergab. Da eilte der Jüngling herbei
und legte dem Meereshengst den Zaum um, und der
ging jetzt geduldig neben dem Zauberpferd her, und alle
Stuten folgten von selber ihrem Hüter.

Als sie am Hof angelangten, freute sich der König sehr
und sprach zum Jüngling: »Jetzt will ich keine Aufgaben
mehr von dir verlangen.« Dann ging er zur Königstochter mit den goldenen Zöpfen und sagte: »Mein Knecht
hat die Stuten und den Hengst vom Meeresgrund her-
aufgebracht. Nun wirst du dich wohl nicht länger wei-
gern, meine Frau zu werden!«

Sie aber entgegnete: »Erst melke die Stuten und bade in
der kochenden Milch, damit du so weiß wirst, wie ich es
bin!« Insgeheim hoffte sie, das werde er niemals können.

Da kam der König nochmals zu seinem Knecht und
sagte: »Höre, ein Letztes bleibt dir noch zu tun, du
mußt mir noch die Stuten melken!«

»Oh, König, habe ich nicht genug für dich getan, und
hast du mich nicht selbst freigesprochen?«

»Was ich dir befehle, mußt du tun! Geschieht das nicht,
so lasse ich dir den Kopf abschlagen!«

Da ging der Jüngling traurig in den Stall und klagte
seinem Pferd. Das tröstete ihn und sprach: »Führe mich
gleich in den Schloßhof hinaus.« Als das geschehen war,
da blies er einmal aus seinem linken Nasenloch, und es
wurde gleich so frostig kalt, daß alle Stuten zu Eis er-
starrten, und so ließen sich alle leicht melken. Nun
wurde die Milch in einen großen Kessel gegossen und

200

zum Kochen gebracht. Als sie hoch aufbrodelte, rief die stolze Königstochter: »Nun, König, jetzt steige hinein und bade!«

Er fürchtete aber, daß er sogleich in der siedenden Milch umkommen werde, und ließ wiederum seinen Knecht kommen und sprach: »Steige in den Milchkessel hinein und bade darin, damit ich sehe, wie es ist!«

Da entgegnete der Jüngling: »Oh, König, du verlangst gar zuviel von mir. Laß ab von diesem Wunsch.«

Der König aber drohte wieder: »Wenn du mir nicht gehorchst, dann lasse ich dir den Kopf abschlagen!«

Nun ging der Jüngling traurig zu seinem Zauberpferd in den Stall und klagte ihm und weinte an seinem Hals. »Führe mich zum Milchkessel und steige dann ohne Furcht hinein«, sprach dieses, und der Jüngling tat so. Als er nun in den Kessel hineingestiegen war, da blies das Pferd aus dem linken Nasenloch so viel Frost hinein, daß die Milch ganz lauwarm wurde.

»Oh, wie herrlich ist dieses Milchbad!« rief der Jüngling, und er wurde dabei hell und immer heller und schön und immer schöner.

»Rasch heraus mit dir!« rief da der König, denn er fürchtete, der Knecht werde zu schön werden, und dann sprang er selber hinein. Kaum war aber der Jüngling aus dem Milchbad herausgestiegen, da blies das Zauberpferd aus dem rechten Nasenloch eine solche Glut in den Kessel, daß die Milch gleich wieder aufbrodelte und der König im Nu darin umkam.

Jetzt trat der Jüngling vor die stolze Königstochter und sprach: »Ich bin der Mann, dem das Zauberpferd und der rote Edelstein gehört, der das Wildschwein mit den Goldborsten und seinen zwölf Ferkeln eingefangen hat, der dich hierhergebracht und die Stuten gemolken und in der siedenden Milch gebadet hat. Willst du mich zu deinem Mann nehmen?«

Er war aber jetzt so schön, so siegreich und gewaltig von Gestalt, daß die Königstochter sich sogleich in ihn verliebte und ausrief: »Ja, dich und keinen anderen will ich haben!«

Dann hielt der Jüngling mit der schönen Königstochter mit den goldenen Zöpfen eine prächtige Hochzeit, und er war jetzt Herr und König des Reiches, das sein undankbarer Gebieter besessen hatte. Die neidischen Diener, welche die gerechte Strafe fürchteten, waren beizeiten geflohen. Was mit dem Zauberpferd, dem Hengst und den Stuten geschehen ist, weiß niemand zu sagen. Aber der junge König und die schöne Königin lebten noch lange glücklich, und wenn sie nicht gestorben sind, dann leben sie bis auf den heutigen Tag.

[Märchen aus Siebenbürgen]

Strohhalm, Kohle und Bohne

In einem Dorf wohnte eine arme alte Frau, die hatte ein Gericht Bohnen zusammengebracht und wollte sie kochen. Sie machte also auf ihrem Herd ein Feuer zurecht, und damit es desto schneller brennen sollte, zündete sie es mit einer Hand voll Stroh an. Als sie die Bohnen in den Topf schüttete, entfiel ihr unbemerkt eine, die auf dem Boden neben einen Strohhalm zu liegen kam. Bald danach sprang auch eine glühende Kohle vom Herd zu den beiden herab. Da fing der Strohhalm an und sprach: »Liebe Freunde, von wo kommt ihr her?«

Die Kohle antwortete: »Ich bin zu gutem Glück dem Feuer entsprungen, und hätte ich das nicht mit Gewalt durchgesetzt, so war mir der Tod gewiß: Ich wäre zu Asche verbrannt.«

Die Bohne sagte: »Ich bin auch noch mit heiler Haut davongekommen, aber hätte mich die Alte in den Topf gebracht, ich wäre ohne Barmherzigkeit zu Brei gekocht worden wie meine Kameraden.«

»Wäre mir denn ein besseres Schicksal zuteil geworden?« sprach das Stroh, »alle meine Brüder hat die Alte in Feuer und Rauch aufgehen lassen. Sechzig hat sie auf einmal gepackt und ums Leben gebracht. Glücklicher-

weise bin ich ihr zwischen den Fingern durchge-
schlüpft.«

»Was sollen wir aber nun anfangen?« sprach die
Kohle.

»Ich meine«, antwortete die Bohne, »weil wir so glücklich dem Tode entronnen sind, so wollen wir als gute
Gesellen zusammenhalten und, damit uns hier nicht
wieder ein neues Unglück ereilt, gemeinschaftlich auswandern und in ein fremdes Land ziehen.«

Der Vorschlag gefiel den beiden andern, und sie machten sich miteinander auf den Weg. Bald aber kamen sie
an einen kleinen Bach, und da keine Brücke oder Steg da
war, so wußten sie nicht, wie sie hinüberkommen sollten. Der Strohhalm fand guten Rat und sprach: »Ich will
mich querüber legen, so könnt ihr auf mir wie auf einer
Brücke hinübergehen.« Der Strohhalm streckte sich also
von einem Ufer zum andern, und die Kohle, die von
hitziger Natur war, trippelte auch ganz keck auf die
neugebaute Brücke. Als sie aber in die Mitte gekommen
war und unter sich das Wasser rauschen hörte, wurde
ihr doch angst. Sie blieb stehen und getraute sich nicht
weiter. Der Strohhalm aber fing an zu brennen, zerbrach
in zwei Stücke und fiel in den Bach. Die Kohle rutschte
nach, zischte, wie sie ins Wasser kam, und gab den Geist
auf. Die Bohne, die vorsichtigerweise noch auf dem
Ufer zurückgeblieben war, mußte über die Geschichte
lachen, konnte nicht aufhören und lachte so gewaltig,
daß sie zerplatzte.

Nun war es ebenfalls um sie geschehen, wenn nicht zu
gutem Glück ein Schneider, der auf der Wanderschaft

war, sich an dem Bach ausgeruht hätte. Weil er ein mit-
leidiges Herz hatte, so holte er Nadel und Zwirn heraus
und nähte sie zusammen. Die Bohne bedankte sich bei
ihm aufs schönste, aber da er schwarzen Zwirn ge-
braucht hatte, so haben seit der Zeit alle Bohnen eine
schwarze Naht.

[Märchen der Brüder Grimm]

Der Hirsedieb

In einer Stadt lebte einmal ein Kaufmann, der hatte drei Söhne. Der älteste hieß Peter, der zweite hieß Paul, und der jüngste hieß Johannes. Der Johannes aber war etwas langsam und begriff auch schlecht, und deshalb hielten ihn der Vater und die Brüder für einen Dummling.

Nun hatte der Vater einen großen Garten, und in dem Garten befand sich ein Hirsefeld. Als er eines Morgens in den Garten kam, siehe: da war ein Stück von der Hirse abgegrast. Der Vater wurde sehr zornig und befahl seinem ältesten Sohn, dem Peter, in der Nacht Wache zu halten.

Peter nahm starke Stricke und ein paar scharf geschliffene Säbel mit in den Garten. Doch als es zehn Uhr schlug, da war der Peter tief und fest eingeschlafen, und am Morgen war ein weiteres Stück der Hirse abgegrast.

Wieder wurde der Vater zornig und befahl seinem zweiten Sohn, dem Paul, Wache zu halten. Paul nahm nicht nur starke Stricke und geschliffene Säbel mit in den Garten, er nahm außerdem auch noch ein paar scharf geladene Pistolen mit. Doch als es elf Uhr schlug, da war auch der Paul tief und fest eingeschlafen, und am Morgen war ein weiteres Stück der Hirse abgegrast. Wieder geriet der Vater in großen Zorn und rief: »Ach, wenn heute Johannes der Dummling die Wache hält, der wird mir ja beim hellichten Tage einschlafen. Da brauche ich von der Hirse überhaupt nichts mehr zu ernten!«

Der Johannes aber, der nahm nur einen ganz leichten Strick mit in den Garten, außerdem aber auch Dornen und Disteln. Und sooft er müde wurde, fiel sein Kopf auf die Dornen und Disteln, die er im Schoß hielt, und er wurde gleich wieder wach.

Als es nun Mitternacht schlug, da ertönte plötzlich ein Singen und Klingen, es war, als ob hundert silberne Glöckchen läuten würden. Und plötzlich kam ein kleines silberweißes Pferd in den Garten gesprungen, das lief sogleich in das Hirsefeld und fing dort an zu grasen. Da schlich sich Johannes hinzu, fing das Pferdchen mit seinem leichten Strick, und es folgte ihm ganz gutwillig in den Stall. Dann legte sich der Johannes zu Bett und schlief bis zum nächsten Morgen.

Den anderen Morgen kamen der Vater und die Brüder und verspotteten ihn, weil er nicht einmal die Nacht über im Garten geblieben war. Aber Johannes sprach: »Kommt mit mir!« und er führte sie in den Stall und zeigte ihnen dort das kleine silberweiße Pferdchen. Da staunte der Vater über alle Maßen und freute sich. Er schenkte dem Johannes das Pferd, und der gab ihm den Namen ›Hirsedieb‹.

Bald darauf ging eine Kunde über alle Lande, daß auf der Spitze des gläsernen Berges eine verwünschte Prinzessin wohne, und die warte auf ihre Erlösung. Ihr Erlöser, der müßte zur Spitze des gläsernen Berges reiten und müßte dreimal um ihr Schloß herumreiten. Dann sei die Prinzessin erlöst, würde ihrem Erlöser die Hand reichen und würde ihn zum Manne nehmen. Es hatten schon viele Prinzen und Grafen und andere wackere Jünglinge versucht, die Spitze des gläsernen Berges zu erreichen, doch alle waren sie ausgeglitten und in die Tiefe gestürzt.

Jetzt sattelten auch der Peter, der Paul und der Johannes ihre Pferde. Der Peter und der Paul ließen sich starke Pferde beschlagen und legten sich glänzende Rüstungen an. Der Johannes aber sattelte seinen kleinen Hirsedieb und bekleidete sich nur mit einem wollenen Kittel. Als sie nun zum Fuße des gläsernen Berges gekommen waren, gab zuerst der Peter seinem Pferd die Sporen. Doch ach, das starke Pferd des Peter kam nur bis zum ersten Drittel des Berges, dann glitt es ab, stürzte mit ihm in die Tiefe, und der Peter vergaß ganz das Wiederaufstehen.

Jetzt gab der Paul seinem Roß die Sporen. Sein Pferd kam bis zum zweiten Drittel des Berges, aber dann glitt auch sein Pferd aus, stürzte mit ihm in die Tiefe, und auch der Paul vergaß ganz das Wiederaufstehen.

Da gab der Johannes dem Hirsedieb ganz leicht die Sporen, und der Hirsedieb ritt in einem Zug bis zur Spitze des gläsernen Berges, und dort ritt er ›klipp klipp klipp klapp‹ die erste Runde und ›klipp klipp klipp klapp‹ die zweite Runde und ›klipp klipp klipp klapp‹ die dritte Runde. Es war, als ob der Hirsedieb diesen Weg schon hundertmal geritten wäre.

Da öffneten sich die Tore des Schlosses, und eine Prinzessin, so schön wie der lichte Tag, stand darin und sprach zum Hirsedieb: »Warum bist du denn von mir hinweggeritten, so daß ich nicht einmal mehr die Stunde um Mitternacht zur Erde reiten konnte?«

Da merkte Johannes, daß der kleine Hirsedieb das Zauberpferd der Prinzessin war. Diese reichte ihm nun die Hand, nahm ihn zum Mann, und er lebte glücklich und zufrieden an ihrer Seite.

Ihr wollt vielleicht erfahren, was mit dem Peter und dem Paul geschehen ist? Die sind später doch wieder zu sich gekommen und aufgestanden. Aber den Johannes sahen sie nie wieder, denn der lebt ja nun auf der Spitze des gläsernen Berges bei der Prinzessin, und zum gläsernen Berg hat seither kein Menschenkind mehr den Weg gefunden.

[Märchen aus Mitteldeutschland]

Der süße Brei

Es war einmal ein armes, frommes Mädchen, das lebte mit seiner Mutter allein, und sie hatten nichts mehr zu essen. Da ging das Kind hinaus in den Wald, und es begegnete ihm da eine alte Frau, die wußte seinen Jammer schon und schenkte ihm ein Töpfchen, zu dem sollt' es sagen: »Töpfchen koch!«, so kochte es guten, süßen Hirschenbrei. Und wenn es sagte: »Töpfchen steh«, so hörte es auf zu kochen.

Das Mädchen brachte den Topf seiner Mutter heim, und nun waren sie ihrer Armut und ihres Hungers ledig und aßen süßen Brei, so oft sie wollten.

Auf eine Zeit war das Mädchen ausgegangen, da sprach die Mutter: »Töpfchen koch!«, da kocht es, und sie ißt sich satt. Nun will sie, daß das Töpfchen wieder aufhören soll, aber sie weiß das Wort nicht. Also kocht es fort, und der Brei steigt über den Rand heraus und kocht immerzu, die Küche und das ganze Haus voll und das zweite Haus und dann die Straße, als wollt's die ganze Welt satt machen. Kein Mensch weiß sich da zu helfen. Endlich, wie nur noch ein einziges Haus übrig ist, da kommt das Kind heim und spricht nur: »Töpfchen steh!«, da steht es und hört auf zu kochen. Und wer wieder in die Stadt wollte, der hat sich durchessen müssen.   [Märchen der Brüder Grimm]

Wie das Feuer auf die Welt kam

Es gab eine Zeit, wo die Bäume und Steine gehen und sprechen konnten, aßen und tranken und ihren Geschäften gerade so nachgingen wie die Menschen. Das war eine glückliche Zeit für die Menschheit, denn wenn jemand Äpfel brauchte, dann rief er nur dem ersten vorüberspazierenden Apfelbaum zu: »Komm her und schüttle dich!« Der Baum schüttelte sich, und die Äpfel fielen dem Menschen ohne Mühe in den Schoß. Oder wenn jemand Gold brauchte, dann rief er dem ersten besten Goldstein zu: »Komm her und gib mir ein Stück von deinem Fell! Es wächst dir ja ohnehin wieder nach.« Der Stein ging sogleich zu dem Menschen und ließ sich von ihm ein Stück seines Goldpelzes nehmen.

Die Menschen lebten ohne Sorgen und Mühe, denn sie ließen sich von den Steinen und Bäumen bedienen, die ihnen alles, was sie brauchten, herbeischaffen und besorgen mußten. Alle Geschöpfe lebten in Frieden miteinander.

Das ärgerte aber den Teufel sehr, und er dachte nach, wie er diesen friedlichen Zustand ändern könnte, und schon bald hatte er einen Plan ausgeheckt. Er ging zu Gott und sprach: »Lieber Gott, du hast alles erschaffen und gut eingerichtet, aber etwas hast du doch vergessen.

Erlaube mir, daß ich es mir selber erschaffe, damit ich auch glücklich leben kann.«

Gott schüttelte seinen Kopf und sprach: »Ich kenne dich, du wirst Glück für dich und Unglück für all die übrigen Geschöpfe schaffen. Aber gehe und erschaffe dir das, was du dir wünschst, damit du nicht sagen kannst, ich sei ungerecht.«

Der Teufel flog sogleich vergnügt auf die Erde hinab und ging zur Versammlung der Steine, die zusammengekommen waren, um sich einen König zu wählen. Lange konnten sie sich über die Wahl nicht einigen, doch schließlich wählten sie den Goldstein zu ihrem König. Da lachte der Teufel hell auf und rief: »Ihr seid doch recht dumme Kerle! Ihr wählt den Goldstein wegen seines schönen, glänzenden Gewandes zu eurem König und wißt nicht, daß der Kieselstein bedeutend mehr kann als ihr alle zusammen. Wartet, gleich sollt ihr sehen, was der Kieselstein zustande bringen kann.«

Dann sammelte er einen großen Haufen Stroh und Reisig und rief: »Komm her, Kieselstein, und auch du, Eisenstein, und rennt vor diesem Haufen mit den Köpfen aneinander.« Der Teufel hatte nämlich oft bemerkt, daß aus dem Kieselstein Funken sprühten, sobald er sich mit dem Eisenstein raufte. Und auch jetzt stoben aus dem Kieselstein viele helle Funken hervor, die alle in den aufgeschichteten Reisighaufen fielen und ihn bald lichterloh entzündeten.

Da liefen die Steine erschreckt auseinander, die Menschen aber liefen herbei, denn sie hatten noch nie ein Feuer gesehen. Die Flammen leckten und züngelten und griffen immer mehr um sich, und bald war die ganze Umgebung ein Feuermeer. Die Menschen fanden gebratene Tiere und Früchte, die ihnen sehr gut schmeckten. Seit dieser Zeit holten sie sich daher Kohlen und ließen in ihren Wohnungen ein kleines Feuer brennen, an dessen Glut sie nun verschiedene Speisen zubereiteten. Das große Feuer hatte sich aber unterdessen so sehr ausgebreitet, daß es schon die halbe Erde bedeckte.

Da rief Gott den Teufel zu sich und sprach: »Was hast du denn da angestellt? Welches Unheil hast du wieder angerichtet?«

Der Teufel antwortete lächelnd: »Ich habe gar kein Unheil angerichtet. Ich habe den Menschen doch Glück gebracht. Siehst du nicht, wie sie mit dem Feuer ihre Wohnungen wärmen und ihre Mahlzeiten darauf kochen?«

»Ich sehe es wohl«, antwortete Gott, »aber durch die ersten Funken ist ein noch viel gewaltigeres Feuer entstanden, das Unglück über die Menschen bringt.«

Da fuhr auch schon der erste Blitz auf die Erde herab und jagte den Menschen Angst und Schrecken ein. Als der Teufel den Blitz sah und den Donner hörte, rannte er davon und kam seit der Zeit nie mehr zu Gott, denn er fürchtet sich vor Blitz und Donner. Die Steine und Bäume aber sind so sehr erschrocken, daß sie seit jener Zeit weder gehen noch sprechen, weder essen noch trinken können, sondern ganz starr daliegen.

So kam vor langer, langer Zeit das Feuer und der Blitz auf die Welt, und noch heute könnt ihr manchmal aus zwei Steinen ein paar Funken schlagen.

[Märchen der Siebenbürger Armenier]

Zwölf mit der Post

Es war eine schneidende Kälte, sternheller Himmel, kein Lüftchen regte sich. »Bums!« da wurde ein alter Topf an die Haustür des Nachbarn geworfen. »Puff, paff!« dort knallte die Büchse, man begrüßte das neue Jahr. Es war Neujahrsnacht. Jetzt schlug die Turmuhr zwölf.

»Taterata!« die Post kam angefahren. Die große Postkutsche hielt vor dem Stadttor an. Sie brachte zwölf Personen mit, alle Plätze waren besetzt.

»Hurra, hurra, hoch!« sangen die Leute in den Häusern der Stadt, wo die Neujahrsnacht gefeiert wurde und man sich beim Glockenschlag zwölf mit dem gefüllten Glas erhob, um das neue Jahr hochleben zu lassen.

»Prosit Neujahr!« hieß es. »Ein schönes Haus, viel Geld, keinen Ärger und Verdruß«, das wünschte man sich gegenseitig, und dann stieß man mit den Gläsern an, daß es klang und sang. Und vor dem Stadttor hielt die Postkutsche mit den fremden Gästen, den zwölf Reisenden.

Und wer waren diese Fremden? Jeder von ihnen hatte seinen Reisepaß und sein Gepäck dabei. Ja, sie brachten sogar Geschenke für mich und dich und alle Menschen im Städtchen mit. Wer waren sie, was wollten sie, und was brachten sie?

»Guten Morgen!« riefen sie der Schildwache am Eingang des Stadttores zu.

»Guten Morgen!« antwortete diese, denn die Uhr hatte ja zwölf geschlagen.

»Ihr Name? Ihr Stand?« fragte die Schildwache den, der zuerst aus dem Wagen stieg.

»Sehen Sie selber im Paß nach«, antwortete der Mann. »Ich bin ich!« Und es war auch ein ganzer Kerl, angetan mit Bärenpelz und Pelzstiefeln. »Ich bin der Mann, auf den sehr viele Leute ihre Hoffnung setzen. Komm morgen zu mir, ich gebe dir ein Neujahrsgeschenk. Ich werfe Groschen und Taler unter die Leute, ja, ich gebe auch Bälle, volle einunddreißig Bälle. Mehr Nächte kann ich aber nicht draufgehen lassen. Meine Schiffe sind eingefroren, aber in meinem Büro ist es warm und gemütlich. Ich bin Kaufmann, heiße *Januar* und führe nur Rechnungen mit mir.«

Nun stieg der zweite aus, der war ein Bruder Lustig. Er war Schauspieldirektor, Direktor der Maskenbälle und all der Vergnügungen, die man sich nur denken kann. Sein Gepäck bestand aus einer großen Tonne.

»Aus der Tonne«, sagte er, »wollen wir zur Fastnachtszeit die Katze herausjagen. Ich werde euch schon Vergnügen bereiten und mir auch. Alle Tage lustig! Ich habe nicht gerade lange zu leben, von der ganzen Familie die kürzeste Zeit, ich werde nämlich nur achtundzwanzig Tage alt. Bisweilen schalten sie mir zwar noch einen Tag ein, aber das kümmert mich wenig. Hurra!«

»Sie dürfen nicht so schreien«, sagte die Schildwache.

»Ei was, freilich darf ich schreien«, rief der Mann, »ich

bin Prinz Karneval und reise unter dem Namen *Februa-rius*.«

Jetzt stieg der dritte aus. Er sah wie das leibhaftige Fasten aus, aber er trug die Nase hoch, denn er war Wetterprophet: Das ist kein fettes Amt, und deshalb pries er auch die Fastenzeit. In einem Knopfloch trug er ein Sträußchen Veilchen, aber die waren sehr klein.

»*März, März*«, rief der vierte ihm nach und schlug ihm auf die Schulter, »riechst du nichts? Geschwind in die Wachstube hinein, dort trinken sie Punsch, deinen Leib- und Magentrunk. Ich rieche es schon hier draußen. Marsch, Herr Martius!« Aber es war gar nicht wahr, er wollte den März nur den Einfluß seines Namens spüren lassen, ihn in den *April* schicken, denn damit begann der vierte seinen Lebenslauf in der Stadt. Er sah überhaupt sehr flott aus. Arbeiten tat er nur sehr wenig, desto mehr aber machte er Feiertage. »Wenn es nur etwas beständiger in der Welt wäre«, sagte er, »aber bald ist man gut, bald schlecht gelaunt, je nach den Verhältnissen, bald Regen, bald Sonnenschein, ein- und ausziehen, ich kann lachen und weinen, je nach Umständen. Im Koffer hier habe ich Sommergarderobe, aber es wäre sehr töricht, sie anzuziehen. Hier bin ich nun! Sonntags geh ich in Schuhen und weißseidenen Strümpfen und mit Muff spazieren.«

Nach ihm stieg eine Dame aus dem Wagen. Fräulein *Mai* nannte sie sich. Sie trug ein Sommerkleid, ein lindenblattgrünes Kleid, Anemonen im Haar, und dazu duftete sie dermaßen nach Waldmeister, daß die Schildwache niesen mußte. »Zur Gesundheit und Gottes Segen!« sagte sie, das war ihr Gruß. Wie niedlich sie war! Und Sängerin war sie, Sängerin des Waldes. Den frischen, grünen Wald durchstreifte sie und sang dort zu ihrem eigenen Vergnügen.

»Jetzt kommt die junge Frau!« riefen sie drinnen im Wagen, und es stieg die junge Frau aus, fein und stolz und niedlich. Man sah es ihr an, daß sie, Frau *Juni*, von faulen Siebenschläfern bedient zu werden gewohnt war. Am längsten Tag des Jahres gab sie eine große Gesellschaft, damit die Gäste Zeit hatten, die vielen Gerichte der Tafel zu verzehren. Sie hatte zwar ihre eigene Kutsche, aber sie reiste dennoch mit der Post wie die anderen, weil sie zeigen wollte, daß sie nicht hochmütig war. Aber ohne Begleitung war sie nicht, ihr jüngerer Bruder, *Julius*, war bei ihr.

Er war ein wohlgenährter Bursche, sommerlich gekleidet und mit Strohhut. Er hatte nur wenig Gepäck bei sich, weil dies bei Hitze zu beschwerlich war, deshalb hatte er sich nur mit einer Badehose versehen, und dies ist nicht viel.

Dann kam die Mutter selber, Madame *August*, Obsthändlerin, Besitzerin einer ganzen Menge Fischteiche, Landwirtin in weitem Rock. Sie war dick und heiß, packte selber überall mit an, trug eigenhändig den Arbeitern Bier auf das Feld hinaus. »Im Schweiße deines Angesichts sollst du dein Brot essen«, sagte sie, »das steht in der Bibel. Hinterher kommen die Spazierfahrten, Tanz und Spiel im Grünen und die Erntefeste.« Sie war eine tüchtige Hausfrau.

Nach ihr stieg wieder ein Mann aus der Kutsche, ein

Malermeister, Herr *September*, den sollte der Wald bekommen. Die Blätter mußten die Farbe wechseln, bald schillerte der Wald in Rot, Gelb oder Braun. Der Meister pfiff wie der schwarze Star, war ein flinker Arbeiter und wand die braungrüne Hopfenranke um seinen Bierkrug. Das schmückte den Krug, und für Schmuck hatte er gerade Sinn. Da stand er nun mit seinem Farbtopf, der war sein ganzes Gepäck.

Ihm folgte der Gutsbesitzer, der an den Saatmonat, an das Pflügen und Beackern des Bodens, auch an die Jagdvergnügungen dachte. Herr *Oktober* führte Hund und Büchse mit sich, hatte Nüsse in seiner Jagdtasche, »knick, knack!« Er hatte viel Reisegepäck bei sich und sprach von der Landwirtschaft, aber vor lauter Husten und Stöhnen seines Nachbarn vernahm man nicht viel davon.

Der *November* war es, der so hustete, während er ausstieg. Der hatte einen dicken Schnupfen. Er putzte sich fortwährend die Nase. Die Erkältung, meinte er, verliere sich schon wieder, wenn er ans Holzhacken ginge, und Holz müsse er sägen und spalten, denn er war Sägemeister. Die Abende brachte er mit dem Schneiden von Schlittschuhkufen zu, denn er wußte wohl, daß man in wenigen Wochen dafür Bedarf haben würde.

Endlich kam der letzte Passagier zum Vorschein, das alte Mütterchen *Dezember* mit dem Kohlenbecken. Die Alte fror, aber ihre Augen strahlten wie zwei helle Sterne. Sie trug einen Blumentopf auf dem Arm, in den ein kleiner Tannenbaum eingepflanzt war. »Den Baum will ich hegen und pflegen, damit er gedeiht und groß wird bis zum Weihnachtsabend, vom Fußboden bis an die Decke reicht und emporschießt mit flammenden Lichtern, goldenen Äpfeln und ausgeschnittenen Figürchen. Das Kohlenbecken wärmt wie ein Ofen. Ich hole das Märchenbuch aus der Tasche und lese laut daraus vor, so daß alle Kinder im Zimmer still werden, die Figürchen an dem Baum aber lebendig werden und der kleine Engel aus Wachs auf der äußersten Spitze die Flittergoldflügel ausbreitet, herabfliegt vom grünen Sitz und Klein und Groß im Zimmer küßt. Ja, auch die armen Kinder küßt, die auf dem Flur und auf der Straße stehen und das Weihnachtslied von dem Bethlehemstern singen.«

»So, jetzt kann die Kutsche abfahren«, sagte die Schildwache, »wir haben sie alle zwölf. Der Beiwagen mag vorfahren.«

»Laß doch erst die zwölf zu mir herein«, sprach der wachhabende Hauptmann, »einen nach dem andern. Die Pässe behalte ich hier! Jeder gilt einen Monat, wenn der verstrichen ist, werde ich das Verhalten eines jeden auf dem Paß bescheinigen. Herr Januar, treten Sie näher.«

Und Herr Januar trat näher.

Wenn ein Jahr um ist, werde ich dir sagen, was die zwölf dir, mir und uns allen gebracht haben. Jetzt weiß ich es nicht, und sie wissen es wohl selber nicht – denn es ist eine sonderbare Zeit, in der wir leben.

[Märchen von Hans Christian Andersen]

Peter Bär

In einem Dorf lebte einmal ein Mann, der Kuhhirte war. Eines Tages, als seine Frau mit den Kühen zur Weide gezogen war, hatte sie das Unglück, eine Kuh zu verlieren. Sie suchte und suchte bis in die späte Nacht, konnte sie aber nicht wiederfinden. Und da sie sich vor ihrem Manne fürchtete und sich deshalb nicht ohne das Tier nach Hause wagte, suchte sie noch beim Sternenschein und verirrte sich dabei tief in den Wald hinein.

Hier gelangte sie endlich an eine Höhle. Und da sie matt und müde war, ging sie hinein, um darin zu übernachten. Kaum hatte sie sich dort niedergesetzt, da kam ein großer Bär herein. Der Bär brummte zwar erst ein wenig, wurde aber bald vertraut mit der zitternden Frau und tat ihr nichts zuleide. Und so lebten sie zusammen in der Höhle. Der Bär ging frühmorgens weg, kehrte jedoch jedesmal bald zurück und brachte der Frau frisches Fleisch und allerhand Beeren. Dabei unterließ er es aber nie, beim Weggehen einen großen Stein vor die Höhle zu wälzen, damit sie nicht entfliehen könne.

Nach einiger Zeit bekam die Frau, die bis dahin kinderlos gewesen war, einen kleinen Sohn. Als der Sohn neun Monate alt war, da war er ebenso stark wie sein Vater, der Bär. Darüber, daß der Sohn so schnell heranwuchs und stark wurde, freute sich die Mutter außerordentlich und nicht bloß wie andere Mütter: Sie wollte schon so lange wieder nach Hause und unter Menschen. Und da sie selber die Höhle nicht öffnen konnte, setzte sie ihre ganze Hoffnung auf den Jungen; denn der alte Bär tat es nicht, sie mochte bitten und schmeicheln, soviel sie wollte.

Als der Bär einst wieder ausging, ließ sie von ihrem Sohn den Stein wegwälzen und ging mit ihm in ihr Dorf zurück. Kaum zu Hause angekommen, war auch der alte Bär schon da und machte vor der verriegelten Tür ein Gebrumme und Gebrüll, daß alle Bauern aus dem Dorf zusammenliefen und das Untier erlegten.

Der Knabe empfing die heilige Taufe, wobei der Bürgermeister Pate stand, und erhielt den Namen Peter Bär.

Peter Bär, obgleich er schon vor der Taufe stärker war als der allerstärkste Mann, wurde noch immer stärker. Und als er ausgewachsen war und sein Pate darauf drang, er solle ein Handwerk lernen, wurde er ein Schmied.

Es war erst sehr schwer, einen Lehrherrn für ihn zu finden, bei dem er auslernte. Denn sobald man ihn erzürnte, schlug er entweder den Amboß in den Erdboden oder zerschmetterte den Hammer oder hieb auf das Eisen los, daß die Stücke durch die ganze Schmiede, ja über den Schmiedeberg bis auf die Straße flogen. Endlich fand sich ein pfiffiger Schmied, der ihn zu nehmen wußte. Und da arbeitete er allein für sieben Mann, aß aber nur für drei. Als die Lehrzeit zu Ende war, machte er sich einen eisernen Wanderstock, der drei Zentner wog, ging zu seinem Paten und bat um Reisegeld. Die Bauern brachten das Reisegeld zusammen und dankten Gott, daß sie endlich den gefährlichen Mann wieder loswurden. Und Peter Bär zog in die weite Welt, immer seiner Nase nach.

Nun begab es sich eines Tages, daß er an eine verfallene Burg kam, die an einem Berg lag. Da fand er einen Menschen, der mit der Faust die Quadersteine aus der dicken Mauer stieß, daß sie den Berg hinabrollten. Peter Bär sah ihm zu und sprach: »Du Steinspieler, was machst du da?«

Dieser antwortete: »Ich stoße zu meinem Vergnügen und aus Langweil diese Mauern ein.«

»Ei, du bist ja ein starker Kerl!« sagte Peter Bär.

Der Steinspieler erwiderte: »Gewiß bin ich stark, Peter Bär aber ist noch stärker.«

»Ich bin Peter Bär«, versetzte dieser. »Bin ich stärker als du, so geh mit.«

Sie gingen zusammen weiter, da begegnete ihnen ein Mann, der trug in der Hand eine dicke eiserne Stange, in die er fortwährend Knoten knüpfte und sie bald wieder auflöste.

»Du Eisenknüpfer, was machst du denn da?« sprach Peter Bär. »Du bist ja ein starker Kerl!«

»Bin ich stark?« versetzte Eisenknüpfer. »Peter Bär ist doch noch viel stärker.«

»Ich bin Peter Bär«, erwiderte dieser. »Bin ich stärker als du, so geh mit.«

Sie gingen alle drei weiter und kamen in einen Wald; da

stand ein Mann, der hatte einen Baumwipfel in der Hand und drehte daran. Als Peter Bär ihm eine kleine Weile zugesehen hatte, sprach er zu ihm: »Du Baumdreher, was machst du denn da?«

Der Baumdreher entgegnete: »Ich sollte meiner Mutter ein wenig Holz holen und drehe mir hier nur ein Seil, um etwas hineinzubinden.«

Peter Bär lachte und sagte: »Du bist ja ein starker Kerl!«

»Schwach wenigstens bin ich gerade nicht«, entgegnete der Baumdreher. »Hast du aber schon von Peter Bär gehört? Der ist doch noch viel stärker.«

»Ich bin Peter Bär«, erwiderte dieser. »Willst du meine Stärke kennenlernen, so folg' mir.«

Der Baumdreher war bereit dazu, und Peter Bär rief fröhlich aus: »Jetzt sind wir vier starke Kerle zusammen; nun fürchten wir uns vor dem Teufel und seiner Großmutter selber nicht!«

Sie schlenderten immer weiter in den Wald hinein, kamen zuletzt zu einem alten Haus und gingen hinein. Hier war alles aufs schönste und beste eingerichtet, von einem Menschen aber oder einem anderen lebenden Wesen hörten und sahen sie nichts.

»Wenn hier niemand wohnt«, sagte Peter Bär, »so gehört der alte Kasten samt allen Vorräten uns. Laßt uns hier bleiben, solange es uns behagt.«

Alle waren es zufrieden, und sie ließen sich nieder und aßen und tranken. Am anderen Morgen, als gefrühstückt war, sprach Peter Bär: »Essen und Trinken hält zwar Leib und Seele zusammen, das ist aber auch alles!

Ich denke, wir drei, Steinspieler, Eisenknüpfer und ich, wir nehmen uns dort von den blanken Gewehren und gehen auf die Jagd. Du, Baumdreher, bleibst wohl zu Haus und richtest eine Mahlzeit an. Und wenn es Mittag ist, läutest du, daß wir kommen; soviel wird die alte Glocke da oben wohl noch klingen.« Und jene nahmen von den blanken Gewehren und gingen auf die Jagd. Baumdreher hingegen blieb zu Hause und besorgte die Küche. Bald war das Essen fertig, der Tisch gedeckt, und er hatte soweit alles in Ordnung bis zum Läuten. Da, eben als er den Strang fassen wollte, kam ein graues Männchen mit einem langen, weißen Bart herein und bat um ein wenig Speise. Baumdreher wollte das Männchen abweisen; es bat aber so lange, bis jener sagte: »So bleib, bis wir gegessen haben. Was übrigbleibt, sollst du ha- ben. Viel kannst du ja ohnehin nicht fassen, Knirps.« Das Männchen jedoch bat immer kläglicher und stellte sich, als sei es fast verhungert. Mürrisch nahm Baumdre- her einen Teller, gab etwas Suppe darauf und reichte es dem Bettler hin. Dadurch bekam das Männchen Gewalt über ihn. Es zog einen Stock aus der Jacke und schlug den großen, starken Baumdreher so jämmerlich, daß er ohnmächtig zu Boden fiel. Als er wieder zu sich kam, war das Männchen verschwunden. Er raffte sich endlich auf, und da er nicht wollte, daß seine Kameraden von der Prügelsuppe etwas erführen, brach er in der Küche einen Balken durch, um vorzutäuschen, dieser sei ihm auf den Kopf gefallen. Ans Läuten dachte er weiter nicht und legte sich zu Bett. Die Jägersleute, als Mittag lange vorbei war und die Glocke noch nichts von sich hören ließ, sprachen untereinander: »Was mag das bedeuten? Wahrscheinlich ist Baumdreher im Keller gewesen und hat einige Fässer geleert, daß er ans Läuten nicht denkt. Laßt uns nachsehen.«

Als sie nach Hause kamen und den Baumdreher im Bett fanden und windelweich geschlagen, lachten sie ihn aus. Nur Peter Bär lachte nicht, sondern fragte: »Was ist dir geschehen, Kerl, daß du im Bett liegst und seufzt und stöhnst, als wenn du sterben willst?«

Baumdreher antwortete mit seiner Lüge und sprach: »Als ich den Bratspieß drehte, war ein Gekrach über mir, als wolle das Haus zusammenbrechen. Und ehe ich zur Seite springen konnte, stürzte ein Balken auf mich herab und schmetterte mich nieder.«

»Und davon bist du grün und blau am ganzen Leib?« entgegnete Peter Bär, ließ ihn liegen und setzte sich mit den übrigen an den Tisch. Und alle aßen und tranken, bis ihnen die Augen übergingen, nur Baumdreher schien keinen Appetit zu verspüren.

Am anderen Morgen, als gefrühstückt war, sprach Peter Bär: »Ich schlage vor, wir drei, Steinspieler, Baumdreher und ich, gehen ein wenig auf die Jagd. Du, Eisenknüpfer, bleibst wohl zu Haus und richtest die Mahlzeit an. Und wenn es Mittag ist, läutest du zu Tisch. Laß dir aber ja keinen Balken auf den Kopf fallen, daß es dir nicht geht wie dem armen Baumdreher.«

Der Baumdreher verdrehte die Augen, seufzte und ging mit den beiden ins Holz. Eisenknüpfer blieb zu Haus, die Küche zu besorgen, und Baumdreher wünschte ihm gute Geschäfte. Die hatte er auch, denn das Essen war bald fertig und der Tisch bald gedeckt. Als er aber ans Läuten ging, trat wieder das graue Männchen herein und bat um ein bißchen gegen den Hunger. Vergebens suchte Eisenknüpfer es mit Worten abzuspeisen; vergebens vertröstete er es auf die Brosamen, die übrigbleiben würden. Es schien so verhungert und bat so jämmerlich, daß er ihm Suppe reichte und sich dadurch in des Zwergs Gewalt begab. Hatte schon Baumdreher Prügel bekommen, so ging es dem Eisenknüpfer erst recht schlecht. Kreuz und quer hieb das Männchen drauflos. Da Eisenknüpfer sich schämte, von einem so elenden Däumling überwältigt worden zu sein, brach er den Hahnenbalken herunter und warf ihn am Herde nieder. Dann legte er sich zu Bett und ließ Braten Braten sein und Glocke Glocke.

Als Mittag längst vorbei war und Eisenknüpfer noch immer nicht läutete, meinte Peter Bär: »Sollte auch ihm ein Balken auf den Schädel gefallen sein?« und ging mit den Jagdgenossen nach Haus. Hier lag er denn im Bette, der große Eisenknüpfer, und wimmerte und winselte wie ein Kind im Zahnen. Der Hahnenbalken lag in der Küche. Wer sich aber nicht darum kümmerte, das war Steinspieler; wer ihm nicht glaubte, das war Baumdreher; und wer sein Teil dabei dachte, das war Peter Bär.

Am dritten Morgen, als das Frühstück verzehrt war, ging Peter Bär mit Baumdreher und Eisenknüpfer auf die Jagd und ließ den Steinspieler zurück, die Küche zu besorgen. Ihm ging es womöglich noch schlimmer als dem Eisenknüpfer. Das graue Männchen schlug so unbarmherzig auf ihn ein, daß ihm die Schwarte knackte.

Da er sich erst recht schämte, daß ein solcher Wicht ihn bezwungen hatte, warf er den Schornstein herab und meinte, das sollten die anderen schon glauben. Es glaubte es aber keiner, und Peter Bär sagte: »Die Sache scheint nicht richtig zu sein mit diesem Haus. Morgen geht ihr drei einmal auf die Jagd und laßt mich die Küche besorgen. Sollte aber das Haus über mir zusammenfallen und mich töten, so erinnert euch meiner im Guten.« Sosehr sie alle dieser Spott verdroß, so freuten sie sich doch im voraus, denn im Grunde mochten sie den Peter Bär nicht leiden, weil er stärker war als sie.

Am vierten Morgen, als gefrühstückt war, zogen Baumdreher, Eisenknüpfer und Steinspieler seelenvergnügt auf die Jagd, und seelenvergnügt ging Peter Bär an seine Kocherei. Doch legte er seinen dicken Eisenstab zur Hand, um für alle Fälle sicher zu sein. Als das Essen auf dem Tisch war und er eben läuten wollte, stellte sich das graue Männchen wieder ein und bat um ein wenig Speise und Trank.

»Das sollst du gern haben«, sprach Peter Bär, »für dich Maulwurf wird wohl ein Fingerhut voll übrig sein«, und er gab ihm einen Teller voll Suppe. Der Zwerg holte seinen Stock hervor, um Peter Bär zu schlagen, versetzte ihm auch eines ins Gesicht, daß er laut niesen mußte. Da aber wurde der Peter grimmig wie ein Bär, faßte den Wicht beim Bart, schwenkte ihn sich dreimal um den Kopf und warf ihn in die Ecke und sagte: »Du Tückebold, meinen Stock sollte ich nehmen und dich sieben Klafter tief unter den Boden schlagen! Ist das der Dank für die gute Suppe? Oder dachtest du, mir ebenso mit-

zuspielen wie den drei anderen? Weißt du nicht, wer ich
bin? Kennst du den Peter Bär nicht und seinen Eisenstock?«

Das Männchen zitterte und krümmte sich wie ein getre-
tener Wurm. Peter Bär aber nahm es und band es mit
seinem Bart am Bett fest und ließ es zappeln und heulen.
Hierauf faßte er den Strang und läutete, daß der ganze
Wald dröhnte und die drei Jägersleute aus ihrem Schlaf
aufsprangen. Diese nämlich, nachdem sie sich ihre Not
geklagt und sich über Peter Bär lustig gemacht hatten,
hatten es sich bequem gemacht. Im Schatten eines Eich-
baums lagen sie auf dem Moos. Verwundert sprangen sie
auf, als sie es läuten hörten, und eilten nach Hause. Hier
fanden sie Peter Bär munter und gesund, das Essen gekocht, den Tisch gedeckt und in der Kammer den heu-
lenden Zwerg mit seinem Bart an die Bettstelle gebunden. Peter Bär aber verspottete sie, daß sie von einem so
kleinen Kerl sich hätten prügeln lassen, und sagte, er
habe es weder mit dem Balken noch mit dem Hahnenbalken, noch mit dem Schornstein geglaubt. Danach
gingen sie zu Tisch.

Während sie es sich nun wohlschmecken ließen, riß und
zerrte das Männchen in der Kammer so lange hin und
her, bis der Bart nachließ und an der Bettstelle hängen-
blieb wie ein Dornbusch. Nun lief es schnell zur Tür
hinaus und sprang in den Brunnen beim Haus.

Das alles sah Peter Bär und sagte: »Ich hole dich schon
wieder, laßt uns nur erst satt sein.«

Als dies endlich erreicht war, sprach er zu seinen Kameraden: »Nun will ich einmal sehen, wo das Männchen

geblieben ist. Ich denke, wo das hinkommt, ertrinke ich auch nicht.« Und er holte ein Seil, band einen Korb daran, legte Baumdrehers Balken über den Brunnen, nahm seinen Wanderstab zur Hand, setzte sich in den Korb, und sie ließen ihn langsam hinunter.

Als er unten ankam, sah er eben noch, wie das Männchen in eine andere Welt hinabsprang. Rasch setzte er hinterdrein, seinen Stock in der Rechten, und kam noch früh genug, um das Männchen in ein altes Haus schlüpfen zu sehen. Ohne sich lange zu besinnen, stürzte er ihm nach und fand in der Stube eine uralte Hexe, die fragte er: »Wo ist das graue Männchen?«

»Ich weiß nicht«, krächzte ihm die Hexe entgegen.

Als er sie aber beim Schopf nahm, ihr seinen Eisenstab zeigte und sie damit in Grund und Boden zu schlagen drohte, wenn sie es nicht gleich gestehe, da erschrak sie und sagte: »Unter dem Bottich sitzt es.«

Als er sich umkehrte, blickte er durchs Fenster und sah in der Ferne lauter große Berge; und vor dem größten stand ein wunderschöner Palast.

»Alte Hexe«, donnerte er sie an, »sag mir, was das für ein Haus ist!« Und damit schlug er drei Balken aus der Decke.

»Ach«, antwortete sie, »da ist eine verwunschene Königstochter, die wird von vier Riesen bewacht. Deshalb ist sie nicht zu retten.«

»Schweig, alte Hexe«, versetzte Peter Bär, »ich rette sie.« Und er nahm seinen Stock, ließ sich von der Alten eine Zaubersalbe geben und ging zu dem Palast.

Als er in den Hof kam, ging ein Riese mit einer Kanone

auf der Schulter auf und ab und sprach zu Peter Bär: »Erdwurm, was willst du hier?«

»Das will ich!« antwortete dieser und schlug ihn mit seinem Stock über den Kopf, daß er am Boden lag.

Als er in die Stube kam, sprangen die anderen drei Riesen auf, faßten große Keulen und wollten ihn schlagen. Er aber versetzte jedem einen Streich mit seinem Eisenstock, und sie lagen tot danieder. Die Königstochter weinte vor Schreck und vor Freude und schenkte ihm ein weißes Taschentuch und einen Ring. In dem Ring waren Buchstaben, die er aber nicht lesen konnte. Während er so mit ihr sprach, sah er durchs Fenster und erblickte in der Ferne einen noch viel schöneren Palast.

»Könnt ihr mir nicht sagen, schöne Königin, was das dort für ein Palast ist?« fragte Peter Bär.

Die Königstochter entgegnete: »Ach, dort wohnt meine verwunschene Schwester, die ist niemals zu retten, denn acht Riesen bewachen sie.«

»Ich rette sie«, antwortete Peter Bär, »und bringe sie euch.« Damit empfahl er sich, ergriff seinen Eisenstock und eilte schnurstracks auf das Schloß los.

Im Hof gingen zwei Riesen, jeder mit einer Kanone auf der Schulter, hin und her und hielten Wache. Als die ihn erblickten, schrien sie: »Erdwurm, was willst du hier?«

»Das will ich!« versetzte er und gab jedem einen Bakkenstreich, daß sie kein Glied mehr regten.

Als er in die Stube kam, wollten ihn die anderen sechs Riesen töten. Er aber, Schlag auf Schlag, erlegte sie, während du sechs zählst. Und ihm wurde auch nicht ein

Haar gekrümmt. Die Königstochter weinte vor Schreck und vor Freude, gab ihm ein weißes Taschentuch und einen goldenen Ring, an dem ebenfalls sonderbare Buchstaben standen. Sie deutete mit der Hand durchs Fenster und sagte: »Dort in jenem großen Schloß, das du dicht an dem hohen Berge liegen siehst, wohnt meine verwunschene jüngste Schwester. Leider ist sie aber gar nicht zu erlösen, denn sie wird von sechzehn Riesen und von einem Drachen bewacht, der sieben Köpfe hat und aus allen Feuer und Flammen speit.«

Das war dem Peter aber ganz recht, und er erwiderte: »Ich rette sie und bringe sie euch.«

Als er Abschied von der weinenden Königstochter genommen hatte, ging er rasch auf das Schloß los. Im Hof hielten vier Riesen Wache, jeder mit einer Kanone auf der Schulter. »Erdwurm, was willst du hier?« schrien sie ihm entgegen.

»Das will ich!« versetzte er, und im Nu lagen alle vier am Boden.

Als er das hohe Schloßtor öffnete, lag da der siebenköpfige Drache und spie Feuer und Flammen gegen ihn, daß sein Eisenstab glühend wurde. Er aber hieb ihm mit jedem Schlag einen seiner Köpfe ab. Und weil das Eisen glühend war, blutete es nicht einmal, so tief er auch schlug. Nun wurde ihm ganz leicht ums Herz, und er ging in den Saal zu den Riesen, die von den Kämpfen nichts gehört hatten. Das war ein Glück, denn sonst wäre es ihm doch schlecht ergangen. Als er eintrat, saßen die zwölf bei der Königstochter am Tisch und aßen. Wütend sprangen sie auf und konnten gar nicht begreifen, wie er hereingekommen sein möge. Und als sie danach fragten, antwortete er damit, daß er einen nach dem anderen niederschlug. Es waren ihrer aber fast allzu viele, und wenngleich sein Eisenstab nicht zweimal zu schlagen brauchte, hatten die letzten doch noch immer so viel Zeit, ihm mehrere kleine Wunden und eine recht tiefe beizubringen. Nach dem zwölften Streich schwanden ihm fast die Sinne – doch hatte er noch Besinnung genug, um sich mit der Zaubersalbe zu waschen, die ihm die Hexe gegeben hatte. Und sieh! im Nu war er heil und ohne Schmerzen.

Die Königstochter weinte vor Schreck und vor Freude, gab ihm ein weißes Taschentuch und einen goldenen Ring, dessen Buchstaben er wieder nicht lesen konnte, und folgte ihm zu der zweiten und mit dieser zu der ältesten Schwester. Nun ging es weiter zu der Hexe. Die Hexe gab ihm guten Rat, wie er sich und die drei Schwestern durch den Brunnen auf die Erde und von da in das Land des Königs bringe.

Als sie an den Brunnen kamen, hing der Korb unten. Seine drei Gefährten, Steinspieler, Eisenknüpfer und Baumdreher, lauerten mit Ungeduld auf ihn und wußten nicht, wo er geblieben war. Er war gewiß schon eine volle halbe Stunde unten, und das war viel für sie und für Peter Bär. Sie meinten, er wird wohl ertrunken sein, und wollten sich schon mehrmals aus dem Staube machen. Furcht jedoch vor dem gewaltigen Eisenstock und Neugier, ob er den Zwerg doch noch erwischt habe, hatte sie zurückgehalten.

Jetzt zupfte es am Seil, sie zogen herauf, und sieh! ein

Mädchen saß im Korb, das ihnen erzählte, was da vorgegangen war, obgleich Peter Bär es verboten hatte.

Als auch die beiden anderen Königstöchter oben waren, dachte Peter Bär: »Jetzt ist nicht zu trauen, denn geschwatzt haben sie doch.« Er wollte sich wenigstens sichern und legte einen Stein in den Korb. Als dieser halb oben war, fiel ein Felsblock herab in den Korb, das Seil riß, und alles stürzte in den Brunnen.

»Die Schurken!« fluchte Peter Bär. »Wer aber nur nicht klüger wäre!«

Jetzt fuhr er die alte Hexe an: »Schaff mich hinauf!«

»Hör«, sagte sie, »ich habe einen Drachen, den will ich dir leihen, der soll dich hinauftragen. Nimm aber ja genug Fleisch mit. Und sooft der Drache ›wack‹ schreit, gib ihm ein Stück, sonst frißt er dich.«

Peter Bär ging zur Weide, holte sich einen Ochsen, setzte sich auf den Drachen und fuhr hinauf. Kaum war die Hälfte Weges zurückgelegt, als das Fleisch schon verzehrt war, und wieder schrie der Drache »wack«, daß es nur so dröhnte. Ihm wurde ganz bang zumute, besonders als er sah, daß er seinen Eisenstab vergessen hatte. Der Drache aber krümmte sich und schrie wieder »wack« und schrie noch lauter als zuvor. Er wußte sich nicht anders zu helfen, er riß sich ein großes Stück Fleisch vom Leib und gab es ihm. Und als er wieder schrie, machte er es ebenso und zum dritten Mal auch.

Jetzt konnte er endlich die oberen Steine fassen, und in einem Satz war er auf der Erde. Der Drache fuhr fauchend in die Tiefe.

Als Peter Bär oben war, bejammerte er erst seinen

Eisenstock. Aber siehe! der lag ja neben ihm. Nun bedauerte er sein schönes Fleisch. Aber da fiel ihm die gute Salbe ein, die er von der Hexe bekommen hatte und in der Tasche trug. Er bestrich sich damit, und im selben Augenblick fehlte ihm nichts mehr. Jetzt sah er sich nach den drei Königstöchtern um; es war aber von allen dreien nichts zu hören und zu sehen. Sie hatten nämlich den guten Rat der alten Hexe gehört und ihn benutzt, sich vor Peter Bärs Gesellen in ihr Königreich zu retten.

Von diesen Kameraden endlich war auch nicht die leiseste Spur, und nimmer hat Peter Bär von ihnen wieder etwas gehört. Er selber wollte nicht allein dableiben, nahm seinen Eisenstab und wanderte der Königsstadt zu.

Gleich in der ersten Stadt jenes Landes erzählten ihm die Leute: »Unsere Königstöchter sind wieder da. Und nun hat der König bekanntmachen lassen, wer ihm die Ringe mit den Buchstaben bringe, solle für jeden tausend Dukaten haben.«

Peter Bär ging zu einem armen Goldschmied, der ihm einst einen guten Zehrpfennig geschenkt hatte, und gab sich für einen Goldschmiedsgesellen aus. Der arme Mann erzählte ihm, was für ein schönes Stück Geld zu verdienen sei, wenn man an so einen Ring gelangen könne.

»Den will ich euch schmieden, und zwar bis morgen früh«, entgegnete Peter Bär.

Der Meister sah ihn groß an und wußte nicht, was er sagen sollte. Jener aber versicherte, wenn er den Ring einliefere, seien die tausend Dukaten ihm ganz sicher.

Nun bat er sich für die Nacht ein Faß Bier, einen Sack Nüsse und ein paar Brote aus. Das aß und trank er während der Nacht, statt zu arbeiten, und am Morgen lieferte er den Ring ab. Der Meister brachte denselben hin und bekam richtig das Geld. Und als er angeben sollte, wie er zu dem Ring gekommen, erzählte er die Geschichte und beschrieb den Peter Bär so genau, daß die Königstöchter ihren Retter wiedererkannten.

Als der König ihn holen lassen wollte, war er fort. Wohin, wußte niemand zu sagen. Er war aber zu einer anderen Stadt gegangen, wo ein armer Schmied wohnte, der ihm einst einen Krug Bier gereicht hatte. Hier gab er sich für einen Schmied aus, und als der Meister ihm gleichfalls erzählte von dem schönen Geld, das mit einem Ringe zu verdienen sei, und wie ein armer Goldschmied schon reich geworden, erwiderte er: »Seid nur ruhig; besorgt mir auf diese Nacht ein Faß Bier, einen Sack Nüsse und ein paar Brote, so sollt Ihr morgen früh einen Ring fix und fertig vorfinden.«

Der Meister traute ihm, denn er machte ein grundehrliches Gesicht – und am anderen Morgen bekam er einen goldenen Ring, für den er richtig tausend Dukaten vom König ausbezahlt erhielt.

Wieder sandte der König Boten mit, und wieder war Peter Bär ausgeflogen. Jetzt ging er zu seinem guten Lehrherrn, der arm geworden war und in der Residenzstadt vom Knochensammeln lebte. Ihm gab er Geld für Bier, Nüsse und Brot und ließ ihn mitessen, sprach auch viel mit ihm, wurde aber nicht wiedererkannt. Am anderen Morgen schenkte er ihm den dritten Ring, und auch dieser wurde mit tausend Dukaten bezahlt. Nun ließ der König dem Retter seiner Kinder nachspüren, konnte ihn aber nicht bekommen. Jeder wollte ihn gesehen haben, und niemand wußte ihn nachzuweisen. Bald war er auf diesem, bald auf jenem Dorf gewesen. Bald hatte er sich in diesem, bald in jenem Wirtshause umgetrieben. Der König schickte Boten um Boten aus, denn die jüngste Tochter wollte beinahe sterben vor Sehnsucht nach ihm – und kein Bote brachte Gewisses nach Hause.

Endlich hörte Peter Bär von dem Leid der Königstochter, und da überfiel ihn dasselbe Leid. Eines Tages kam ein Bettelmann vor das königliche Schloß, die Wache wollte ihn wegjagen und verwundete ihn dabei. Als er sich das Blut abwischte, sahen die Königstöchter, die von dem Lärm ans Fenster gelockt waren, ihr feines, weißes Taschentuch, und dabei erkannten sie den Bettler. Der König selber holte ihn herein und gab ihm seine jüngste Tochter zur Frau. Und als der König starb, wurde Peter Bär König über das ganze Land.

[Märchen aus Niedersachsen]

Die Prinzessin auf der Erbse

Es war einmal ein Prinz, der wollte eine Prinzessin heiraten, aber es sollte eine wirkliche Prinzessin sein. Da reiste er in der ganzen Welt herum, um eine solche zu suchen, aber überall war etwas im Wege. Prinzessinnen gab es genug, aber ob es wirkliche Prinzessinnen waren, konnte er nicht herausfinden. Immer war etwas, was nicht so ganz in Ordnung war. Da kam er denn wieder nach Hause und war ganz traurig, denn er wollte doch so gern eine wirkliche Prinzessin haben.

Eines Abends zog ein schreckliches Gewitter auf. Es blitzte und donnerte, der Regen strömte herunter, es war ganz entsetzlich! Da klopfte es an das Schloßtor, und der alte König ging hin, um aufzumachen.

Es war eine Prinzessin, die draußen vor dem Tore stand. Aber, o Gott, wie sah die von dem Regen und dem bösen Wetter aus! Das Wasser lief ihr von den Haaren und Kleidern herunter; es lief in die Schnäbel der Schuhe hinein und an den Hacken wieder heraus. Und doch sagte sie, daß sie eine wirkliche Prinzessin sei.

»Ja, das werden wir schon erfahren«, dachte die alte Königin. Aber sie sagte nichts, ging in die Schlafkammer hinein, nahm alle Betten ab und legte eine Erbse auf den Boden der Bettstelle. Darauf nahm sie zwanzig Matratzen und legte sie auf die Erbse und dann noch zwanzig Eiderdaunendecken über die Matratzen. Da mußte nun die Prinzessin die ganze Nacht liegen. Am Morgen wurde sie gefragt, wie sie geschlafen habe.

»Oh, schrecklich schlecht!« sagte die Prinzessin, »ich habe meine Augen fast die ganze Nacht nicht geschlossen. Gott weiß, was da im Bett gewesen ist. Ich habe auf etwas Hartem gelegen, so daß ich ganz braun und blau an meinem ganzen Körper bin. Es ist ganz entsetzlich.«

Nun sahen sie ein, daß sie eine wirkliche Prinzessin war, da sie durch die zwanzig Matratzen und die zwanzig Eiderdaunendecken hindurch die Erbse gespürt hatte. So empfindlich konnte niemand sein als eine wirkliche Prinzessin.

Da nahm der Prinz sie zur Frau, denn nun wußte er, daß er eine wirkliche Prinzessin besitze. Und die Erbse kam auf die Kunstkammer, wo sie noch zu sehen ist, wenn niemand sie gestohlen hat.

Sieh, das war eine wahre Geschichte.

[Märchen von Hans Christian Andersen]

Das Mädchen aus der goldenen Frucht

Es war einmal wie keinmal, da stand ein Kaiserssohn am Fenster und schaute zum Brunnen, wo eine alte
Frau mit ihrem Krug Wasser schöpfen wollte. Plötzlich
nahm der Jüngling einen Stein und warf ihn zum Brunnen, und der Stein traf den Krug der alten Frau und
schlug ihn mitten entzwei. Als die Alte sich umwandte
und den Kaiserssohn erblickte, sprach sie zu ihm: »Du
wirst keine Frau bekommen, ehe du nicht die drei goldenen Früchte gefunden hast.«
Von nun an mußte der Kaiserssohn immerfort an die
drei goldenen Früchte denken, und kein Schlaf wollte in
seine Augen kommen. Viele Tage ging er ruhelos umher,
und endlich sprach er zu seinem Vater: »Vater, laß mir
drei eiserne Kleider machen, denn ich habe eine große
Reise vor.«
Der Kaiser wollte seinen Sohn mit allen Mitteln davon
abhalten, doch half ihm all sein Reden nichts. So gab er
schließlich schweren Herzens den Befehl, die drei Kleider zu machen. Der Sohn nahm Abschied und machte
sich auf den Weg.
Er kam in unbewohnte Gegenden, irrte nach links und
irrte nach rechts, machte aus sieben Tagen einen und
einen aus sieben, bis ein Jahr verflossen war. Zwei seiner

eisernen Kleider waren zerbrochen, und als er das dritte anlegte, sprach er bei sich: »Wenn ich heute nichts finde, so kehre ich um.«

Er hatte nur wenige Schritte getan, da sah er in weiter Ferne eine kleine Hütte. Dieser eilte er nun zu, und als er dort angelangt war, trat eine Waldfrau aus der Hütte und sprach zu ihm: »Schöner Jüngling, wie kommst du hierher, wo doch kein Vögelchen mit leichten Schwingen und noch viel weniger ein Mensch mit schweren Beinen hinkommt?«

»Ich suche die drei goldenen Früchte. Wißt Ihr, wo ich sie finden kann?«

»Das kann ich dir nicht sagen, mein Söhnchen. Aber wenn du die Straße immer weiter wanderst, so kommst du am Ende zu meiner Schwester, die ist älter als ich. Vielleicht kann sie dir helfen.«

Der Kaiserssohn ließ sich dies nicht zweimal sagen und ging weiter. Er ging Wege, die noch nie ein Mensch gegangen ist, bis er wieder zu einer kleinen Hütte kam. Dort redete ihn eine noch ältere Waldfrau an und sprach freundlich:

»Schöner Jüngling, wie gelangst du hierher, wo doch kein Vögelchen mit leichten Schwingen und noch viel weniger ein Mensch mit schweren Beinen hinkommt?«

»Ich suche die drei goldenen Früchte, die Sehnsucht trieb mich hierher.«

Bitterlich begann da die Alte zu weinen. Endlich sprach sie: »Auch ich hatte einen Sohn, der von diesen Früchten hörte und nicht abließ, sie zu suchen. Er zog aus, sie zu finden, und kam mit lahmen Füßen zurück. Zum zweiten Mal zog er aus und blieb mit zerschmettertem Haupt liegen. Hätte ich damals gewußt, was ich jetzt weiß, wäre mein armer Sohn nicht in den Tod gegangen.«

»Was ist es, was du jetzt weißt, gute Mutter?«

Da erzählte sie ihm alles vom Anfang bis zum Ende und sprach: »Kehre zu mir zurück, wenn dir alles gelingt. Laß mich diese Früchte sehen, für die mein Sohn sein Leben eingebüßt hat.«

Er versprach es ihr und dankte. Dann wanderte er weiter, bis er zu einem Drachen kam, der weit den Rachen aufsperrte und fauchte. Seine Oberlippe spannte sich über den Himmel, und die Unterlippe streifte über die Erde. Aber der Kaiserssohn zog freundlich seine Mütze und sprach: »Einen schönen guten Tag, Bruder!« und er wartete, bis der Drache ihm antwortete.

»Gut Glück, Bruder.«

Dann ging er an ihm vorüber.

Wieder wanderte er, bis er zu einem Brunnen kam, der schmutzig und verschlammt war. Er machte ihn sauber, bis sein Wasser wieder rein war. Dann wanderte er weiter und kam zu zwei Torflügeln, die mit Staub und Spinnweben überzogen am Wege standen. Er wischte die Spinnweben ab und blies den Staub weg. Dann wanderte er weiter. Und wie er so wanderte, kam er zu einer Frau, die mit ihren Haaren den Backofen fegte. Er riß ein Stück von seinem Hemd ab und reichte es ihr mit den Worten: »Nimm es, arme Schwester, und fege damit.«

Hinter dem Backofen stand ein Garten, herrlich und

schön. Der Kaiserssohn ging hinein. Da sah er plötzlich die drei goldenen Früchte. Er nahm seinen ganzen Mut zusammen und schnitt den Zweig ab, an dem sie hingen, und er eilte davon, so schnell ihn die Füße trugen.

Da begann der Garten sich zu bewegen und zu dröhnen und mit hundert Stimmen um Hilfe zu rufen.

»Haltet ihn zurück!« flehte der Garten die Bäckerin, die Torflügel, den Brunnen und den Lindwurm an. Doch die Bäckerin rief: »Noch keiner war mitleidig mit mir, außer diesem Jüngling, wie könnte ich jetzt seinen Lauf aufhalten?«

»Nein, verzeih uns!« riefen die Torflügel, »solange wir hier stehen, hat uns noch keiner abgestaubt außer diesem Jüngling. Wie sollten wir jetzt seinen Lauf aufhalten?«

»Verzeih mir«, rief der Brunnen zurück, »seitdem ich gegraben wurde, hat noch keine Hand mich gesäubert, außer der Hand dieses Jünglings. Wie könnte ich jetzt seinen Lauf aufhalten?«

»Verzeih mir!« rief der Drache, »verdammt bin ich, mit offenem Mund zu den Sternen zu starren, und noch niemand hat mich gegrüßt und mich Bruder genannt, außer diesem Jüngling. Er hat uns alle erlöst und den Fluch aufgehoben, der auf uns lag. Wie könnte ich seinen Lauf aufhalten?«

Mit reinem Gesicht kam der Kaiserssohn zu der Waldfrau zurück, die ihren Sohn verloren hatte. Er zeigte ihr die goldenen Früchte und sprach: »Mutter, hier bin ich wieder, und ich habe die Früchte gefunden.«

Er beschenkte die Waldfrau und machte sich auf den Heimweg. Nach einiger Zeit setzte er sich nieder, um die goldenen Früchte zu betrachten. Da hatte er Lust, sie zu kosten. Er schnitt eine Frucht auf, und es entstieg ihr ein Mädchen, schön wie die Sonne, und rief flehend: »Wasser, Wasser, oder ich sterbe!«

Verzweifelt schaute der Jüngling in alle Himmelsrichtungen. Doch nirgends gab es Wasser. Da sank das Mädchen zu Boden und starb. Er verging beinahe vor Schrecken und Schmerz und wanderte weiter.

Doch bald bekam er wieder Lust, und er schnitt die zweite Frucht auf. Auch ihr entstieg ein Mädchen, das nach Wasser flehte und starb, weil er ihr keines geben konnte. Er nahm die einzige Frucht, die ihm noch verblieben, in beide Hände und wanderte weiter, bis er nicht weit von seiner Heimat war. Da ließ er sich am Wegesrand nieder.

Immer mußte er an die goldenen Früchte denken und an die Mädchen, die ihnen entstiegen waren und ohne Wasser sterben mußten. Zuletzt konnte er nicht mehr widerstehen, auch die dritte Frucht aufzuschneiden. Doch beschloß er, zuerst Wasser zu suchen. Er fand eine Quelle und füllte seine Mütze mit klarem Wasser. Dann setzte er sich unter einen Baum und schnitt die Frucht auf.

Siehe da, es entstieg ihr ein Mädchen mit einem Gesicht rein wie die Sonne und langen goldenen Haaren. Sie lächelte, aber ihr Mund flehte: »Wasser, Wasser!« Er bespritzte sie mit kühlen Wassertropfen und gab ihr zu trinken, so blieb sie am Leben. Vor ihrer Schönheit vergingen ihm die Sinne, aber als er wieder zu sich kam, rief er aus: »Du sollst meine Frau sein!«

Nun bat er das schöne Mädchen, auf ihn zu warten, bis er

sie mit der kaiserlichen Kutsche abholen käme. Da sprach das Mädchen zu einem Ast, er solle sich herabbeugen, und der Ast gehorchte, und sie setzte sich darauf.

Der Jüngling aber eilte nach Hause und erzählte dort alles, was sich zugetragen hatte.

Unterdessen aber war eine häßliche Hexentochter zu der Quelle gekommen, um Wasser zu schöpfen. Als sie das liebliche Gesicht des schönen Mädchens im Wasserspiegel erblickte, glaubte sie, es sei das ihre. Sogleich warf sie den Krug fort und sprach zu ihrer Mutter, da sie so schön sei, tauge sie nicht zur Magd. Die Alte aber drohte ihr mit dem Besenstiel. Wieder kam die Hexentochter mit leeren Händen zurück, denn sie war kopflos geworden von dem Anblick des schönen Gesichts. Da dachte die alte Hexe an Zaubereien und gab ihrer Tochter eine vergiftete Nadel mit. Diesmal sah die Hexentochter das schöne Mädchen auf dem Baum.

»Laß mich hinauf zu dir!« rief sie ihr zu. Arglos befahl diese dem Zweig, sich zu senken, und flugs setzte die Hexentochter sich neben sie. Schmeichelnd sprach sie nun zum Mädchen: »Lege deinen Kopf auf meinen Schoß, du bist doch sicher müde.«

Als sie das tat, stieß ihr die Hexentochter die Zaubernadel ins Haupt. Da wurde das Mädchen ein Vogel und flog durch die Lüfte davon.

Als nun der Kaiserssohn mit der Kutsche und dem ganzen Gefolge ankam, fauchte die Hexentochter ihn an: »Siehst du nicht, wie die Sonne mir das Gesicht verbrannt und der Wind mir das Haar zerzaust hat?«

Der Kaiserssohn erschrak über den Anblick der häßlichen Hexe. Sie aber wurde immer zorniger, und endlich mußte er sie mit sich nehmen, sollte der Vater ihn nicht für einen Lügner halten.

Der Kaiser war nicht wenig entsetzt, als er statt des schönen Mädchens die Hexe sah mit einem Gesicht wie ein Pfannenboden. Der Sohn beteuerte immer wieder, sie sei so geworden durch den Wind und die Sonne. Der Vater konnte dies nicht glauben und ließ sie schließlich in einem abgelegenen Teil des Schlosses wohnen, bis die Hochzeit vorbereitet sei.

Am nächsten Morgen flog in aller Frühe ein goldenes Vögelchen in den Garten und sang, daß einem vor Sehnsucht fast das Herz zersprang. Dann rief es: »Gärtner, schläft der Prinz?«

»Er schläft«, antwortete der Gärtner.

»So schlafe er süß und immer süßer, wenn er sich niederlegt und bis er wieder aufsteht. Und die Krähe von einer Prinzessin, schläft sie?«

»Sie schläft«, antwortete der Gärtner.

»So schlafe sie den Schlaf der Verwünschten und koste Bitterkeit, vom Abend bis zum Morgen.«

So sang das Vögelchen und flog von Baum zu Baum, aber jeder Ast, auf dem es saß, verdorrte. Bald grünte nur noch ein einziger Baum. Da ließ der Kaiser das Vögelchen einfangen und ihm den zierlichsten goldenen Käfig bauen. Weil er sich an dem Gesang nicht satthören konnte, stellte er den Käfig vors Fenster. Das mißfiel der Hexe, und sie stellte sich krank und sprach, sie werde nicht eher gesund, als bis das goldene Vögelchen auf ihrem Teller läge. Darüber ärgerte sich der Kaiser. Aber weil sein Sohn ihn bat, schlachtete man das Vögelchen, und siehe, aus einem Tropfen seines Blutes wuchs eine wunderschöne Tanne vor des Kaisers Fenster. Da stellte die Hexe sich abermals krank und sprach, sie sterbe schon morgen, fälle man die Tanne nicht. Der Kaiser erzürnte in seinem Herzen, war aber endlich doch dazu bereit.

Eine alte Bettlerin aber hob ein Zweiglein der geschlagenen Tanne auf und nahm es mit zu sich. In ihrer Hütte bemerkte sie, daß in dem Zweig eine Nadel steckte, und zog sie heraus.

Als sie am nächsten Tage von ihrem Bettelgang zurückkehrte, war die ganze Hütte gekehrt und in Ordnung gebracht. Tag für Tag geschah das nun, und die Bettlerin freute sich darüber sehr. Da wollte die Bettlerin wissen, wer ihr half, und versteckte sich hinter dem Holz. Da sprang aus dem Zweig ein Mädchen, so hell wie aus Milchschaum gemacht und mit einem Gesicht wie die Sonne.

»Wer bist du?« fragte sie die Bettlerin voll Liebe.

»Ein Mädchen ohne Hab und Gut. Wenn du mich aufnimmst, soll es dich nicht reuen.«

Von Herzen gerne willigte die Bettlerin ein und rühmte sich in der Stadt, nicht einmal die Kaiserin habe eine so gute Magd im Hause wie sie. Eines Morgens bat das Mädchen, die Alte möge ihr rote und grüne Seide mitbringen. Die Bettlerin versprach es und kaufte ihr das Gewünschte von den zusammengebettelten Münzen.

Nun nähte die Jungfrau ihre ganze Geschichte auf ein Leintuch und sandte die Bettlerin damit in den Palast.

Zuerst wollte man sie dort nicht einlassen, endlich aber gelang es ihr hineinzukommen, und sie breitete das Tuch vor dem Kaiser und seinem Sohn aus. Da erkannten beide mit einem Mal, was sich zugetragen hatte, und sie ließen die falsche Prinzessin vor sich kommen und sprachen: »Wenn du Kaiserin werden willst, mußt du auch Recht sprechen können. Nun höre: Heute kam eine Frau in den Palast mit einer Klage. Sie hatte einen schönen Goldhahn und wollte dazu eine ebenso schöne Henne haben. Endlich fand sie sie in einem fernen Land. Aber ihre böse Nachbarin tötete die Henne und stahl ihr auch noch den Goldhahn. Sage, wie lautet dein Urteil?« Ohne zu zögern antwortete die Hexentochter: »Die böse Nachbarin verdient den Tod.«

»Du hast gut geurteilt«, sprach der Prinz, »ich selbst bin die Frau mit dem Goldhahn, und du bist's, die die Henne getötet und den Hahn gestohlen.«

So mußte die böse Hexe sterben. Der Kaiserssohn aber ging zur Hütte der alten Bettlerin und beschenkte sie mit allem, was das Herz ihm eingab. Dann nahm er die Jungfrau bei der Hand und führte sie in den Palast, wo am nächsten Morgen in aller Pracht die Hochzeit gefeiert wurde.

[Märchen aus Rumänien]

Wie die Geige auf die Welt kam

Es waren einmal ein armer Mann und eine arme Frau. Die hatten lange Zeit keine Kinder, und darüber waren sie sehr traurig. Nun geschah es einmal, daß die Frau in den Wald ging, um Holz zu sammeln. Da begegnete ihr ein uraltes Weiblein, das sprach zu ihr: »Ich kenne deinen Kummer, aber ich kann dir helfen. Du mußt nur tun, was ich dir sage. Gehe jetzt nach Hause und nimm einen Kürbis. Teile ihn in zwei Hälften, gieße in jede Hälfte Milch hinein und trinke diese aus. Wenn eine Zeit vorüber sein wird, wirst du einen Sohn bekommen. Der wird einmal sehr glücklich sein in seinem Leben, und ich will seine Patin sein.« Und plötzlich war die Alte verschwunden, es war, als hätte es sie nie gegeben.

Die arme Frau aber ging nach Hause und tat, was ihr die Alte geraten hatte. Als einige Zeit vorübergegangen war, da bekam sie einen schönen Knaben, der wuchs im Lauf der Jahre zu einem stattlichen Jüngling heran. Doch er war kaum achtzehn Jahre alt geworden, da starben ihm Vater und Mutter. Und weil er nun so ganz alleine war, beschloß er, in die weite Welt hinauszuwandern und das Glück zu suchen.

Durch viele Dörfer, Städte und Länder wanderte er,

ohne das Glück irgendwo zu finden. Eines Tages kam er zu einer großen Stadt, in der ein reicher, mächtiger und grausamer König herrschte. Der hatte eine einzige Tochter, aber die war wunderschön. Und der König hatte in allen Landen verkünden lassen, daß nur derjenige seine Tochter zur Frau bekomme, der etwas schaffen könne, was man noch nie gesehen oder gehört habe auf der Welt. Begehre jedoch jemand die schöne Königstochter zur Frau und ihm gelinge dies nicht, dann müsse er es mit seinem Leben bezahlen.

Nun hatten schon viele Prinzen, Grafen und andere wackere Jünglinge um die Königstochter geworben, doch keiner hatte etwas schaffen können, was man noch nie gesehen oder gehört hatte auf der Welt. Und alle ließ der grausame König deshalb ums Leben bringen.

Da trat der Jüngling vor den Königsthron und fragte: »Was muß ich denn tun, um deine schöne Tochter zur Frau zu bekommen?«

»Weil du gar so dumm fragst«, rief der König zornig, »sollst du in den Kerker geworfen werden und dort Hungers sterben.«

Schon eilten Diener herbei, ergriffen den armen Jüngling und warfen ihn in den Kerker.

Als er nun ganz verzweifelt im Kerkerdunkel saß, da wurde es mit einem Mal hell, und die Matuya, die Feenkönigin, stand vor ihm. Sie sprach: »Sei nicht traurig, ich bin gekommen, um dir zu helfen, denn ich bin deine Patin. Du sollst die schöne Königstochter zur Frau bekommen, aber dazu mußt du tun, was ich dir sage. Ziehe mir einige meiner langen Haare heraus, und dann spanne sie über diesen Stab und dieses Kästchen, das ich dir mitgebracht habe.«

Der Jüngling tat, wie ihm die Matuya geraten hatte. Als er fertig war, nahm sie das Kästchen in ihre Hände und lachte ihr silberhelles Lachen hinein. Dann weinte sie und ließ ein paar ihrer Tränen in das Kästchen fallen. Sie gab es dem Jüngling zurück und sprach: »Jetzt lasse dich wieder vor den Königsthron führen und streiche mit dem Stab über das Kästchen, und du wirst die Menschen damit traurig und fröhlich stimmen.« Dann war die Matuya verschwunden, und es war wieder dunkel im Kerker wie zuvor.

Der Jüngling aber pochte an die Kerkertür, bis die Diener gelaufen kamen und ihm die Tür öffneten. Er ließ sich vor den König führen und sprach: »Nun höre, und sieh was ich geschaffen habe!«

Dann nahm er das Kästchen unter sein Kinn und strich mit dem Stab darüber, und da drang das silberne Lachen der Feenkönigin aus dem Kästchen, und alle, die es hörten, lachten mit. Wieder strich der Jüngling darüber, und nun kam das Weinen der Feenkönigin hervor, und alle weinten mit, sogar der grausame König. Unablässig strich der Jüngling mit dem Stab über das Kästchen, und es strömten Lieder daraus hervor, die das Herz bald traurig, bald fröhlich stimmten. Der König war außer sich vor Freude. Er erhob sich von seinem Thron und sprach: »Dir ist es wirklich gelungen, etwas zu schaffen, was man noch nie gesehen und gehört hat auf der Welt. Von nun an sollst du König sein in meinem Reich und meine Tochter zur Frau bekommen.«

So ist es auch geschehen, und der Jüngling wurde ein gütiger und gerechter König, und mit seiner Frau hat er in Glück und in Liebe gelebt.

Das ist die Geschichte, wie vor langer, langer Zeit die Geige auf die Welt gekommen ist. Und noch heute dringt daraus das Lachen und Weinen der Feenkönigin. Hört nur einmal ganz genau hin.

[Märchen der Zigeuner]

Friedrich Goldhaar

Vor langer Zeit lebte einmal ein armer Mann, der hatte einen einzigen Sohn mit Namen Friedrich. Und es begab sich, als er sechzehn Jahre alt war, daß gerade an seinem Geburtstag ein Wagen mit vier Hengsten bespannt vor des Mannes Türe hielt. Da stieg ein vornehmer Herr aus, trat ein und fragte den armen Mann, ob er ihm nicht einen Knecht wüßte, der Friedrich hieße und gerade sechzehn Jahre alt wäre.

»Da kommt Ihr eben in das rechte Haus«, sagte der Mann. »Mein Sohn Friedrich hat heute seinen sechzehnten Geburtstag.«

Der Fremde sprach: »So will ich ihn, wenn es Euch recht ist, in meine Dienste nehmen und will Euch im voraus den Lohn bezahlen. Aber nur unter der Bedingung kann er mein Knecht sein, daß er sieben volle Jahre aushält und in den sieben Jahren niemals nach Hause geht.«

Damit war der Mann zufrieden. Der Fremde warf einen schweren Beutel mit Geld auf den Tisch, nahm seinen Knecht Friedrich mit in seinen Wagen, und fort ging es wie der Wind, daß den vier Hengsten die Mähnen sausten.

Eine Stunde mochten sie wohl gefahren sein, da ließ der

Herr den Wagen halten und sprach: »Friedrich, sieh einmal hinaus!«

»Ja, Herr!«

»Friedrich, was siehst du?«

»Ach, Herr«, sprach Friedrich, »ich sehe ein schönes Schloß, das liegt nicht weit von hier.«

Sprach der Herr: »Hier hast du meine Uhr, Friedrich, es ist gerade zehn. Nun geh, derweil ich auf dich warte, zu dem Schloß. Da wirst du gut bewirtet werden. Aber Punkt elf, nicht früher und nicht später, gehst du wieder fort. Und was man dir dann gibt, das bring mit.«

»Gut, Herr!« sprach Friedrich und ging in das Schloß. Da waren viele Diener, die trugen gutes Essen auf und luden den Friedrich zum Sitzen ein. Der ließ sich auch nicht lange bitten, aß und trank nach Herzenslust und sah dann nach der Uhr. Und weil es nahe vor elf war, so brach er auf zum Weitergehen. Da wurde ihm ein Hammelbraten gereicht, den nahm er mit, wie ihm sein Herr befohlen hatte. Als er nun wieder an den Wagen kam, fragte der Herr: »Nun, Friedrich, was bringst du mit?«

»O Herr, sie haben mir einen Hammelbraten gegeben!«

»Schön, Friedrich«, sprach der Herr. »Leg ihn nur hinten in den Kutschkasten, wir werden ihn heute wohl noch nötig haben.«

Friedrich tat, wie ihm geheißen war. Dann stieg er wieder zu seinem Herrn in den Wagen, und fort ging es wie der Wind, daß den vier Hengsten die Mähnen sausten.

So mochten sie wohl eine Stunde gefahren sein, da ließ

der Herr den Wagen halten und sprach: »Friedrich! Sieh einmal hinaus!«

»Ja, Herr!«

»Was siehst du, Friedrich?«

»O Herr, ich sehe nicht weit von hier ein Schloß, das ist noch viel schöner, als es das erste war.«

Sprach der Herr: »Hier hast du meine Uhr, Friedrich, es ist gerade zwölf. Nun geh, derweil ich auf dich warte, in das Schloß. Da wirst du noch besser bewirtet werden als das erste Mal. Aber Punkt eins, nicht früher und nicht später, gehst du wieder fort. Und was man dir dann gibt, das bring mit!«

»Gut, Herr!« sprach Friedrich und ging in das Schloß. Da waren noch viel mehr Diener als in dem ersten Schloß; die trugen Speisen und Weine von allen Sorten auf und luden den Friedrich zum Sitzen ein. Er ließ sich auch nicht lange bitten, aß und trank nach Herzenslust, und als die Uhr nahe vor eins war, rüstete er sich zum Weitergehen. Da wurde ihm ein Gänsebraten gereicht, den nahm er mit, wie ihm sein Herr befohlen hatte.

Als er nun wieder zurück an den Wagen kam, so fragte der Herr: »Nun, Friedrich, was bringst du mit?«

»O Herr, sie haben mir diesmal einen Gänsebraten gegeben.«

»Schön, Friedrich! Leg ihn nur hinten in den Kutschkasten, wir werden ihn wohl heute noch gebrauchen können.«

Friedrich tat, wie ihm geheißen war. Dann stieg er wieder zu seinem Herrn in den Wagen, und fort ging es wie der Wind, daß den vier Hengsten die Mähnen sausten.

Eine Stunde wohl mochten sie so gefahren sein, da ließ der Herr den Wagen zum dritten Mal halten und sprach: »Friedrich, sieh einmal hinaus!«

»Ja, Herr!«

»Friedrich, was siehst du nun?«

»O Herr, nun sehe ich nicht weit von hier ein Schloß, das ist so schön, wie ich in meinem ganzen Leben noch keines gesehen habe.«

Sprach der Herr: »Hier, Friedrich, hast du meine Uhr, es ist gerade zwei. Nun geh, derweil ich auf dich warte, in das Schloß. Da wird man dich bewirten wie noch nie. Aber Punkt drei Uhr, nicht früher und nicht später, gehst du wieder fort. Und was man dir dann gibt, das bringe mit.«

»Gut, Herr!« sprach Friedrich und ging in das Schloß.

Da war ein Leben und Gewühl von Dienern, nicht anders wie an einem Königshof, die trugen die köstlichsten Speisen und Weine auf und luden den Friedrich zum Sitzen ein. Er ließ sich auch nicht lange bitten, aß und trank nach Herzenslust, und als die Uhr nahe vor drei war, rüstete er sich zum Weitergehen. Da wurde ihm ein Schweinebraten gereicht, den nahm er mit, wie ihm sein Herr befohlen hatte. Als er nun wieder zurück an den Wagen kam, da fragte der Herr: »Nun, Friedrich, was bringst du diesmal mit?«

»O Herr, sie haben mir einen Schweinebraten gegeben.«

»Schön, Friedrich! Leg ihn nur hinten in den Kutschkasten. Wir werden ihn wohl heute noch gebrauchen können.«

Friedrich tat, wie ihm geheißen war. Dann stieg er wieder zu seinem Herrn in den Wagen, und fort ging es wie der Wind, daß den vier Hengsten die Mähnen sausten.

Wohl eine Stunde mochten sie so gefahren sein, da ließ der Herr zum vierten Mal halten. »Friedrich«, sprach er wieder, »sieh einmal hinaus!«

»Ja, Herr!«

»Friedrich, was siehst du denn nun?«

»O Herr, ich sehe nicht weit von hier ein Schloß, das ist so erbärmlich schlecht, wie ich in meinem ganzen Leben noch keines gesehen habe.«

»Das ist das Schloß, mein lieber Friedrich, wo du die sieben Jahre dienen mußt. Jetzt nimm die drei Braten, die wirst du gut gebrauchen können. Denn um auf das Schloß zu kommen, mußt du durch drei Pforten. Vor der ersten liegt ein Löwe, vor der zweiten ein Bär, vor der dritten ein Wildschwein. Dem Löwen gibst du den Hammelbraten, dem Bären den Gänsebraten und dem Wildschwein den Schweinebraten, so werden sie dich vorbeigehen lassen. In dem Schloß aber wirst du einen finden, der wird dir deine Arbeit geben. Leb wohl, Friedrich, und halt dich gut!«

Friedrich stieg aus, wie ihm sein Herr befohlen, und fort rollte der Wagen wie der Wind, daß den vier Hengsten die Mähnen sausten.

Als Friedrich nun auf das Schloß wollte, da lag vor der ersten Pforte ein Löwe, dem gab er den Hammelbraten; vor der zweiten Pforte lag ein Bär, dem gab er den Gänsebraten; vor der dritten Pforte aber lag ein Wildschwein, dem warf er den Schweinebraten hin. Da ließen ihn die

Tiere frei in das Schloß hinein. Kaum war er eingetreten, so kam ihm gleich ein graues Männchen entgegen. »Sieh da, der Friedrich! Bist du da?« sprach das Männchen. »Auf dich habe ich schon lange gewartet. Nun merk auf! Hier hast du ein kleines Stöckchen, damit kannst du dir das nötige Essen schaffen. In meinem Stall stehen sodann ein Schimmel und ein Esel. Dem Schimmel gibst du faules Fleisch zu fressen, dem Esel Heu. Tust du aber anders und gibst dem Schimmel Heu und dem Esel das Fleisch, so mußt du sterben. Ferner siehst du da im Hof zwei Brunnen. Aus dem einen, der offen ist, kannst du trinken und auch dem Vieh daraus zu saufen geben. Der andere ist mit einer Falltüre verschlossen, da darfst du aber niemals hineinsehen. Tust du es doch, so mußt du sterben. Noch eines: Merk dir diese Zimmertür. Läßt du dir jemals einfallen, sie zu öffnen, so mußt du sterben. Nun weißt du, was du zu tun und wie du dich in deinen sieben Dienstjahren zu verhalten hast!« Damit ging das Männchen fort.

Friedrich trat nun seinen Dienst an, fütterte zur rechten Zeit den Schimmel mit Fleisch und den Esel mit Heu und tränkte sie aus dem offenen Brunnen, wie das Männchen ihm geboten hatte. Mit Hilfe seines Stöckleins wünschte er sich Essen herbei, soviel er mochte – hütete sich auch wohl, in den verdeckten Brunnen zu sehen oder das verbotene Zimmer zu öffnen. So vergingen drei Jahre.

Nun hatte er aber, weil er so plötzlich von Haus fortgekommen war, nicht daran gedacht, Kamm und Schere mitzunehmen. Darum wuchs ihm sein Haar zuletzt so lang, daß es in verwilderten Locken tief über seinen Nacken hinabwallte.

Drei Jahre lang hatte er pünktlich getan, was ihm befohlen war. Da faßte ihn ein heftiges Verlangen, einmal nachzusehen, was wohl in dem verbotenen Zimmer sein mochte. Kaum aber hatte er die Türe aufgemacht, so schlug ihm daraus heißer Qualm und Dampf entgegen. Und in demselben Augenblick erschien auch das graue Männchen, das sich sonst in den drei Jahren gar nicht wieder hatte sehen lassen.

»Friedrich, du hast geguckt«, sprach es drohend. »Diesmal soll es noch so hingehen. Tust du es aber noch ein einziges Mal wieder, so mußt du ohne Gnade sterben!« Damit verschwand es.

Ich werde mich wohl hüten, dachte Friedrich. In einem Zimmer voll Feuer und Flammen habe ich nichts zu suchen. So ging wieder ein Jahr dahin. Er tat pünktlich, was ihm befohlen war, fütterte den Schimmel mit Fleisch und den Esel mit Heu und tränkte sie aus dem offenen Brunnen. Aber einstmals, als er wieder Wasser schöpfte, trieb ihn doch die Neugierde so sehr, daß er hinging und den verdeckten Brunnen aufmachte und sich hinüberbeugte, um zu schauen, was wohl drinnen wäre. Da fielen seine langen Locken in das Wasser hinab. Und als er sie zurückzog, waren sie, soweit das Wasser gereicht hatte, ganz golden geworden. Da schöpfte er mit den Händen noch mehr von dem Wasser und wusch sein ganzes Haar damit. Das glänzte nun mitsamt den Händen wie pures Gold. In dem Augenblick erschien aber auch schon das graue Männchen wieder. »Friedrich«, sprach es drohend. »Du hast geguckt! Tust du das noch ein einziges Mal, so mußt du sterben ohne Gnade und Barmherzigkeit.« Damit verschwand es.

Friedrich aber, dem die Sache noch jedesmal so glücklich abgelaufen war, nahm sich vor, nun auch dem Schimmel nicht mehr Fleisch, sondern Heu, und dem Esel nicht mehr Heu, sondern Fleisch zu geben. Gedacht, getan. Sobald aber der Schimmel das Heu zu fressen bekam, fing er mit einem Mal zu sprechen an. »Friedrich«, sprach der Schimmel, »es wird uns beiden schlimm ergehen, wenn wir nicht suchen, zeitig von hier wegzukommen. Heut mittag um zwölf halt dich zur Flucht bereit. Aber vergiß nicht, meinen Kamm, meine Bürste und meinen Staublappen mitzunehmen. Sie können uns vielleicht von größtem Nutzen sein.«

Friedrich, dem es auf dem alten, einsamen Schloß auch gar nicht mehr recht gefallen wollte, tat, wie der Schimmel ihm geheißen hatte. Er umwickelte sich aber Kopf und Hände mit Tüchern, daß von dem Gold nichts mehr zu sehen war. Dann sattelte er den Schimmel, und Punkt zwölf Uhr schwang er sich auf und jagte ins Weite, so schnell der Schimmel nur laufen konnte.

Nicht lange waren sie geritten, da rief der Schimmel: »Friedrich, sieh dich einmal um, ob wer kommt!«

»O weh!« sprach Friedrich, »ich sehe das graue Männchen. Das ist schon ganz dicht hinter uns!«

»So wirf schnell den Kamm zurück!«

Friedrich tat es, und bald wurde daraus ein langer, tiefer Graben, den mußte das Männchen erst umgehen, ehe es weiterkonnte.

Aber es dauerte nicht lange, da rief der Schimmel wieder: »Friedrich, sieh dich einmal um, ob wer kommt!«

»O weh«, sprach Friedrich, »ich sehe das graue Männchen. Das ist schon wieder ganz nahe hinter uns.«

»So wirf schnell die Bürste zurück!«

Friedrich tat es, und sogleich entstand daraus ein dichter, ganz mit Dorngebüsch durchwachsener Wald. Da mußte das Männchen erst mit Mühe hindurch, ehe es weiterkonnte.

Aber es dauerte nicht lange, als der Schimmel zum dritten Mal rief: »Friedrich, sieh dich einmal um, ob wer kommt!«

»O weh«, sprach Friedrich, »ich sehe das graue Männchen. Das ist schon wieder ganz nahe hinter uns.«

»So wirf schnell den Staublappen zurück!«

Kaum war es geschehen, so entstand daraus ein großes, großes Wasser. Das war so tief und es gingen so hohe Wellen darauf, daß das Männchen nicht hinüberkonnte und verdrießlich wieder nach Hause lief.

Friedrich ritt nun gemächlich weiter. Und als er gegen Abend über einen Hügel kam, sah er auf einmal vor sich in der Ebene ausgebreitet eine prächtige Stadt, deren Türme weithin von den Strahlen der roten Abendsonne glänzten. Es war dies aber die Stadt, wo der König hofhielt. Nun stand nicht weit vom Wege ab ein großer, hohler Eichbaum. Als den der Schimmel sah, sprach er: »Ich will hier in dem hohlen Baum bleiben. Du aber geh hin an den königlichen Hof, und verdinge dich als Küchenjunge. Alle vierzehn Tage mußt du aber kommen und mir ein Pfund Brot bringen.«

So blieb der Schimmel in der hohlen Eiche. Friedrich aber ging an den königlichen Hof und fragte den König, ob er nicht einen Küchenjungen gebrauchen könnte.

»Du kommst mir recht«, sprach der König, »einen Küchenjungen habe ich gerade nötig. Aber was heißt denn das? Du hast ja deinen Kopf und deine Hände verbunden.«

»Mit Verlaub, Herr König, ich habe einen bösen Grind.«

Da sprach der König: »So kann ich dich nur unter der Bedingung in meine Dienste nehmen, daß du nachts beim Vieh im Stall liegst.«

Friedrich war damit zufrieden und wurde nun des Königs Küchenjunge. Das Gesinde aber nannte ihn nicht anders als den Grindhans, weil er Kopf und Hände stets verbunden trug.

Nach vierzehn Tagen ging er zu der hohlen Eiche und brachte dem Schimmel ein Pfund Brot. Da fragte der Schimmel: »Nun, Friedrich, wie gefällt dir dein Dienst?«

»Ach, schlecht«, entgegnete er. »Sie schelten mich immer Grindhans, und dann muß ich auch bei dem Vieh im Stall schlafen.«

Sprach der Schimmel: »So geh hin zu dem Gärtner, der neben des Königs Schloß wohnt. Bei dem verding dich als Gärtnerbursche. Hier, nimm diese drei Büchsen voll Samen. Wenn du den ausstreust, so werden daraus die schönsten Blumen wachsen. Du darfst aber auch nicht vergessen, mir alle vierzehn Tage ein Pfund Brot zu bringen.«

Friedrich ging nun hin zu dem Gärtner und fragte, ob er nicht einen Burschen gebrauchen könnte.

»Du kommst mir gerade recht«, sprach der Gärtner, »einen Burschen, wie du bist, habe ich schon lange gesucht. Aber warum hast du dir denn Kopf und Hände verbunden?«

»Mit Verlaub, Herr Gärtner, ich habe einen bösen Grind.«

Sprach der Gärtner: »So kann ich dich nur behalten, wenn du im Gartenhaus schlafen willst.«

Friedrich war damit zufrieden. Er streute den Samen ins Land, den ihm der Schimmel gegeben hatte, und bald wuchsen die schönsten Blumen hervor.

Eines Morgens, als er ganz allein im Garten arbeitete, fiel ihm ein: »Es ist wohl an der Zeit, mein Haar einmal zu kämmen.« Darum machte er das Tuch los, setzte sich an einen sonnigen Ort und strählte sich das Haar. Das war eine Pracht zu sehen, wie ihm da die langen, goldenen Locken über die Schultern wallten und wie sie funkelten und blitzten wie lauter Gold in der Morgensonne.

Nun lagen aber die Zimmer der Königstochter zum Garten hin. In die strahlte der Schein von Friedrichs Goldhaar und spielte an den Wänden. Und als die Königstochter das sah, öffnete sie das Fenster, um zu schauen, woher der ungewohnte Glanz wohl kommen möchte. Da sah sie, daß des Gärtners Bursche mit goldenen Händen seine goldenen Locken strählte. Die schimmerten so hell, daß die Königstochter ihre Augen mit den Händen deckte. Der Bursche gefiel ihr aber so wohl, daß sie sogleich ihre Dienerin zu dem Gärtner schickte, er möchte ihr doch von den schönen Blumen aus seinem Garten einen Strauß schicken – aber der Bursche solle ihn herbringen.

Als das Friedrich vernahm, pflückte er einen schönen Strauß, ging damit auf das Schloß und brachte ihn der Königstochter. Seinen Kopf wie auch seine Hände hatte er aber wieder mit Tüchern umwickelt, daß von dem Gold nichts zu sehen war.

»Grober Schlingel!« rief da die Prinzessin. »Warum nimmst du die Mütze nicht ab? Weißt du nicht, vor wem du stehst?«

»Ihr seid die Königstochter«, entgegnete Friedrich, »aber meine Mütze kann ich nicht abnehmen, weil ich den Grind habe.«

»Junge, du lügst!« rief die Königstochter, sprang auf ihn zu und wollte ihm das Tuch vom Kopf ziehen. Er aber entwischte ihr und lief weg in den Garten an seine Arbeit.

Den anderen Morgen schickte die Königstochter wieder zu dem Gärtner, er möchte ihr von den schönen Blumen noch einen Strauß schicken – aber der Bursche müßte ihn herbringen.

Als Friedrich das vernahm, pflückte er einen noch viel schöneren Strauß als das erste Mal, ging damit auf das Schloß und brachte ihn der Königstochter. Sobald er aber in der Stube war, verschloß die Königstochter die Türe. »Grober Schlingel!« rief sie wieder. »Warum nimmst du deine Mütze nicht ab? Weißt du nicht, vor wem du stehst und daß sich das nicht gehört?«

»Ihr seid die Königstochter«, entgegnete Friedrich,

»aber verzeiht, meine Mütze kann ich nicht abnehmen, weil ich den Grind habe.«

»Junge, Schelm, du lügst!« rief die Königstochter, sprang auf ihn zu und rang so lange mit ihm, bis sie ihm endlich das Tuch vom Kopf zog. Da wallten ihm mit einem Mal seine langen, goldenen Locken über den Nacken hinab. »Das wußte ich wohl, du Goldjunge«, rief die Königstochter voller Freude. »Dich will ich nun auch zu meinem Gemahl haben, es mag gehen, wie es will.«

Und da faßte sie ihn bei den Locken und küßte ihn und konnte sich gar nicht satt sehen an all dem Glanz, der von dem goldenen Haar strahlte.

Es dauerte aber nicht lange, da wurde dem Könige hinterbracht, daß sich seine Tochter zu dem Gärtnerburschen, dem Grindhans, hielte und daß sie ihn zu ihrem Gemahl nehmen wolle. Darüber geriet der König in so heftigen Zorn, daß er der Königstochter Befehl gab, das Schloß zu verlassen. Da ging sie hin zu ihrem lieben Gärtnerburschen, mit dem wohnte sie nun zusammen in dem kleinen Gartenhaus.

Es begab sich aber zu derselben Zeit, daß ein mächtiger Feind mit einem großen Kriegsheer in des Königs Land fiel. Da rüstete sich der König, eine Schlacht zu schlagen. Den Tag vorher aber, ehe der König auszog, kam Friedrich zu dem Schimmel in der hohlen Eiche und brachte ihm sein Brot. Da fragte der Schimmel: »Nun, Friedrich, wie gefällt es dir bei dem Gärtner?«

»Recht gut«, entgegnete er.

Sprach der Schimmel: »Morgen früh komm beizeiten wieder, so will ich dir einen guten Rat geben.«

Als nun Friedrich am anderen Morgen zu dem Schimmel kam, gab ihm der ein Schwert und sprach: »Es wird nicht lange dauern, so kommt der König mit seinem Heer an dem Strom heraufgezogen. Dann setz du dich ans Ufer und schlag mit dem Schwert ins Wasser und sprich dazu: ›Einen erhauen, einen erstochen!‹ Und wenn das Heer vorüber ist, so komm zurück.«

Friedrich tat, wie ihm der Schimmel gesagt hatte. Als nun das Heer heranzog und ihn sitzen sah, sprachen die Soldaten untereinander: »Seht, da sitzt Grindhans, des Königs Schwiegersohn!« und machten sich über ihn lustig.

Sobald sie aber vorüber waren, ging Friedrich schnell wieder zu dem Schimmel zurück, der gab ihm zu dem Schwert auch noch eine prächtige Rüstung. »Friedrich«, sprach der Schimmel da, »es wird nun die Zeit sein, da die Heere gegeneinanderstoßen. Darum rüste dich und reite auf den Kampfplatz. Wenn du dann drei Kreuzhiebe mit deinem Schwert tust, so werden gleich dreimal hunderttausend Feinde erschlagen liegen, und der König wird heute den Sieg erlangen. Verweil dich aber nicht, sondern reit, sobald es geschehen, hier zu der Eiche zurück, leg deine Rüstung ab und setz dich an den Strom und tu wie vorhin.«

Da machte Friedrich sein Goldhaar los, rüstete sich, schwang sich auf den Schimmel und ritt in vollem Galopp dem Heer nach, daß seine goldenen Locken im Winde wehten. Und als er auf das Feld kam, wo die Heere miteinander kämpften, tat er drei Kreuzhiebe mit seinem Schwert – da lagen gleich dreimal hunderttausend Feinde erschlagen; die anderen flohen. So war an diesem Tage die Schlacht für den König gewonnen.

Da rief der König: »Nun bringt mir den Reiter mit dem Goldhaar her, daß ich sehe, wer er ist, und ihn belohnen kann, denn er allein hat uns den Sieg erstritten!«

Er war aber nirgends mehr zu finden. Denn Friedrich, nachdem die Schlacht entschieden, war sogleich wieder davongeritten. Er brachte den Schimmel wieder in die hohle Eiche, legte die blanke Rüstung ab und umwand seinen Kopf mit dem Tuch. Danach ging er an den Strom und haute mit dem Schwerte ins Wasser und sprach dabei in einem fort: »Einen erhauen, einen erstochen. Einen erhauen, einen erstochen!«

Als nun das Heer, des Sieges froh, mit voller Musik stromab den Heimweg zog und die Soldaten den Friedrich am Strom sitzen sahen, sprachen sie untereinander: »Seht, da sitzt Grindhans, des Königs Schwiegersohn!«

Als sie aber vorüber waren, brachte Friedrich dem Schimmel das Schwert zurück. Da sprach der Schimmel: »Morgen früh komm wieder und tu, wie du heute getan hast, denn es wird noch eine zweite Schlacht zu schlagen sein, weil des Königs Feinde sich wieder gesammelt haben.« Es kam auch, wie der Schimmel gesagt hatte.

Den anderen Morgen zog der König mit seinem Heer den Strom hinauf, und die Soldaten hatten über Friedrich ihren Spott und sprachen untereinander: »Seht, da sitzt der Grindhans, des Königs Schwiegersohn!«

Er aber wartete, bis sie vorüber waren. Dann rüstete er sich, schwang sich in den Sattel und jagte ihnen nach in vollem Galopp, daß seine goldenen Locken im Wind wehten. Es war auch die höchste Zeit, daß er auf dem Schlachtfeld ankam, denn schon war des Königs Heer im Weichen. Da schwang er rasch sein Schwert und tat diesmal fünf Kreuzhiebe. Da lagen fünfmal hunderttausend Feinde erschlagen und waren alle tot bis auf den letzten Mann.

Es hatte aber der König diesmal den Befehl gegeben, wenn der Reiter mit dem Goldhaar wiederkäme, daß man ihn um jeden Preis anhalten, oder, wenn er fliehe, auf ihn schießen sollte. So groß war des Königs Verlangen, zu wissen, wer er war und woher er käme. Da nun Friedrich, als der Sieg entschieden, rasch davonjagte, und die Soldaten sahen, daß sie ihn nicht fangen konnten, gaben sie Feuer. Er entkam aber glücklich – nur eine Kugel schrammte ihm das Bein.

Nachdem er nun in der hohlen Eiche seinen Waffenschmuck wieder abgelegt und sein Haar mit dem Tuch umwunden hatte, setzte er sich an das Wasser. Und als das Heer nun unter voller Musik den Strom hinabmarschierte, sprachen die Soldaten spottend: »Seht, da sitzt Grindhans, des Königs Schwiegersohn!«

Er aber kümmerte sich nicht darum, sondern brachte, als sie vorüber waren, dem Schimmel das Schwert zurück. Da sprach der Schimmel: »Jetzt, Friedrich, ist deine Prüfungszeit zu Ende. Darum binde deine Locken los, rüste dich und zieh an den Hof des Königs. Erst aber tu mir den Gefallen und schlag mir den Kopf ab, daß ich nun auch erlöst werde.«

Weil nun der Schimmel so sehr darum bat, so faßte Friedrich das Schwert und hieb ihm den Kopf ab. Sobald aber das Blut floß, verwandelte sich der Schimmel in eine schöne Frau, und die war niemand anderes als die Schwester des Königs, die in den Schimmel verwünscht gewesen war.

Da ging Friedrich mit ihr an den königlichen Hof und gab sich zu erkennen und erzählte dem König, wie das alles so gekommen war.

Da wurde auch die Königstochter aus dem Gartenhaus geholt, und der König vermählte sie nun mit Friedrich und stellte eine große Hochzeit an.

Und als sie zur Kirche gingen, staunte das ganze Volk und freute sich über Friedrichs goldene Locken und Hände, die blitzten und funkelten wie lauter Gold im Sonnenlicht.

[Märchen aus Niedersachsen]

Vom Kater und dem Sperling

Ein Sperling flog einst auf den Misthaufen eines Bauern. Da kam der Kater, erwischte den Sperling, trug ihn fort und wollte ihn verspeisen. Der Sperling aber sagte: »Kein Herr hält sein Frühstück, wenn er sich nicht vorher den Mund gewaschen hat.«

Der Kater nimmt sich das zu Herzen, setzt den Sperling auf die Erde und fängt an, sich mit der Pfote das Maul zu waschen. Schwupp! da flog ihm der Sperling davon.

Das ärgerte den Kater ungemein, und er sagte: »Solange ich lebe, werde ich immer zuerst mein Frühstück halten und erst dann den Mund waschen.« Und so macht er es auch bis zum heutigen Tage.

[Märchen aus Litauen]

Die drei Brüder und die goldenen Birnen

Vor einem Bauernhaus stand einmal ein Birnbaum, der hat goldene Birnen getragen, und der Vater sagte zu seinem ältesten Sohn: »Geh und bring dem König ein Pröbchen von unseren Birnen. Ich habe gehört, so etwas soll er sehr gut leiden können, vielleicht trägt's uns Ehre ein.«

Der Bursche machte sich auch sogleich mit seinem Körbchen voller Birnen auf den Weg zum König. Unterwegs kam er an einen Brunnen und traf da ein altes Weiblein. Die fragte ihn: »Wohin so eilig? Und mit Verlaub, was trägst du da in deinem Körbchen?« Aber der Bursche schnauzte sie an: »Nach Trippsdrill gehe ich, und im Korb habe ich lauter Dreck!«

Darauf sagte das alte Weiblein: »So soll's Dreck sein und bleiben!«

Als der Bursche nun zum König kam und seinen Korb voller Birnen auspacken wollte, da war der Korb tatsächlich voller Mist und Dreck, und der König – das kannst du dir denken – machte große Augen und ließ den Burschen in einen tiefen Kerker werfen.

Einige Zeit später sagte der Bauer zu seinem zweitältesten Sohn: »Geh und bring dem König doch ein Pröbchen von unseren Birnen, und schau gleich einmal nach, wo unser Großer bleibt.«

Der Zweitälteste machte sich also auch auf den Weg und kam gleichfalls zu dem Brunnen. Dort traf auch er das alte Weiblein, und er gab ihr die gleiche schlechte Antwort wie sein großer Bruder. Darauf verwünschte die Alte auch die Birnen in seinem Korb, und beim König ging es ihm genauso schlecht wie seinem Bruder. Bei dem wurde er nämlich im Kerker einquartiert.

Als wieder einige Zeit vergangen war, sagte der Bauer zu seinem Jüngsten, der eigentlich als etwas dumm galt: »Mach dich jetzt du auf den Weg und bring dem König eine Probe von unserem Birnbaum und schau, ob du die beiden Großen nicht siehst. Mir scheint es nun doch an der Zeit zu sein, daß sie wieder heimkommen könnten.«

Der Kleine ließ sich das nicht lange sagen, er nahm sein Birnenkörbchen an den Arm und ging los. Beim Brunnen traf er dasselbe alte Weiblein, wie seine beiden großen Brüder, und als sie ihn fragte, wo er hinwolle und was er in seinem Körbchen habe, da gab ihr der offenherzige und gute Bub eine redliche Antwort. Er sagte, daß er mit goldenen Birnen zum König wolle und nachsehen solle, wo seine Brüder blieben. Das Weiblein sagte darauf: »So sollen es goldene Birnen sein und bleiben!«

Wie nun der Jüngste an den Hof des Königs kommt und dort sein Körbchen mit den goldenen Birnen ausleert, wird er sehr höflich willkommen geheißen, und der König läßt in seiner Freude über die schönen goldenen Birnen gleich die beiden Brüder frei. Er gibt allen dreien gute Sachen zu essen und noch außerdem ein Geschenk für den Vater zu Hause.

[Märchen aus Vorarlberg]

Der Kobold und die Ameise

Der Fuchs ist einmal von einem Spaziergang heimgekommen, und wie er grad in seine Höhle schlüpfen wollte, sieht er da einen Kobold drinsitzen, der ihn nicht mehr hineinlassen wollte. Da ist der Fuchs zum Bären gegangen und hat gejammert: »Ach, lieber Herr Bär, in meiner Höhle sitzt ein böser Kobold, der treibt mich von Haus und Heimat fort. Hilf mir doch, daß ich wieder zu meinem Eigentum komme.« Der Bär tröstete den Fuchs und schritt würdevoll mit ihm zur Fuchshöhle, aber kaum kommen sie in die Nähe, da hören sie auch schon den bösen Kobold brüllen: »Macht, daß ihr fortkommt, sonst fresse ich euch mit Haut und Haaren!«

Da ist der Bär wieder heimgegangen, und der arme Fuchs trug nun sein Anliegen dem Wolf vor. Der Wolf wollte auch gerne dem armen Füchslein behilflich sein, aber als sie zum Fuchsloch kommen, schrie der Kobold sogleich: »Geht fort oder ich fresse euch auf!« Und da ist auch dem Wolf das Herz in die Hosen gerutscht, und er machte sich auf und davon.

Zu guter Letzt ist dann doch noch ein Tier dem Fuchs zu Hilfe gekommen – ein ganz kleines, eine Ameise. Die ist ganz leise, ohne daß es der Kobold bemerkt hat, zum

Fuchsloch hineingeschlüpft und hat nun angefangen den Kobold zu zwicken und zu zwacken. Am Schluß konnte der es gar nicht mehr aushalten und ist aufgesprungen und wie besessen davongelaufen. Jetzt ist der Fuchs wieder in seine Höhle gezogen.

[Märchen aus Vorarlberg]

Fliedermütterchen

Es war ein kleiner Knabe, der hatte sich erkältet. Er war ausgegangen und hatte nasse Füße bekommen. Niemand konnte begreifen wie, denn es war ganz trokkenes Wetter. Nun entkleidete ihn seine Mutter, brachte ihn zu Bett und ließ die Teemaschine hereinbringen, um ihm eine gute Tasse Fliedertee zu bereiten, denn der erwärmt!

Zu gleicher Zeit kam auch der alte freundliche Mann zur Tür herein, der ganz oben im Haus wohnte und ganz allein lebte, denn er hatte weder Frau noch Kinder, hielt aber viel auf alle Kinder und wußte so viele Märchen und Geschichten zu erzählen, daß es eine Lust war.

»Nun trinkst du deinen Tee!« sagte die Mutter, »vielleicht bekommst du dann auch ein Märchen zu hören.«

»Ja, wenn man nur ein neues wüßte!« sagte der alte Mann und nickte freundlich. »Wo hat aber der Kleine die nassen Füße bekommen?« fragte er.

»Ja, wie das geschehen ist«, sagte die Mutter, »das kann niemand begreifen.«

»Bekomme ich ein Märchen zu hören?« fragte der Knabe.

»Ja, kannst du mir einigermaßen genau sagen – denn das

muß ich zuerst wissen – wie tief der Rinnstein in der kleinen Gasse ist, wo du in die Schule gehst?«

»Grade bis mitten auf die Stiefelschäfte«, sagte der Knabe, »aber dann muß ich in das tiefe Loch gehen.«

»Sieh, davon haben wir die nassen Füße«, sagte der Alte. »Nun sollte ich freilich ein Märchen erzählen, aber ich weiß keins mehr!«

»Sie können gleich eins machen«, sagte der kleine Knabe. »Mutter sagt, daß alles, was Sie betrachten, zu einem Märchen werden kann, und aus allem, was Sie berühren, können Sie eine Geschichte machen.«

»Ja, aber *die* Märchen und Geschichten taugen nichts. Nein, die ordentlichen, die kommen von selbst, die klopfen mir an die Stirn und sagen: Hier bin ich!«

»Klopft es nicht bald?« fragte der kleine Knabe; und die Mutter lachte, tat Fliedertee in die Kanne und goß kochendes Wasser darüber.

»Erzähle! erzähle!«

»Ja, wenn ein Märchen von selbst kommen möchte. Aber so eins ist vornehm, es kommt nur, wenn es Lust hat.« – »Warte!« sagte er auf einmal. »Da haben wir es. Gib acht, nun ist eins in der Teekanne!«

Und der kleine Knabe sah zur Teekanne hin. Der Dekkel hob sich mehr und mehr, und die Fliederblüten kamen frisch und weiß daraus hervor. Sie schossen zu großen, langen Zweigen empor, selbst aus der Schnauze verbreiteten sie sich nach allen Seiten und wurden größer und größer. Es war der herrlichste Fliederbusch, ein großer Baum. Er ragte in das Bett hinein und schob die Vorhänge zur Seite. Nein, wie das blühte und duftete!

Und mitten im Baum saß eine alte, freundliche Frau mit einem sonderbaren Kleid. Es war ganz grün, so wie die Blätter des Fliederbaumes, und mit großen, weißen Fliederblüten besetzt. Man konnte nicht gleich erkennen, ob es Stoff oder lebendiges Grün und Blumen waren.

»Wie heißt die Frau?« fragte der kleine Knabe.

»Ja, die Römer und Griechen«, sagte der alte Mann, »die nannten sie eine Dryade*, aber das verstehen wir nicht. Draußen in der Vorstadt der Matrosen haben wir einen besseren Namen für sie. Dort wird sie Fliedermütterchen genannt, und sie ist es, auf die du achtgeben mußt. Horch nur und betrachte den herrlichen Fliederbaum.

Gerade ein solcher großer, blühender Baum steht da draußen. Er wuchs dort in einem Winkel eines kleinen ärmlichen Hofes. Unter diesem Baum saßen eines Nachmittags im schönsten Sonnenschein zwei alte Leute. Es waren ein alter, alter Seemann und seine alte, alte Frau. Sie waren Urgroßeltern und glaubten bald ihre goldene Hochzeit zu feiern, aber sie konnten sich des Datums nicht recht entsinnen, und die Fliedermutter saß im Baum und sah so vergnügt aus, gerade wie hier. ›Ich weiß wohl, wann die goldene Hochzeit ist!‹ sagte sie, aber die beiden alten Leute hörten es nicht, sie sprachen von alten Zeiten.

›Ja, entsinnst du dich‹, sagte der alte Seemann, ›damals, als wir noch ganz klein waren und herumliefen und spielten. Es war gerade in demselben Hof, in dem wir nun sitzen. Wir pflanzten kleine Zweige in den Hof und machten einen Garten.‹

* Baumnymphe

276

›Ja‹, sagte die alte Frau, ›daran erinnere ich mich recht gut. Wir begossen die Zweige, und einer davon war ein Fliederzweig, der schlug Wurzeln, schoß grüne Zweige und ist ein großer Baum geworden, unter dem wir alten Leute jetzt sitzen.‹

›Ja, sicher‹, sagte er, ›und dort in der Ecke stand ein Wasserkübel, darin schwamm mein Fahrzeug. Ich hatte es selbst ausgehöhlt. Wie das segeln konnte! Aber ich kam freilich bald anderswohin zum Segeln.‹

›Ja, aber zuerst gingen wir in die Schule und lernten etwas‹, sagte sie, ›und dann wurden wir eingesegnet. Wir weinten beide, aber des Nachmittags gingen wir Hand in Hand auf den runden Turm und sahen in die Welt hinaus über Kopenhagen und das Wasser. Dann gingen wir nach Frederiksborg, wo der König und die Königin in ihrem prächtigen Boot auf den Kanälen herumfuhren.‹

›Ich aber mußte anderswo umherfahren, und das viele Jahre, weit weg, auf den langen Reisen.‹

›Ja, ich weinte oft deinetwegen‹, sagte sie, ›ich glaubte, du seist tot und fort und lägest dort unten im tiefen Wasser, von den Wellen geschaukelt. Manche Nacht stand ich auf und sah, ob die Wetterfahne sich drehte. Ja, sie drehte sich wohl, aber du kamst nicht. Ich erinnere mich ganz deutlich, wie es eines Tages vom Himmel strömte. Der Karrenschieber, der den Kehricht holte, kam dorthin, wo ich Dienstmädchen war. Ich ging mit dem Kehrichtfaß hinunter und blieb in der Türe stehen. Was war das für ein abscheuliches Wetter! Und gerade als ich dastand, kam der Briefträger und gab mir einen

Brief – der war von dir. Ja, wie der herumgereist war! Ich riß ihn auf und las, ich lachte und weinte, ich war so froh. Darin stand, daß du in den warmen Ländern wärst, wo die Kaffeebohnen wachsen. Was muß das für ein herrliches Land sein! Du erzähltest so viel, und ich las das alles, während der Regen niederströmte und ich mit dem Kehrichtfaß dastand. Da kam einer und faßte mich um den Leib...‹

›Ja, aber du gabst ihm einen tüchtigen Schlag auf die Backe, daß es klatschte.‹

›Ich wußte ja nicht, daß du es warst. Du warst ebenso geschwind wie dein Brief gekommen, und du warst so schön. Das bist du ja noch. Du hattest ein langes, gelbes, seidenes Tuch in der Tasche und einen glänzenden Hut auf. Du warst so fein. Gott, was das doch für ein Wetter war und wie die Straße aussah!‹

›Dann heirateten wir‹, sagte er, ›entsinnst du dich? Und dann, als wir den ersten kleinen Knaben und dann Marie und Niels und Peter und Hans Christian bekamen?‹

›Ja, und wie alle herangewachsen und ordentliche Menschen geworden sind, die ein jeder leiden mag!‹

›Und ihre Kinder haben wieder Kinder bekommen‹, sagte der alte Matrose.

›Ja, das sind Kindeskinder, da ist ein guter Kern darin. Es war, wenn ich nicht irre, in dieser Zeit des Jahres, als wir Hochzeitstag hielten.‹

›Ja, eben heute ist der goldene Hochzeitstag‹, sagte die Fliedermutter und streckte den Kopf gerade zwischen die beiden Alten hinunter, und die glaubten, es sei die Nachbarin, die da nickte. Sie sahen einander an und faßten sich bei den Händen. Bald darauf kamen die Kinder und Kindeskinder, die wußten wohl, daß heut der goldene Hochzeitstag war. Sie hatten schon am Morgen gratuliert, aber die Alten hatten es wieder vergessen, während sie sich so gut an all das erinnerten, was vor vielen Jahren schon geschehen war. Und der Fliederbaum duftete so stark, und die Sonne, die im Untergehen begriffen war, schien den Alten gerade ins Gesicht. Sie sahen beide so rotwangig aus. Und das kleinste der Kindeskinder tanzte um sie herum und rief ganz glücklich, daß es diesen Abend prächtig zugehen werde, denn sie sollten warme Kartoffeln bekommen. Und die Fliedermutter nickte im Baum und rief mit allen andern: ›Hurra!‹«

»Aber das war ja gar kein Märchen!« sagte der kleine Knabe, der es erzählen hörte.

»Ja, das mußt du verstehen«, sagte der Alte, der erzählte, »aber laß uns Fliedermütterchen danach fragen.

›Das war kein Märchen‹, sagte die Fliedermutter, ›aber nun kommt es: Aus der Wirklichkeit wächst gerade das sonderbarste Märchen heraus, sonst könnte ja mein schöner Fliederbusch nicht der Teekanne entsprossen sein.‹ Und dann nahm sie den kleinen Knaben aus dem Bett und legte ihn an ihre Brust, und die Fliederzweige voller Blüten schlugen um sie zusammen. Sie saßen wie in der dichtesten Laube, und diese flog mit ihnen durch die Luft. Es war unaussprechlich schön. Fliedermütterchen war auf einmal ein junges, niedliches Mädchen geworden, aber das Kleid war noch von demselben grünen, weißgeblümten Stoff, wie es Fliedermütterchen ge-

tragen hatte. Am Busen hatte sie eine wirkliche Fliederblüte und um ihr helles, gelocktes Haar einen Kranz von
Fliederblumen. Ihre Augen waren so groß, so blau, oh,
sie war herrlich anzuschauen! Sie und der Knabe küßten
sich, und dann waren sie im gleichen Alter und fühlten
gleiche Freuden.

Sie gingen Hand in Hand aus der Laube und standen nun
in der Heimat schönem Blumengarten. Bei dem frischen
Grasplatz war des Vaters Stock an einen Pflock angebun-
den. Für die Kleinen war Leben in dem Stock. Sobald sie
sich quer über ihn setzten, verwandelte sich der blanke
Knopf in einen prächtig wiehernden Kopf, die lange
schwarze Mähne flatterte, und vier schlanke, starke Beine
schossen hervor. Das Tier war stark und mutig, und im
Galopp fuhren sie um den Grasplatz herum: hussa! –
›Nun reiten wir viele Meilen weit fort!‹ sagte der Knabe,
›wir reiten zu dem Rittergut, wo wir im vorigen Jahr
waren!‹ Und sie ritten um den Rasenplatz herum, und
immer rief das kleine Mädchen, das, wie wir wissen, keine
andere als die Fliedermutter war: ›Nun sind wir auf dem
Land! Siehst du das Bauernhaus mit dem großen Backofen, der wie ein riesengroßes Ei aus der Mauer nach dem
Wege heraussteht? Der Fliederbaum breitet seine Zweige
über sie hin, und der Hahn geht und kratzt für die Hühner. Sieh, wie er sich brüstet! – Nun sind wir bei der
Kirche. Die liegt hoch auf dem Hügel unter den großen
Eichbäumen, wovon der eine bald abgestorben ist. – Nun
sind wir bei der Schmiede, wo das Feuer brennt und die
halbnackten Männer mit den Hämmern schlagen, daß die
Funken weit umhersprühen. Fort, fort zu dem prächti-

gen Rittergut!‹ Und alles, was das kleine Mädchen, das hinten auf dem Stock saß, sagte, das flog auch vorbei. Der Knabe sah es, doch kamen sie nur um den Grasplatz herum. Dann spielten sie im Seitengang und ritzten in die Erde einen kleinen Garten, und sie nahm Fliederblüten aus ihrem Haar und pflanzte sie. Die wuchsen, gerade wie bei den Alten damals, als diese noch klein waren, wie früher erzählt worden ist. Sie gingen Hand in Hand, gerade wie die alten Leute es als Kinder gemacht hatten, aber nicht auf den runden Turm hinauf oder nach dem Garten von Frederiksborg – nein, das kleine Mädchen faßte den Knaben um den Leib, und dann flogen sie weit umher im ganzen Land. Und es war Frühjahr, und es wurde Sommer, und es war Herbst, und es wurde Winter, und Tausende von Bildern spiegelten sich in des Knaben Augen und Herz, und immer sang das kleine Mädchen ihm vor: ›Das wirst du nie vergessen!‹ Und auf dem ganzen Flug duftete der Fliederbaum so süß und so herrlich. Er bemerkte wohl die Rosen und die frischen Buchen, aber der Fliederbaum duftete noch stärker, denn seine Blüten hingen an des kleinen Mädchens Herzen, und daran lehnte er oft im Fluge den Kopf.

›Hier ist es schön im Frühling!‹ sagte das junge Mädchen, und sie standen in dem frisch ausgeschlagenen Buchenwald, wo der Waldmeister zu ihren Füßen duftete. In dem Grünen sahen die blaßroten Anemonen so lieblich aus. ›O wäre es immer Frühling in dem duftenden dänischen Buchenwald!‹

›Hier ist es herrlich im Sommer!‹ sagte sie, und sie fuhren an alten Schlössern aus der Ritterzeit vorbei, die sich

mit ihren hohen Mauern und gezackten Giebeln in den
Kanälen spiegelten, in denen die Schwäne schwammen
und in die alten kühlen Alleen hineinsahen. Auf dem
Felde wogte das Korn, gleich einem See, in den Gräben
standen rote und gelbe Blumen und auf den Gehegen
wilder Hopfen und blühende Winden. Abends stieg der
Mond rund und groß empor, und die Heuhaufen auf
den Wiesen dufteten so süß. ›Das vergißt sich nie!‹

›Hier ist es so herrlich im Herbst!‹ sagte das kleine Mädchen, und die Luft war doppelt so hoch und blau. Der
Wald bekam die schönsten Farben von Rot, Gelb und
Grün. Die Jagdhunde rannten davon. Ganze Scharen
von Vogelwild flogen schreiend über die Hünengräber
hin, auf denen sich Brombeerranken um die alten Steine
schlangen. Das Meer war tiefblau, mit Schiffen voll weißer Segel bedeckt; und auf der Tenne saßen alte Frauen,
Mädchen und Kinder und pflückten Hopfen in ein großes Gefäß. Die Jungen sangen Lieder, aber die Alten
erzählten Märchen von Kobolden und Zauberern. Besser konnte es nirgends sein.

›Hier ist es schön im Winter!‹ sagte das kleine Mädchen,
und alle Bäume waren mit Reif bedeckt, so daß sie wie
weiße Korallen aussahen. Der Schnee knirschte unter
den Füßen, als hätte man neue Stiefel an, und vom Himmel fiel eine Sternschnuppe nach der andern. Im Zimmer wurde der Weihnachtsbaum angezündet, da gab es
Geschenke und Fröhlichkeit. Auf dem Lande ertönte in
der Bauernstube die Violine, es wurde um Apfelschnitze
gespielt. Selbst das ärmste Kind sagte: ›Es ist doch schön
im Winter!‹

Ja, es war schön. Und das kleine Mädchen zeigte dem Knaben alles. Und immer wehte die rote Flagge mit dem weißen Kreuz, die Flagge, unter welcher der alte Seemann gesegelt war. Der Knabe wurde zum Jüngling, und er sollte in die weite Welt hinaus, weit fort in die warmen Länder, wo der Kaffee wächst. Aber beim Abschied nahm das kleine Mädchen eine Fliederblüte von ihrer Brust und gab sie ihm zum Aufbewahren. Sie wurde in das Gesangbuch gelegt, und im fremden Land, wenn er das Buch öffnete, war es immer gerade an der Stelle, wo die Erinnerungsblume lag. Und je mehr er dieselbe betrachtete, desto frischer wurde sie, so daß er gleichsam einen Duft von den heimischen Wäldern einatmete; und deutlich erblickte er das kleine Mädchen, wie es mit seinen klaren Augen zwischen den Blumenblättern hervorsah, und es flüsterte dann: ›Hier ist es schön im Frühling, im Sommer, im Herbst und im Winter!‹ Und Hunderte von Bildern glitten durch seine Gedanken.

So verstrichen viele Jahre, und er war nun ein alter Mann und saß mit seiner alten Frau unter einem blühenden Fliederbaum. Sie hielten sich einander bei den Händen, ebenso wie der Urgroßvater und die Urgroßmutter es draußen getan hatten, und sie sprachen ebenso wie diese, von den alten Zeiten und der goldenen Hochzeit. Das kleine Mädchen mit den blauen Augen und mit den Fliederblüten im Haar saß oben im Baum, nickte beiden zu und sagte: ›Heute ist der goldene Hochzeitstag!‹ Und dann nahm sie zwei Blüten aus ihrem Kranz und küßte sie. Sie glänzten zuerst wie Silber, dann wie Gold, und als sie sie auf die Häupter der beiden Alten legte, wurde jede Blüte zu einer Goldkrone. Da saßen sie beide, einem König und einer Königin gleich, unter dem duftenden Baum, der ganz und gar wie ein Fliederbaum aussah. Und er erzählte seiner alten Frau die Geschichte von dem Fliedermütterchen, wie sie ihm erzählt worden war, als er noch ein kleiner Knabe war; und sie fanden beide so vieles darin, was ihrer eigenen ähnlich war, und das gefiel ihnen am besten.

›Ja, so ist es‹, sagte das kleine Mädchen im Baum, ›einige nennen mich Fliedermütterchen, andere Dryade, aber eigentlich heiße ich Erinnerung. Ich bin es, die im Baum sitzt, der wächst und wächst. Ich kann mich zurückerinnern, ich kann erzählen! Laß sehen, ob du deine Blüte noch hast.‹

Der alte Mann öffnete sein Gesangbuch, da lag die Fliederblüte so frisch, als sei sie erst kürzlich hineingelegt worden. Und die Erinnerung nickte, und die beiden Alten mit den Goldkronen auf dem Kopf saßen in der roten Abendsonne. Sie schlossen die Augen und – und –? Ja, da war das Märchen aus!«

Der kleine Knabe lag in seinem Bett. Er wußte nicht, ob er geträumt oder ob es hatte erzählen hören. Die Teekanne stand auf dem Tisch, aber es wuchs kein Fliederbaum hervor, und der alte Mann, der erzählt hatte, wollte gerade zur Tür hinausgehen, und das tat er auch.

»Wie schön war das!« sagte der kleine Knabe, »Mutter, ich bin in den warmen Ländern gewesen!«

»Ja, das glaube ich wohl«, sagte die Mutter, »wenn man

zwei Tassen warmen Fliedertee getrunken hat, dann kommt man wohl zu den warmen Ländern.«

Und sie deckte ihn gut zu, damit er sich nicht erkälte. »Du hast gut geschlafen, während ich mich mit ihm darüber stritt, ob es eine Geschichte oder ein Märchen sei!«

»Und wo ist die Fliedermutter?« fragte der Knabe.

»Die ist in der Teekanne«, sagte die Mutter, »und da mag sie bleiben.« [Märchen von Hans Christian Andersen]

Der kleine Schweinehirt

Wo war's, wo war's nicht? Auf der Welt war's, jenseits des Meeres war's, diesseits der Glasberge war's. Da hatte ein ausgefallener – eingefallener Ofen kein Stückchen Seite mehr. Wo's gut war, da war's schlecht, wo's schlecht war, da war's gut. Dennoch backten drin siebenundsiebzig Pfannenküchlein. Drei nackte Burschen schritten drauf zu, die packten alle Küchlein ein, vorn in ihre Hemden. Nun, mehr als das könnte ich nicht lügen, höchstens dies, was ich jetzt erzählen will.

Es war einmal eine arme Frau, die hatte einen Sohn. Schweine hätte er hüten sollen, wenn er sie gehütet hätte. Aber er richtete überall nur Schaden an, und so konnten sie ihn zum Schweinehirten nicht brauchen. Vergebens versuchte seine Mutter dies und das mit ihm, es war ihm alles einerlei. Er war ein nichtsnutziger Strick.

Also dieser Tunichtgut von einem Schweinehirten hörte einstmals, daß der König demjenigen seine Tochter geben würde, der sich so gut zu verstecken wüßte, daß seine Tochter ihn nicht fände.

»Na, kleiner Schweinhirt«, sprach er zu sich, »jetzt mach dich mal dran, viel kannst du gewinnen mit ein bißchen Geschicklichkeit.« Er raffte sich auch auf, ließ sich sogleich von seiner Mutter einige Kuchen backen, die er in seinen Ranzen tat, warf den Mantel um die Schultern und machte sich auf den Weg.

Er wanderte und wanderte über Stock und Stein, über Berg und Tal, durch Wald und Flur. Die Kuchen gingen schon zur Neige, doch des Königs Burg hatte er noch nicht gefunden. Er wanderte eine ganze Woche lang und hatte seinen allerletzten Kuchen aufgegessen, doch die Burg sah er noch immer nicht. Durstig war er auch, was sollte er jetzt tun? Hätte er gewußt, wie mühselig der Weg war, dann wäre er nicht von zu Hause fortgezogen.

Als er so wanderte, da fand er nach langer, langer Zeit einen Brunnen, auf dessen Rand zwei weiße Tauben saßen.

»Nun, ihr Täubchen, jetzt werde ich euch essen, denn ich sterbe fast vor Hunger«, sagte er.

Da sprachen die zwei Tauben: »Iß uns nicht, kleiner Schweinehirt! Ziehe uns lieber einen Eimer Wasser aus dem Brunnen herauf, wir sind durstig. Für deine gute Tat werden wir dir auch einmal Gutes tun.«

Die beiden Tauben baten ihn so flehentlich, daß er sie verschonte, zum Brunnen hinging und ihnen einen Eimer frisches Wasser schöpfte. Dann trank er selbst davon und zog weiter seines Weges. Durstig war er ja nun nicht mehr, aber sein Bauch, der knurrte wie ein Kettenhund.

Da fand er auf seiner Wanderung einen lahmen Fuchs. »Nun, lahmer Fuchs, ich werde verhungern, wenn ich dich nicht esse.«

Der lahme Fuchs bat, daß er ihn verschone, er bringe

gerade selber seinem kleinen Söhnchen Futter. »Für deine gute Tat werde ich dir auch einmal Gutes tun, kleiner Schweinehirt. Ich kann dir noch mal helfen«, sagte der Fuchs.

Dem kleinen Schweinehirten zitterten schon die Beine vor lauter Hunger, doch er tat dem Fuchs nichts zuleide. Er schwankte und wankte weiter, über Äcker und Saaten, über Stoppeln und Hoppeln. Jetzt hatte er auch die allerletzten Brocken aus seinem Ranzen zusammengescharrt und auch die aufgegessen. Aber was war das für seinen hungrigen Magen? Schon glaubte er, daß er nie mehr zur Königsburg gelangen würde.

Da sah er von weitem einen Teich. Er rannte hin, stieg hinunter zum Ufer, und da sah er einen kleinen Fisch im Wasser zappeln. Gierig griff er zu und zog den Fisch aus dem Teich, doch dieser sprach zu ihm: »Iß mich nicht, kleiner Schweinhirt. Wenn du mich verschonst, will ich dir deine gute Tat einmal vergelten.«

Der kleine Schweinehirt schaute den Fisch lange an. Schön war er, seine Schuppen leuchteten, wenn die Sonne darauf schien. Er hatte Mitleid mit ihm und setzte ihn wieder ins Wasser.

Doch der kleine Schweinhirt hatte immer noch Hunger, und dabei kann man schon den Mut verlieren. Jetzt war ihm aber alles eins, und wenn Himmel und Erde zusammenstürzten, er würde nicht wieder umkehren. So wanderte er immer weiter, und nach langer Zeit erreichte er endlich die Königsburg.

Am Tor stand der König, und der kleine Schweinehirt grüßte ihn, wie es sich gehört.

»Wie kommst du hierher«, fragte der König, »bis ans Ende der Welt, wohin selbst kein Vogel fliegen kann? Was suchst du hier?« Da erzählte der kleine Schweinehirt, daß er gekommen sei, weil er gehört habe, der König gebe demjenigen seine Tochter, der sich so gut verstecken könne, daß sie ihn nicht finde. So wolle er sein Glück versuchen.

»Nun gut, mein Kleiner«, sprach der König, »aber du mußt wissen, neunundneunzig wackere Jünglinge haben es schon vergeblich versucht, sich vor meiner Tochter zu verstecken, und sind deshalb im Kerker gelandet. Wirst du der hundertste sein?«

Dem Jüngling sank das Herz deswegen nicht in die Hose. Er sagte nur: »Es wird mir schon gelingen!«

Als sie in der Königsburg waren, bekam er zu essen und zu trinken, soviel er nur wollte. Das war ein Festtag, endlich konnte er sich satt essen.

Am anderen Morgen kam der König in aller Frühe zu ihm und befahl, daß er sich jetzt verstecken solle, ehe seine Tochter erwache.

Der kleine Schweinehirt zieht sich seine Kleider an, und auf einmal sieht er am Fenster zwei weiße Tauben. Sie picken am Glas und sagen: »Öffne uns und komm geschwind! Wir tragen dich weit fort.«

Er zauderte nicht lange, vertraute sich ihnen an, und hui! hast du's nicht gesehen? flogen sie mit ihm, geschwind wie der Wind, geradewegs hinter den Rücken der Sonne.

Jetzt machte sich die Prinzessin bereit, stieg hinunter in den Schloßgarten, brach die schönste Rose, drehte sich einmal auf der Ferse und sprach: »Komm hervor kleiner Schweinehirt! Ich sehe dich wohl, du bist dort hinter dem Rücken der Sonne.«

Hu! Die Wut fraß den kleinen Schweinehirten beinahe auf, und er fürchtete sich auch. Aber was wollte er machen? Er kam hinter dem Rücken der Sonne hervor und ging geradewegs in die Schloßküche, wo es wieder gutes Essen in Hülle und Fülle für ihn gab.

Als sich am zweiten Tag der kleine Schweinehirt in aller Frühe erhob und zum Fenster blickte, da wartete schon der lahme Fuchs auf ihn. Hurtig machte er sich bereit, und der Fuchs trug ihn weit fort, in ein Versteck sieben Klafter tief unter der Erde. Eine Weile später ging die Prinzessin hinaus in den Garten, brach sich die schönste Rose, drehte sich einmal auf der Ferse, und dann sprach sie: »Komm hervor, kleiner Schweinehirt! Ich sehe dich wohl, sieben Klafter unter der Erde hast du dich versteckt.«

Was sollte er da tun? Er kroch aus der Erde hervor und ging geradewegs in die Schloßküche, um sich satt zu essen.

Am dritten Tag trug ihn der kleine Fisch in den hintersten Winkel des Schloßteiches. »Na, bis hierher gelangt nicht einmal das Augenlicht, wie sollte die Prinzessin mich hier finden«, so dachte er.

Doch als die Prinzessin in den Garten gegangen war, brach sie die schönste Rose, drehte sich einmal auf der Ferse und rief sogleich den kleinen Schweinehirten vom Grund des Teiches herauf.

»Nun ist's aus mit mir«, dachte er, »ich werde der hundertste sein, der in den Kerker geworfen wird. Wenn sie mich schon dreimal gefunden hat, werde ich mich auch das vierte Mal nicht so gut verstecken können, daß sie mir nicht auf die Spur kommt.«

Er legte sich nieder, um zu schlafen und sich auszuruhen, aber er konnte weder schlafen noch ruhen und wälzte sich die ganze Nacht auf seinem Lager herum.

Am anderen Morgen sah er an seinem Fenster wieder zwei weiße Täubchen, die sprachen zu ihm: »Komm geschwind, heute wollen wir ein Versteck finden, in dem sie dich nie und nimmer sehen kann. Und sogleich flogen sie mit ihm in den Schloßgarten hinab, und sie verwandelten sich alle drei in die schönsten Rosen. Als nun die Prinzessin herabkam, suchte sie nach der allerschönsten Rose. Aber siehe da, sie fand drei, die glichen sich wie ein Tautropfen dem anderen. Da brach sie alle drei ab und steckte sie sich an die Brust. Dann drehte sie sich einmal auf der Ferse, doch den kleinen Schweinehirten sah sie nicht. Sie drehte sich noch einmal, aber sie sah ihn noch immer nicht.

»Vater, ich kann den kleinen Schweinehirten heute nicht sehen. Er hat sich so gut versteckt, daß ich ihn nicht finden kann.«

»Dreh dich noch einmal auf der Ferse«, sprach der König, der seine Tochter keinem Schweinehirten zur Frau geben wollte, »vielleicht siehst du ihn dann.«

Da drehte sich das Mädchen zum dritten Mal, doch sie hätte sich auch tausendmal drehen können, sie hätte den kleinen Schweinehirten heute doch nicht gefunden. Da flogen mit einem Mal zwei weiße Täubchen vom Mieder des Mädchens davon, die dritte Rose verwandelte sich aber in den kleinen Schweinehirten. Da staunte die Prinzessin nicht schlecht und machte ganz große Augen, als sie ihn vor sich sah, denn es war ein hundertmal schönerer Bursche aus ihm geworden.

Sie umarmten sich und küßten sich, dann hielten sie Hochzeit und wurden glücklich. Aus dem ungeschickten kleinen Schweinehirten war ein so feiner Mann geworden, daß es auf der weiten Welt kaum seinesgleichen gab, und die Prinzessin wurde eine wunderschöne Frau. Und wenn sie nicht gestorben sind, dann leben sie auch heute noch.

[Märchen aus Ungarn]

Prinz Katt

Ein Königspaar wünschte sich so sehr Kinder, bekam aber keine. Darüber herrschten schon allerlei Unruhen im Lande.

Eines Tages hatte sich ein angetrunkener Fischer an dem Aufruhr beteiligt. Als der König das hörte, wollte er den Fischer bestrafen lassen. Aber der lief auf der Stelle in den Wald, um sich da aufzuhängen.

Unterwegs traf er ein altes Männchen, das ihn fragte, wohin er so eilig gehe. Der Fischer log in seiner Angst und sagte: »Meine Frau schickt mich nach trockenem Holz.«

»Lüg nicht!« sagte das alte Männchen. »Ich weiß alles. Und ich will dir helfen, daß du wohl angesehen wirst. Laß dir vom König dreißig neue Netze geben. Und damit fahr mit drei Knechten auf den See und such nach Fischen. Du darfst aber keinem einen Fisch geben, sondern alle Fische, die du fängst, bringst du der Königin, die sie aufessen soll.«

Das geschah nun auch so, und der Fischer fuhr mit seinen Knechten auf den See. Zuerst fingen sie nichts. Und zum zweiten Mal fingen sie auch nichts. Aber zum dritten Mal fingen sie drei Fischchen. Die Knechte wollten die gleich behalten, aber der Fischer gab sie nicht fort, sondern sputete sich und brachte sie in die königliche Küche. Da wurden sie geschuppt und gekocht.

Aber da sprang eine Katze hinzu und fraß einen Fisch auf. Ach Gott, nun war ein großer Jammer! Die Katze wurde sofort in eine Stube eingesperrt und von nun an gut gefüttert und bewacht.

Als die zwei anderen Fischchen fertig waren, sollte das Kammermädchen sie der Königin bringen. Unterwegs aber verschluckte sie rasch das eine. Da war nun ein Geschrei und Gejammer! Ja, mein Gott, es war nicht mehr zu ändern, und das Kammermädchen wurde sofort in eine andere Stube eingesperrt, gut mit Essen und Trinken versorgt und bewacht.

Das dritte Fischchen wurde von der Königin verzehrt.

Nun dauerte es eine Weile, und dann wurden an demselben Tag drei Prinzen geboren. Zuerst bekam die Katze einen Sohn, der wurde Prinz Katt genannt. Dann bekam das Kammermädchen einen Sohn, der wurde Prinz Magda genannt. Zuletzt bekam die Königin einen Sohn, der wurde Prinz Karl genannt. Und alle drei Prinzen waren sehr schön und sehr klug, so daß jeder seine Freude daran hatte. Und der König und die Königin liebten sie alle drei ganz gleich.

Als sie eingesegnet waren, sagte Prinz Katt, der der älteste und doch am Ende der klügste von den dreien war: »Hört, Brüderchen! Wir kennen nun schon unser ganzes Land. Laßt uns doch einmal wandern und nachsehen, wie es anderwärts aussieht. Die Welt ist groß, und wir wollen doch etwas erleben!«

Gesagt, getan! Die drei Prinzen ritten in die Welt. Nachdem sie eine Weile geradeaus geritten waren, kamen sie an einen Fluß, über den hier eine Brücke gebaut war. Und hier stand auch ein ganz nettes kleines Häuschen. In dem Häuschen war alles, was sie sich nur wünschten: Essen und Trinken in Hülle und Fülle. Und sie aßen und tranken sich denn auch recht satt.

»Brüderchen, schlaft nur nicht ein!« sagte der Prinz Katt. »Wer weiß, ob uns nicht irgendein Leid geschieht.« Und damit ging er hinaus, versteckte sich unter der Brücke und lauerte darauf, ob nicht etwas kommen möchte.

Und richtig, es dauerte auch nicht lange, da kam ein Drache an, der zwölf Köpfe hatte. Der rief immer: »Heu, heu! Ich bin der Stärkste in der Welt, denn der Prinz Katt soll noch erst geboren werden!«

Da sprang mein Prinz Katt vor, und sie fochten miteinander. Und zuletzt schlug der Prinz dem Drachen alle Köpfe ab.

Dann ging er in die Stube und weckte seine Brüder, die ganz fest schliefen. »Ihr seid mir schlechte Brüder«, sagte er, »seht, ich war in Todesgefahr.« Und er erzählte ihnen alles.

Am anderen Tag ritten sie weiter und dachten, sie kämen wer weiß wohin. Aber als sie anhielten, waren sie wieder am selben Fluß und an jenem Häuschen. Dort aßen und tranken sie sich wieder recht satt.

»Brüderchen, schlaft nur nicht ein«, sagte der Prinz Katt, »wer weiß, ob nicht wieder etwas geschieht.« Und damit ging er hinaus, versteckte sich unter der Brücke und lauerte darauf, ob nicht etwas kommen möchte.

Und richtig, es dauerte auch nicht lange, da kam ein Drache an, der fünfzehn Köpfe hatte. Der rief auch immer: »Heu, heu! Ich bin der Stärkste in der Welt, denn der Prinz Katt soll erst noch geboren werden!«

Auch diesen Drachen überwand der Prinz Katt. Aber zuletzt halfen ihm die Brüder bei seiner Arbeit.

Am anderen Tag ritten die drei Prinzen weiter und dachten wieder, sie kämen wer weiß wohin. Aber als sie hielten, waren sie abermals am selben Fluß und an demselben Häuschen.

Alles war so wie die beiden anderen Male, bloß diesmal hatte der Drache zwanzig Köpfe. Und es war ein Glück für den Prinz Katt, daß ihm zuletzt wieder seine Brüder halfen. Diese beiden legten sich darauf ins Bett und schliefen sich gut aus. Der Prinz Katt aber, der alles mögliche konnte und wußte, verwandelte sich in eine Fliege und flog in das Haus, wo die alte Drachenmutter wohnte. Dort setzte er sich auf den Balken unter der Stubendecke und lauerte darauf, ob die Alte mit ihren Töchtern sprechen möchte.

Die drei Töchter saßen da und klagten. Und dann berieten sie mit der Mutter, wie die Prinzen doch noch zu verderben seien, besonders der Prinz Katt, der die Drachen getötet hatte.

»Verwandle dich in einen Apfelbaum!« sagte die Mutter zur ältesten Tochter. »Auf diese Art kannst du alle drei Prinzen locken und fangen!«

Die zweite Tochter wollte auch einen Rat haben. Und so sagte ihr denn die Alte: »Verwandle dich in ein kühles Haus, und du fängst sie alle drei!«

Und der dritten Tochter gab das Drachenweib den Rat: »Verwandle dich in eine Quelle! Auf die Art kannst du die drei Prinzen locken und verderben.«

Ja – aber mein Prinz Katt war nicht faul. Er flog rasch zu seinen Brüdern, und alle drei ritten, die verwandelten Drachenschwestern zu suchen. Und als sie die ausfindig gemacht hatten, schlugen sie so lange drauflos, bis alle drei Schwestern zu Teer wurden.

Nun kam das Drachenweib und lief am Fluß entlang. Aber der Prinz Katt jagte sie. So kamen sie an eine Schmiede, die einen eisernen Zaun hatte.

»Nage den eisernen Zaun durch!« sagte der Prinz Katt. Und sie nagte drauflos. Wie sie aber noch den Kopf zwischen den Sprossen hielt, wurde sie verbrannt.

Nun war ungeheure Freude im Land. Der König, der hier regierte, gab den Prinzen seine drei Töchter, und es wurde eine großartige Hochzeit gefeiert.

Ich war auch auf der Hochzeit. Ich habe gegessen und getrunken – und doch nichts davon im Munde gemerkt.

[Märchen aus Ostpreußen]

Das Glück kann in einem Holzstöckchen liegen

Jetzt will ich eine Geschichte vom Glück erzählen. Wir alle kennen das Glück: Einige sehen es jahraus, jahrein, andre nur in gewissen Jahren, an einem einzelnen Tage, ja, es gibt sogar Menschen, welche es nur ein einziges Mal in ihrem Leben sehen; aber sehen tun wir es alle.

Nun brauche ich nicht zu erzählen, denn jeder weiß es, daß unser Herrgott das kleine Kind bringt und es einer Mutter in den Schoß legt. Das kann in dem reichen Schloß und in der Wohnung des Wohlhabenden geschehen, aber auch auf freiem Feld, wo der kalte Wind weht. Aber nicht jeder weiß, und dennoch ist es gewiß, daß unser Herrgott, wenn er das Kind bringt, auch eine Glücksgabe für dasselbe mitbringt. Aber diese liegt nicht in die Augen fallend neben ihm, sie liegt irgendwo auf der Erde, wo man sie am wenigsten zu finden erwartet, und doch findet sie sich immer, das ist das Erfreuliche. Sie kann in einen Apfel gelegt sein, und sie war es für einen Gelehrten, welcher Newton hieß. Der Apfel fiel, und da fand er sein Glück. Kennst du die Geschichte nicht, so bitte den, der sie kennt, sie dir zu erzählen. Ich habe nämlich eine andere Gechichte zu erzählen, und das ist eine Geschichte von einer Birne.

Es war einmal ein armer Mann, welcher in Armut geboren, in Armut groß geworden war und in Armut sich verheiratet hatte. Er war übrigens ein Drechsler und drechselte vorzugsweise Stöcke und Ringe für Regenschirme, aber er lebte nur von der Hand in den Mund.

»Ich finde nimmer das Glück«, sagte er. Dies ist eine wirklich wahre Geschichte, und man könnte das Land und die Stadt nennen, wo der Mann wohnte, aber das kann ja gleichgültig sein.

Die roten sauren Vogelbeeren wuchsen als schönster Schmuck rings um sein Haus und den Garten. In letzterem stand auch ein Birnbaum, aber er trug nicht eine einzige Birne, und dennoch war das Glück in diesen Birnbaum gelegt, es lag in den unsichtbaren Birnen.

Einstmals stürmte nachts der Wind ganz fürchterlich. Die Zeitungen erzählten, daß eine große Postkutsche, vom Sturm erfaßt, vom Weg in die Höhe gehoben und wie ein Lappen zu Boden geworfen worden sei. Da konnte denn wohl auch leicht ein starker Ast von dem Birnbaum gebrochen werden.

Der Ast wurde in die Werkstatt gelegt, und der Mann drechselte zum Scherz aus ihm eine große Birne und noch eine große, dann eine kleinere und endlich einige ganz kleine.

Der Baum mußte doch einmal Birnen tragen, sagte der Mann und gab sie seinen Kindern, um damit zu spielen.

Zu den notwendigsten Bedürfnissen in einem Lande, wo es oft regnet, gehört allerdings ein Regenschirm. Das ganze Haus hatte zu gemeinschaftlichem Gebrauch nur einen einzigen. Wehte der Wind zu stark, so schlug der Regenschirm um, ja, er brach sogar ein paarmal ab. Der Mann setzte ihn gleich wieder gehörig instand, aber verdrießlich war es doch, daß der Knopf, welcher ihn zusammenhalten sollte, wenn er nicht aufgespannt war, gar zu oft absprang oder der Ring, welcher um ihn gelegt war, zerbrach.

Eines Tages sprang der Knopf. Der Mann suchte nach ihm auf dem Fußboden und faßte da eine der allerkleinsten gedrechselten Birnen, welche die Kinder bekommen hatten, um damit zu spielen.

»Der Knopf ist nicht zu finden«, sagte der Mann, »aber dieses kleine Ding kann es wohl auch tun!« Er bohrte also ein Loch hinein, zog eine Schnur hindurch, und die kleine Birne schloß gut in den zerbrochenen Ring. Das war in der Tat der beste Halter, welchen der Regenschirm je gehabt hatte.

Als der Mann nun im nächsten Jahre Regenschirmstöcke nach der Hauptstadt schicken sollte, wohin er dergleichen lieferte, legte er auch ein paar der gedrechselten kleinen Birnen mit einem halben Ring bei und bat, sie zu probieren. Und so kamen diese nach Amerika. Dort merkte man bald, daß die kleine Birne viel besser als irgendein Knopf hielt, und nun verlangte man von dem Kaufmann, daß alle nachfolgenden Regenschirme mit einer kleinen Birne geschlossen sein sollten.

Nun, da gab es Arbeit! Tausende von Birnen! Holzbirnen für alle Regenschirme! Der Mann mußte an die Arbeit, er drechselte und drechselte. Der ganze Birnbaum ging in kleinen Birnen auf. Das gab Schillinge, das gab Taler!

»In diesen Birnbaum war mein Glück gelegt«, sagte der Mann. Er bekam jetzt eine große Werkstatt und Gesellen und Lehrjungen. Stets war er fröhlichen Sinnes und sagte: »Das Glück kann in einem Holzstöckchen liegen.«

Das sage auch ich, der diese Geschichte erzählt.

Man sagt: »Nimm ein Holzstöckchen in den Mund, dann wirst du unsichtbar!« Aber das richtige Holzstöckchen muß es sein, das, welches unser Herrgott uns als Glücksgabe beschert hat. Ich bekam es, und wie jener Mann kann auch ich klingendes Gold, blinkendes Gold gewinnen, das allerbeste, das, welches aus Kinderaugen blinkt, welches von Kinderlippen klingt und auch von Vater und Mutter mit. Sie lesen da Geschichten, und ich stehe, mitten in der Stube, unter ihnen, aber unsichtbar, denn ich habe ja das weiße Holzstöckchen im Munde. Höre ich nun, daß sie sich an dem, was ich erzähle, erfreuen, ja, dann sage auch ich: »Das Glück kann in einem Holzstöckchen liegen!«

[Märchen von Hans Christian Andersen]

Der Brahmane, der Tiger und die sechs Richter

E s war einmal ein Brahmane, ein indischer Priester, der wanderte von seinem Heimatort in das nächste Dorf. Sein Weg führte ihn an einer großen Tigerfalle vorüber. In dieser hatte sich ein Tiger gefangen. Das große Tier rannte wütend in seinem Käfig hin und her und mühte sich vergebens ab, die dicken Eisenstäbe zu zerbrechen. Als es den Brahmanen erblickte, rief es diesem zu: »Bruder Brahmane, Bruder Brahmane, habe Mitleid mit mir! Laß mich nur für einen einzigen Augenblick heraus. Ich möchte zum Bach laufen und etwas Wasser saufen. Wenn ich meinen Durst gestillt habe, will ich auch sofort wieder in mein Gefängnis zurückgehen. Sei barmherzig, Bruder Brahmane! Ich verschmachte hier!«

Der Brahmane schüttelte den Kopf. »Wenn ich dich herauslasse, so frißt du mich«, sagte er.

»Beim allmächtigen Gott! Das tue ich nicht«, rief der Tiger, »so undankbar werde ich nicht sein. Laß mich heraus, damit ich trinke. Ich schwöre es dir, daß ich dann ohne Murren wieder in meinen Käfig gehe.«

Der Brahmane hatte Mitleid mit dem durstigen Tier. Er öffnete die Käfigtür, aber kaum hatte er das getan, so sprang der Tiger heraus und stürzte auf den guten Mann zu. »Du mußt sterben!« brüllte er ihn an, »ich fresse dich mit Haut und Haar. Du bist ein Mensch, und ich hasse die Menschen.«

Der Brahmane erschrak über diese Worte, aber er faßte sich und sprach: »Sei doch nicht so hitzig! Du hast mir fest versprochen, mich nicht zu fressen. Und jeder Mensch und jedes Tier muß sein Wort halten. Ich glaube, wenn du mich frißt, so werden alle Tiere dich für schlecht und undankbar halten. Vielleicht irre ich mich aber, und ich schlage dir daher vor, laß uns zu sechs Schiedsrichtern gehen und ihnen alles erzählen. Wenn diese Richter alle einstimmig erklären, daß du gut und richtig handelst, wenn du mich frißt, so bin ich zum Sterben bereit.«

»Gut!« sagte der Tiger, »es geschehe, wie du sagst. Wir wollen erst sechs Richter fragen.«

Sie wanderten zu einem Bananenbaum, und der Brahmane sagte zu diesem: »Bananenbaum, höre uns an und sage uns dein Urteil.«

»Sprich, Brahmane, worüber soll ich urteilen?« fragte der Baum.

Der Brahmane antwortete: »Dieser Tiger hat mich angefleht, ihn aus einem Käfig zu befreien, in dem er gefangen saß. Er versprach mir, mich nicht zu töten, wenn ich ihm seinen Wunsch erfülle. Ich traute seinen Worten und ließ ihn frei. Zum Dank für meine Güte will er mich fressen. Hat er ein Recht dazu oder nicht? Handelt er nicht schändlich, wenn er es tut?«

Der Bananenbaum überlegte sich den Fall nicht lange, sondern sprach sogleich: »Die Menschen suchen oft vor den versengenden Sonnenstrahlen Schutz in dem kühlen

Schatten meines Laubes, aber wenn sie sich ausgeruht haben, reißen sie mir meine hübschen grünen Äste ab und zerknicken sie. Sie streifen die Blätter von den Zweigen und streuen sie ringsumher. Ich bin der Meinung, daß der Tiger ein gutes Werk tut, wenn er dich frißt, denn ihr Menschen seid ein undankbares und boshaftes Geschlecht.«

Nach diesen Worten wollte der Tiger den Brahmanen sofort auffressen. Der aber sprach: »Tiger! Du darfst mich jetzt noch nicht umbringen. Du hast mir versprochen, erst alle sechs Richter anzuhören.«

»Nun, es sei!« sagte der Tiger, und sie setzten ihren Weg fort.

Nach einer Weile begegneten sie einem Kamel. »Herr Kamel, Herr Kamel!« rief der Brahmane ihm zu, »höre uns an, und dann richte über uns.«

»Worin besteht euer Streit?« fragte das Kamel. Der Brahmane erzählte nun auch diesem zweiten Schiedsrichter, der Tiger sei von ihm aus seiner Falle befreit worden, nachdem er ihm feierlich versprochen habe, ihn nicht zu fressen. Er wolle jetzt sein Wort brechen, und das sei doch eine große Sünde.

»Nein«, erwiderte das Kamel, »das ist keine Sünde. Als ich noch jung, stark und arbeitstüchtig war, verpflegte mich mein Herr gut und gab mir reichliches Futter. Jetzt, da ich alt bin und meine Kräfte in seinem Dienste verbraucht habe, bürdet er mir schwere Lasten auf, läßt mich hungern und schlägt mich unbarmherzig. Mich freut's, wenn der Tiger einen Menschen frißt, denn die Menschen sind ungerecht und grausam.«

Der Tiger wollte über den Brahmanen herfallen, doch der rief ihm zu: »Halt ein, Tiger! Vier Urteilssprüche fehlen noch.«

Der Brahmane und der Tiger setzten darauf ihre Wanderschaft fort, um einen dritten Schiedsrichter zu suchen. Sie fanden sehr bald einen Ochsen, der müde und matt auf der Erde lag. »Bruder Ochse, schlichte unseren Streit«, bat ihn der Brahmane, und dann erzählte er ihm, daß er den Tiger aus der Gefangenschaft befreit habe und daß dieser ihn trotzdem fressen wolle.

Der Ochse erhob sein müdes Haupt und sagte: »Ich hoffe sehr, daß der Tiger dich frißt, denn ihr Menschen verdient es, ausgerottet zu werden. Ihr übt kein Mitleid, kein Erbarmen. Ich habe von Jugend auf für meinen Herrn gearbeitet und ihm viel Nutzen gebracht, aber jetzt, wo ich krank und müde bin, läßt er mich hier am Wege einsam und elend sterben. Deshalb hasse ich die Menschen.«

Drei von den sechs Schiedsrichtern hatten also bis jetzt gegen den Brahmanen gestimmt, aber dieser gab die Hoffnung noch nicht auf, daß einer von den übrigen sich auf seine Seite stellen werde. Daher bat er den Tiger inständig, ihm noch nicht das Leben zu rauben.

Sie trafen nun einen Adler, der hoch über ihnen in der Luft schwebte. »O Adler, großer Adler, höre uns an und dann richte über uns!« rief ihm der Brahmane zu.

»Worüber soll ich richten?« fragte der Adler.

Der Brahmane legte ihm die Streitfrage vor, doch der Adler antwortete: »Sobald die Menschen mich erspähen, versuchen sie mich zu erschießen. Sie klettern auf die

Felsen und rauben mir meine Jungen. Der Tiger soll den Menschen fressen, denn die Menschen verfolgen alles, was auf Erden atmet!«

Da erhob der Tiger ein lautes Freudengebrüll und sprach: »O Brahmane, alle Urteilssprüche lauten ungünstig für dich. Was sagst du nun?«

Doch der Brahmane antwortete ihm: »Warte nur noch eine ganz kleine Weile. Zwei Richter müssen noch gefragt werden. Sind sie beide der Ansicht, daß du ein Recht hast, mich zu fressen, so will ich geduldig den Tod erleiden.«

Sie gingen nun zu einem Krokodil. Der Brahmane trug diesem die Angelegenheit vor, denn er hoffte zuversichtlich, daß wenigstens dieses Tier einen Ausspruch tun werde, der ihm günstig sei. Aber er irrte sich. Das Krokodil sagte vielmehr: »So wie ich meine Nase aus dem Wasser stecke, quälen mich die Menschen und versuchen es, mich umzubringen. Ich finde es recht und billig, daß der Tiger den Brahmanen frißt, denn solange noch Menschen auf der Erde leben, haben wir Krokodile keine Ruhe.«

Der Brahmane gab sich schon verloren, doch bestürmte er den Tiger mit der dringenden Bitte, sich noch so lange zu gedulden, bis sie die Meinung des letzten Richters gehört hatten. Der letzte aber war ein Schakal, ein indischer Fuchs. Der Brahmane teilte auch ihm seine Geschichte mit und fragte ihn dann: »Onkel Schakal, wie lautet dein Urteilsspruch?«

Der Schakal antwortete: »Ehe ich ein Urteil fälle in dieser Streitfrage, muß ich ganz genau untersuchen, wie sich die Sache verhalten hat. Führt mich zum Käfig, in dem der Tiger gefangen gesessen hat.«

Der Brahmane und der Tiger führten den Schakal zu der Stelle, auf der die Tigerfalle stand. Als sie den Platz erreicht hatten, wandte sich der Schakal zum Brahmanen: »Zeige mir den Platz, auf dem du gestanden hast, als der Tiger dich um Hilfe anrief«, befahl er ihm.

»Hier ist er«, sagte der Brahmane und stellte sich neben den Käfig.

Der Schakal richtete sein Wort nun an den Tiger. »Steht der Brahmane auf der richtigen Stelle?« fragte er ihn.

»Ja«, antwortete der Tiger.

»Und wo standest du?« forschte er weiter.

»Ich war im Käfig«, sagte der Tiger.

»So?« fuhr der Schakal fort, »standest du vorn oder hinten im Käfig? Und hattest du deinen Kopf nach der Vorderwand oder der Rückwand gerichtet?«

»Ei nun, ich stand so!« rief der Tiger und sprang in den Käfig hinein.

»Das ist gut, daß ich das weiß«, sagte der Schakal, »aber ganz klar ist mir die Sache immer noch nicht. Es muß alles ganz genau so gemacht werden, wie es war, als der Brahmane den Tiger befreite, und ehe das nicht geschehen ist, kann ich kein Urteil abgeben. Darum sagt mir, war die Türe zugekettet oder zugeschlossen?«

»Sie war verschlossen und verriegelt«, berichtete der Brahmane.

»Dann schließe und verriegle sie«, rief der Schakal. Freudig gehorchte der Brahmane. Sobald aber die Türe fest geschlossen war, sagte der Schakal: »O du böser, undankbarer Tiger! Du hast den guten Brahmanen, der dich aus dem Kerker befreit hatte, töten wollen. Jetzt erleidest du deine gerechte Strafe, denn kein Mensch wird dich wieder aus deinem Gefängnis herauslassen. Mein Freund, der Brahmane, aber soll jetzt ungestört seine Wanderung fortsetzen.«

Nach diesen Worten lief der Schakal eilends davon, noch ehe ihm der Brahmane seinen Dank für seine Errettung aussprechen konnte. Der Brahmane aber war gerettet und setzte frohgelaunt seinen Weg fort.

[Märchen aus Indien]

Die Kristallkugel

Es war einmal eine Zauberin, die hatte drei Söhne, die sich brüderlich liebten, aber die Alte traute ihnen nicht und dachte, sie wollten ihr ihre Macht rauben. Da verwandelte sie den ältesten in einen Adler, der mußte auf einem Felsengebirge hausen, und man sah ihn manchmal am Himmel in großen Kreisen auf und nieder schweben. Den zweiten verwandelte sie in einen Walfisch, der lebte im tiefen Meer, und man sah nur, wie er zuweilen einen mächtigen Wasserstrahl in die Höhe warf. Beide hatten nur zwei Stunden jeden Tag ihre menschliche Gestalt. Der dritte Sohn, da er fürchtete, sie möchte ihn auch in ein reißendes Tier verwandeln, in einen Bären oder einen Wolf, so ging er heimlich fort. Er hatte aber gehört, daß auf dem Schloß der goldenen Sonne eine verwünschte Königstochter säße, die auf Erlösung warte. Es müßte aber jeder sein Leben daran wagen, schon dreiundzwanzig Jünglinge wären eines jämmerlichen Todes gestorben und nur noch einer übrig, dann dürfte keiner mehr kommen.

Da sein Herz ohne Furcht war, faßte er den Entschluß, das Schloß der goldenen Sonne aufzusuchen. Er war schon lange Zeit herumgezogen und hatte es nicht finden können, da geriet er in einen großen Wald und wußte nicht, wo der Ausgang war. Auf einmal erblickte er in der Ferne zwei Riesen, die winkten ihm mit der Hand, und als er zu ihnen kam, sprachen sie: »Wir streiten um einen Hut, wem er gehören soll, und da wir beide gleich stark sind, so kann keiner den andern überwältigen. Die kleinen Menschen sind klüger als wir, daher wollen wir dir die Entscheidung überlassen.«

»Wie könnt ihr euch um einen alten Hut streiten?« sagte der Jüngling.

»Du weißt nicht, was er für Eigenschaften hat. Es ist ein Wünschhut, wer den aufsetzt, der kann sich hinwünschen, wohin er will, und im Augenblick ist er dort.«

»Gebt mir den Hut«, sagte der Jüngling, »ich will ein Stück Wegs gehen, und wenn ich euch dann rufe, so lauft um die Wette, und wer am ersten bei mir ist, dem soll er gehören.« Er setzte den Hut auf und ging fort, dachte aber an die Königstochter, vergaß die Riesen und ging immer weiter.

Einmal seufzte er aus Herzensgrund und rief: »Ach, wäre ich doch auf dem Schloß der goldenen Sonne!« Und kaum waren die Worte über seine Lippen, da stand er auf einem hohen Berg vor dem Tor des Schlosses.

Er trat hinein und ging durch alle Zimmer, bis er in dem letzten die Königstochter fand. Aber wie erschrak er, als er sie anblickte: Sie hatte ein aschgraues Gesicht voll Runzeln, trübe Augen und rote Haare.

»Seid Ihr die Königstochter, deren Schönheit alle Welt rühmt?« rief er aus.

»Ach«, erwiderte sie, »das ist meine Gestalt nicht. Die Augen der Menschen können mich nur in dieser Häßlichkeit erblicken, aber damit du weißt, wie ich aussehe, so schau in den Spiegel. Der läßt sich nicht irremachen, der zeigt dir mein Bild, wie es in Wahrheit ist.«

Sie gab ihm den Spiegel in die Hand, und er sah darin das Abbild der schönsten Jungfrau, die auf der Welt war, und sah, wie ihr vor Traurigkeit die Tränen über die Wangen rollten.

Da sprach er: »Wie kannst du erlöst werden? Ich scheue keine Gefahr.«

Sie sprach: »Wer die kristallne Kugel erlangt und hält sie dem Zauberer vor, der bricht damit seine Macht, und ich kehre in meine wahre Gestalt zurück. Ach«, setzte sie hinzu, »schon so mancher ist darum in seinen Tod gegangen und du, junges Blut, du jammerst mich, wenn du dich in die große Gefahr begibst.«

»Mich kann nichts abhalten«, sprach er, »aber sage mir, was ich tun muß.«

»Du sollst alles wissen«, sprach die Königstochter, »wenn du den Berg, auf dem das Schloß steht, hinabgehst, so wird unten an einer Quelle ein wilder Auerochs stehen, mit dem mußt du kämpfen. Und wenn es dir glückt, ihn zu töten, so wird sich aus ihm ein feuriger Vogel erheben, der trägt in seinem Leib ein glühendes Ei, und in dem Ei steckt als Dotter die Kristallkugel. Er läßt aber das Ei nicht fallen, bis er dazu gedrängt wird. Fällt es aber auf die Erde, so zündet es und verbrennt alles in seiner Nähe, und das Ei selbst zerschmilzt und mit ihm die kristallne Kugel, und all deine Mühe ist vergeblich gewesen.«

Der Jüngling stieg hinab zu der Quelle, wo der Auerochse schnaubte und ihn anbrüllte. Nach langem Kampf stieß er ihm sein Schwert in den Leib, und er sank nieder. Augenblicklich erhob sich aus ihm der Feuervogel und wollte fortfliegen, aber der Adler, der Bruder des Jünglings, der zwischen den Wolken daherzog, stürzte auf ihn herab, jagte ihn nach dem Meer hin und stieß ihn mit seinem Schnabel an, so daß er in der Bedrängnis das Ei fallen ließ. Es fiel aber nicht in das Meer, sondern auf eine Fischerhütte, die am Ufer stand, und die fing gleich an zu rauchen und wollte in Flammen aufgehen. Da erhoben sich im Meer haushohe Wellen, strömten über die Hütte und bezwangen das Feuer. Der andere Bruder, der Walfisch, war herangeschwommen und hatte das Wasser in die Höhe getrieben.

Als der Brand gelöscht war, suchte der Jüngling nach dem Ei und fand es glücklicherweise. Es war noch nicht geschmolzen, aber die Schale war von der plötzlichen Abkühlung durch das kalte Wasser zerbröckelt, und er konnte die Kristallkugel unversehrt herausnehmen.

Als der Jüngling zu dem Zauberer ging und sie ihm vorhielt, da sagte dieser: »Meine Macht ist zerstört, und du bist von nun an der König vom Schloß der goldenen Sonne. Auch deinen Brüdern kannst du die menschliche Gestalt damit zurückgeben.« Da eilte der Jüngling zu der Königstochter, und als er in ihr Zimmer trat, so stand sie da in vollem Glanz ihrer Schönheit, und beide wechselten voll Freude ihre Ringe miteinander.

[Märchen der Brüder Grimm]

Der Kater Wiljiki

Es war einmal im Winter, da ging ein armes Bäuerlein hinaus in den Wald, um Holz zu fällen. Wie es so ging, sah es mit einem Mal eine schöne, hohe Tanne vor sich stehen, und das Bäuerlein sprach bei sich: »Diese Tanne will ich fällen. Doch ich werde sie nicht als Brennholz nehmen, sondern ihr Holz in der Stadt verkaufen und etliche Rubelchen dafür erlösen.«

Doch kaum hatte das Bäuerlein mit seiner Axt den ersten Schlag an die Tanne getan, da sprang ein riesengroßer schwarzer Kater herab. Seine Schnurrbarthaare waren von purem Gold und seine Augen aus Diamanten, und er brüllte: »Wie kannst du es wagen, meine Tanne zu fällen? Ich bin der Kater Wiljiki Timofei Iwanowitsch!«

»Ach, verzeih«, sprach das Bäuerlein, »ich wußte nicht, daß du der Kater Wiljiki Timofei Iwanowitsch bist und daß dies deine Tanne ist. Wenn das so ist, werde ich sie selbstverständlich stehenlassen.« Und nachdem sie eine Weile miteinander geplaudert hatten, schieden sie in aller Freundschaft voneinander.

Als aber das Bäuerlein zu Hause beim Abendbrot seiner Frau von dem Erlebnis im Walde erzählte, sprach diese: »Ach Mann, es ist doch wirklich ein Elend mit dir! Du hättest dir von dem Kater ein besseres Haus wünschen können. Sieh' dir unsere alte, armselige Hütte doch an.«

»Frau«, sprach das Bäuerlein, »gib dich doch zufrieden. Unsere Hütte ist eigentlich ganz gut, und wir haben alles, was wir zum Leben brauchen.«

Doch die Frau schimpfte mit ihrem Mann so lange, bis er endlich seine Axt nahm, hinausging in den Wald und einen Schlag an die Tanne tat. Sogleich sprang der Kater Wiljiki Timofei Iwanowitsch herab und sagte: »Du bist ja schon wieder da. Was willst du denn?«

»Ich«, antwortete das Bäuerlein schüchtern, »ach, weißt du, ich will eigentlich gar nichts, aber meine Frau, die will ein besseres und schöneres Haus haben.«

»Geh' nur heim«, sprach da der Kater, »sie hat es schon.«

Und als das Bäuerlein nach Hause kam, da stand dort, wo vorher seine alte Hütte gestanden hatte, ein Haus, na, das hättet ihr einmal sehen sollen! Das war schon fast ein Gutshaus, und in den Ställen wieherten die Pferde, muhten die Kühe, grunzten die Schweine, und im Hof lief das allerschönste Federvieh umher.

Nur die Frau war dieselbe geblieben, denn kaum sah sie ihren Mann, da fing sie auch schon wieder an zu schimpfen: »Da hat sich dein Kater ja nicht gerade angestrengt. Du gehst jetzt sofort wieder hinaus in den Wald, ich will jetzt nicht mehr arbeiten, sondern ich will Frau Fürstin sein und ein Schloß haben mit kostbaren Möbeln und vielen Dienern.«

»Ach Frau«, sprach das Bäuerlein ganz erschrocken,

»gib dich zufrieden. Es geht uns doch jetzt über die Maßen gut. Ich gehe nicht mehr zum Kater Wiljiki Timofei Iwanowitsch.« Doch die Frau schimpfte so lange weiter, bis der Mann, um seine Ruhe zu haben, endlich seine Axt nahm und damit hinaus in den Wald ging.

Diesmal schlug er nur ganz leicht und zaghaft an die Tanne, doch sogleich kam der Kater wieder herabgesprungen und fragte: »Du bist ja schon wieder hier, was willst du denn?«

»Ich«, antwortete das Bäuerlein, »ja weißt du, ich will eigentlich gar nichts. Aber meine Frau, die will jetzt nicht mehr arbeiten. Sie will Frau Fürstin sein und ein Schloß haben mit vielen Dienern.«

»Geh' nur heim«, sprach der Kater, »sie hat es schon.«

Und als das Bäuerlein nach Hause kam, da stand dort, wo zuerst seine alte Hütte und dann das stattliche Gutshaus gestanden hatte, ein prächtiges Schloß. Donnerwetter, das hättet ihr einmal sehen sollen! Es hatte Türme und Zinnen und hundert glänzende Fenster, und die Diener und Lakaien liefen ein und aus. Seine Frau hätte das Bäuerlein zuerst gar nicht mehr wiedererkannt, denn die lag nun mit seidenen Kleidern angetan auf dem Sofa. Aber sonst war sie noch dieselbe geblieben. Kaum sah sie ihren Mann, da fing sie sofort wieder an zu schimpfen: »Du gehst jetzt sogleich wieder hinaus in den Wald zum Kater Wiljiki Timofei Iwanowitsch. Ich will nun Zarin sein und im schönsten Schloß der Welt wohnen. Der Kater Wiljiki Timofei Iwanowitsch, der soll mit einer goldenen Kette an eine silberne Säule ge-

kettet werden, und wenn er herabklettert, muß er mir
ein Lied vorsingen, wenn er aber hinaufklettert, dann
muß er mir ein Märchen erzählen!«

»Ach Gott, Frau«, rief das Bäuerlein ganz erschrocken,
»steh' ab von diesem Wunsch! Das bringt uns nichts
Gutes. Gib dich doch endlich zufrieden.« Doch es war
nun sehr schwierig, der Frau Fürstin zu widersprechen,
und sie drohte ihrem Mann zuletzt, daß sie ihn von
ihren Dienern in den Kerker werfen lasse, wenn er ihr
nicht gehorche.

Da blieb dem Bäuerlein nichts anderes übrig, als aber-
mals die Axt zu nehmen und hinauszugehen in den
Wald. Er schlug diesmal nur ganz, ganz leicht an die
Tanne, doch sogleich kam der Kater Wiljiki Timofei
Iwanowitsch herabgesprungen und fragte: »Was willst
du denn schon wieder?«

»Ach«, antwortete das Bäuerlein zaghaft, »ich wünsche
eigentlich gar nichts, aber meine Frau, ja stell' dir vor,
die will jetzt Zarin sein und im schönsten Schloß der
Welt wohnen. Und du, Kater Wiljiki Timofei Iwanowitsch, du sollst mit einer goldenen Kette an eine silberne Säule gekettet werden. Wenn du herabkletterst,
dann mußt du ihr ein Lied vorsingen, und wenn du
hinaufkletterst, dann mußt du ihr ein Märchen erzählen.«

Die Worte waren kaum über seine Lippen gekommen,
da wurde der Kater plötzlich riesengroß, seine goldenen
Schnurrbarthaare zitterten, und seine diamantenen
Augen schossen Blitze, und er schrie mit ungeheurer

Stimme, daß man es noch dreißig Werst* weit hören konnte: »Geh' nur heim, ihr habt es jetzt beide, wie ihr's verdient!«

Traurig schlich sich das Bäuerlein nach Hause. Da stand an der Stelle, wo zuletzt das prächtige Fürstenschloß gestanden hatte, seine alte, armselige Hütte wieder. Nur war die inzwischen noch etwas baufälliger geworden, als sie es vorher gewesen war. Und als das Bäuerlein durch die zerbrochenen Fensterscheiben schaute, da sah er seine Frau auf der Ofenbank sitzen, und sie hatte wieder ihren alten zerschlissenen Pelzrock an.

[Märchen aus Rußland]

---

* Werst = russ. Längenmaß, etwa 1 km

Wie man mit einer Erbse
die Königstochter, ein Schloß und
neun Schweine gewinnt

Es war einmal ein Junge, der fand eine Erbse und war über alle Maßen froh. »Was für ein glücklicher Mensch bist du doch!« sprach er bei sich selbst. »Nun wirst du keine Not leiden, denn jetzt säst du die Erbse, über ein Jahr bekommst du davon eine Maß, über zwei Jahre einen Kübel, über drei Jahre hundert Kübel, über vier Jahre tausend Kübel und so immer mehr.« Aber da fiel ihm noch gerade zur rechten Zeit ein, daß er nichts habe, wohin er die vielen Erbsen schütten solle. »Du willst gleich zum König gehen«, sprach er bei sich, »und ihn um tausend Säcke bitten.«

Als er nun hinging und den König darum bat, fragte dieser: »Wozu brauchst du denn so viele Säcke?«

»Für meine Erbsen!« sprach der Junge.

»Ja, ich habe nicht so viel«, antwortete der König, »aber bleibe nur hier bis morgen!«

Der König aber hatte eine schöne Tochter, die wollte er gerne einem reichen Jüngling zur Frau geben. »Der wäre mir gerade recht!« dachte der König, »denn wenn er so viele Erbsen hat, was muß er erst anderes haben!« Er ließ ihm jedoch für die Nacht nur ein Strohlager machen, um ihn zu prüfen, ob er wirklich reich sei. Rausche das Stroh nämlich, und könne er nicht darauf liegen, so sei das ein rechtes Zeichen, daß er nicht arm sei. Da mußten nun einige Mägde an der Türe lauschen.

Kaum hatte sich der Junge niedergelegt, da verlor er seine Erbse im Stroh. Er war voller Sorge und fing gleich an zu suchen und das Stroh auseinanderzuwerfen, so daß es laut rauschte und raschelte.

Nun liefen die Mägde gleich zum König und brachten ihm die erwünschte Botschaft. Der war sehr froh, und am frühen Morgen kam er gleich zu dem Jungen und sagte, wenn er nichts dagegen hätte, so wolle er ihm seine Tochter zur Frau geben, denn er sehe ja wohl, daß er ein sehr reicher Herr sei. »Dagegen habe ich ganz und gar nichts!« sprach der Junge. »Eine Königstochter«, dachte er, »und zumal wenn sie so schön ist, bietet man einem nicht alle Tage an.«

So feierte er noch an demselben Tag mit ihr die Hochzeit und war ganz vergnügt und glücklich. Am folgenden Morgen ließ aber der König die Pferde anspannen und sprach: »Wohlan, ich möchte gerne dein Schloß sehen, fahren wir gleich hin!« Da mußte sich der Junge mit seiner Frau, der Königstochter, und dem alten König in den Wagen setzen und zeigen, wohin man fahren solle. Er zeigte nach einer Richtung, ohne daß er selbst recht wußte, wohin es gehe. Es war ihm aber nicht wohl dabei, und er hatte keine Ruhe.

Als sie in einen Wald kamen, stieg er vom Wagen, als wolle er nur so auf die Seite. Aber er wollte fortlaufen und war voller Angst, daß ihn der König suchen und finden werde.

Auf einmal stand der Teufel vor ihm und fragte ihn,

warum er denn so ein Narr sei und die Königstochter im Stich lasse. »Ja«, sprach er, »wie sollt' ich das nicht. Der König, ihr Vater, will zu meinem Schloß fahren, und ich habe doch keines!«

Da sagte der Teufel: »Ein Schloß sollst du haben und alles was dazugehört und neun Schweine im Stall, doch nur unter einer Bedingung: Nach sieben Jahren sollst du mir neun Fragen richtig beantworten, und bleibst du mir auch nur eine schuldig, so sollst du mir gehören.«

Der Junge dachte nicht lange nach und willigte ein. Der Teufel führte ihn sofort auf eine lichte Stelle im Wald und zeigte ihm in der Ferne ein Schloß und sprach: »Ziehe nur dahin, das ist dein!« Der Junge lief jetzt schnell wieder zum Wagen. Der König und seine Tochter waren schon ungeduldig geworden, daß er so lange weggewesen war. Er ließ schnell weitertreiben, und bald waren sie im Schloß. Das gefiel dem alten König sehr, denn es war alles da, was man sich nur wünschen konnte.

Nach einigen Tagen zog er heim und ließ das junge Paar für sich, und die lebten jetzt froh und vergnügt. So verging ein Jahr nach dem andern, bis die sieben Jahre bald um waren. Da wurde es dem Jungen angst, und er dachte mit Grauen an die neun Fragen.

Als er nun einmal in traurigen Gedanken auf dem Felde herumging und nachdachte, kam ein alter Mann zu ihm und fragte ihn, was ihm denn fehle. Er erzählte ihm von seiner Not. Da sagte der alte Mann: »Kümmere dich nicht, ich werde dir in jenem Augenblick gute Gedanken eingeben, daß du keine Antwort schuldig bleibst!«

Kaum war die Zeit da, so stellte sich auch der Teufel ein und fing an zu fragen: »Was ist *eins* und ist viel wert?«

Da sprach der Junge: »Ein guter Brunnen auf dem Hof ist einem Wirt viel wert!«

Der Teufel war mit der Antwort zufrieden und fragte weiter: »Was ist *zwei* und läßt sich schwer entbehren?«

»Wer zwei gesunde Augen hat, dem steht die Welt und der Himmel offen. Wer sie verliert, dem werden beide verschlossen.«

Der Teufel ärgerte sich, daß auch diese Antwort richtig war, und fragte fort: »Was ist *drei* und läßt sich gut brauchen?«

»Wenn jemand eine gute dreihörnige Gabel hat, so kann er gut essen und Heu machen!«

Auch diese Antwort paßte. Der Teufel kochte vor Zorn und fragte weiter: »Was ist *vier* und ist sehr nützlich?«

»Wer vier starke Räder am Wagen und vier gute Pferde hat, kann weit fahren!«

»Was ist *fünf* und ist ein nützlich Ding?« fragte der Teufel hastig fort.

»Wer fünf starke Ochsen hat, kann eine große Last aufladen, denn wenn der vierte fällt, spannt er den fünften ein!«

»Was ist *sechs* und kann schon glücklich machen? Nur schnell, antworte!«

»Wer sechs Joch Acker besitzt, der hat ein gutes Einkommen und braucht nicht betteln zu gehen!«

»Was ist *sieben* und ist was Gutes?«

»Wer sieben tüchtige Söhne hat, kann alle Arbeit im Jahre wohlbestellen und sich freuen!«

»Was ist *acht* und macht was Rechtes aus?«

»Acht Mädchen geben eine rechte Gesellschaft!«

Der Teufel war wütend, daß der Junge ihm alle Fragen so schnell und treffend beantwortet hatte.

»Nun warte!« rief er, »du bist dennoch mein eigen, wenn du die neunte Frage mir schuldig bleibst. Was ist *neun* und ist was Gutes?«

»Die neun Schweine im Stall sind was Gutes, nicht wahr? und die sind jetzt auch mein!«

Der Teufel zog fluchend ab, und der Junge hatte sich so ein Schloß und neun Schweine verschafft und lebte nun mit der schönen Königstochter bis an sein Ende im Frieden.

Aus dieser Geschichte aber kann sich jedermann ein Beispiel nehmen. Wer eine Erbse findet, soll sie nicht gering achten, denn wie leicht ist es möglich, daß er sich damit auch eine schöne Königstochter, ein Schloß und neun Schweine erwirbt!

[Märchen aus Siebenbürgen]

Die Glücksrute des Waldvaters

Vorzeiten ging ein Mann in den Wald, um Bäume zu fällen. Zuerst kam er zur Birke und wollte sie umhauen, als aber die Birke die Axt sah, da flehte sie kläglich: »Laß mich leben! Ich bin noch jung und habe eine ganze Schar Kinder hinter mir, die hilflos und alleine wären, wenn ich sterben müßte.«

Der Mann ließ sich erweichen, ging weiter und kam zur Eiche. Gerade wollte er die Eiche umhauen, aber als sie die Axt sah, da flehte auch sie kläglich: »Laß mich doch leben! Ich bin noch frisch und stark, meine Eicheln sind alle noch unreif und taugen noch nicht zur Saat. Wo sollen deine Kinder und Kindeskinder den Eichenwald hernehmen, wenn meine Eicheln jetzt zugrunde gehen müssen?«

Wieder hatte der Mann Mitleid, ließ sich erbitten und kam nun zur Esche. Als die Esche die Axt sah, flehte sie sogleich: »Laß mich doch am Leben! Ich bin selber noch jung und habe erst gestern eine junge Frau geheiratet. Was soll aus der Armen werden, wenn ich heute falle?«

Da ließ der Mann von der Esche ab und kam zum Ahorn, den er umhauen wollte. Der Ahorn aber bat sogleich: »Laß mich leben! Meine Kinder sind noch klein, alle noch unerzogen. Was soll aus ihnen werden,

wenn ich umgehauen werde?« Da ging der Mann weiter
und kam zur Erle. Als die Erle die Axt sah, da flehte
auch sie sogleich um ihr Leben: »Ich habe gerade meinen weißen Überzug und muß viele kleine Tiere mit
meinem Saft ernähren. Was soll aus ihnen werden, wenn
ich umgeschlagen werde?«

Der Mann ließ von der Erle ab und kam zur Espe, um
sie umzuhauen. Aber auch die Espe flehte: »Laß mich
leben! Der Schöpfer hat mich erschaffen, damit ich mit
meinen Blättern im Wind raschle und nachts Diebe und
Strolche erschrecke. Was sollte aus der Welt werden,
wenn ich jetzt umgehauen würde?«

Wiederum ließ sich der Mann erweichen, kam zum Faulbaum und wollte ihn fällen. Doch der flehte auch sogleich um sein Leben: »Laß mich leben! Ich bin noch in
Blüte und muß der Nachtigall Schatten geben, damit sie
in meinen Zweigen singt. Wo hörten denn die Menschen
schönen Vogelgesang, wenn die kleinen Sänger unser
Land verließen, weil ich gefällt worden bin?«

Der Mann ließ vom Faulbaum ab und kam schließlich
zur Eberesche. Er wollte sie gerade fällen, als auch sie
um ihr Leben bat. »Aus meinen Blüten sollen die Beeren
entstehen, die im Herbst und im Winter den Vögeln
Nahrung geben müssen. Was sollte aus den armen Tierchen werden, wenn ich heute gefällt würde?«

Da dachte der Mann bei sich: »Wenn mit den Laubbäu-
men nichts anzufangen ist, so will ich mein Glück bei
den Nadelbäumen versuchen.« So kam er zur Fichte,
doch als die die Axt sah, fing sie gleich an zu bitten: »Ich
bin noch jung und kräftig und muß Zweige treiben, um

im Sommer und im Winter zu grünen, damit die Menschen ihre Freude daran haben. Wo sollten sie im Sommer ein schattiges Plätzchen finden, wen an Weihnachten in ihre Stuben stellen, wenn ich heute gefällt würde?«

Der Mann ging weiter und kam zum Wacholder, der aber flehte: »Laß mich doch am Leben! Ich bin der allergrößte Schatz des Waldes, weil man mich gegen neunundneunzig Krankheiten gebrauchen kann. Was sollte aus Menschen und Tieren werden, wenn ich umgeschlagen würde?«

Da ließ sich der Mann auf einer Wiese nieder und sprach bei sich: »Die Sache kommt mir sonderbar vor. Jeder Baum sträubt sich dagegen, gefällt zu werden. Was soll ich machen, wenn ich nirgends mehr Bäume finde, die sich von mir umhauen lassen?«

Da trat aus der Tiefe des Waldes ein alter Mann mit grauem Bart hervor. Er trug ein Hemd aus Birkenrinde und eine Jacke aus Fichtenzweigen und fragte: »Warum sitzt du denn hier so mißmutig und traurig?«

»Wie sollte ich nicht mißmutig und traurig sein?« antwortete der Holzfäller. »Heute morgen nahm ich meine Axt, ging in den Wald und wollte Holz fällen. Aber plötzlich fand ich den Wald voller Leben. Jeder Baum hat seinen Verstand im Kopf und seine Zunge im Mund und bat mich, ihn am Leben zu lassen. Da hatte ich Mitleid mit den Bäumen und brachte es nicht mehr übers Herz, sie zu fällen.«

Der Alte sah den Holzfäller freundlich an und sprach: »Ich danke dir, Bauer, daß du deine Ohren vor den Bitten meiner Kinder nicht verschlossen hast. Dir soll aber aus deiner Gutherzigkeit kein Schaden erwachsen, sie soll dir vielmehr Glück bringen. Denn ich will dich belohnen und dafür sorgen, daß es dir in Zukunft an nichts mangelt.« Mit diesen Worten reichte der Alte dem Holzfäller eine kleine Goldrute und fuhr fort: »Von nun an hast du nichts weiter zu tun, als zu sagen, was dein Herz begehrt. Wenn du ein Haus bauen willst, dann geh zu einem Ameisenhaufen und schwinge diese Goldrute dreimal über ihn. Schlag aber nicht hinein, um den kleinen Tierchen nicht zu schaden. Dann befiehl ihnen, was sie tun sollen, und du wirst am nächsten Morgen die Arbeit getan finden, die du gewünscht hast. Möchtest du etwas zu essen, dann gebiete mit der Goldrute dem Kessel, daß er dir zubereiten soll, was du dir wünschst. Wenn du etwas Süßes zum Naschen willst, dann zeig die Goldrute den Bienen, und sie werden dir Honigwaben bringen. Möchtest du Saft, dann brauchst du es nur der Birke und dem Ahorn zu sagen. Sie werden dir deinen Wunsch sogleich erfüllen. Die Erle wird dir Milch geben, der Wacholder Gesundheit bringen. Wenn du Leinen willst, oder wollene oder seidene Kleider, dann gebiete es den Spinnen, und sie werden dir die Stoffe, die du dir wünschst, bald weben. So wird es dir an nichts fehlen, und du wirst immer alles zur Genüge haben, als Lohn dafür, daß du auf die Bitten meiner Kinder gehört und sie am Leben gelassen hast. Ich bin nämlich der Waldvater, den der Schöpfer zum Herrscher über die Bäume bestimmt hat. Doch vergiß eines nie: Hüte dich, daß deine Wünsche das richtige Maß überschreiten. Und schärfe es auch deiner Frau und deinen Kindern ein, daß sie keine unmöglichen oder unsinnigen Wünsche mit der Goldrute tun dürfen, denn sonst würde sich das Glück in Unglück verkehren.« Mit diesen Worten nahm der Waldvater Abschied von dem Holzfäller und war mit einem Mal verschwunden.

Der Holzfäller aber ging mit seiner Goldrute nach Hause. Er hatte auf seinem Hof eine alte, halbverfallene Hütte und wollte noch am gleichen Tag die Geschicklichkeit der Ameisen im Häuserbauen erproben. So ging er zum Ameisenhaufen, schwang dreimal die Goldrute darüber und rief: »Liebe Ameisen, baut mir eine neue Hütte!« Und als er am anderen Morgen aufstand, da fand er tatsächlich die Hütte fertig gebaut.

Auch die Zubereitung des Essens machte dem Holzfäller nun keine Sorge mehr. Was das Herz begehrte, das kochte der Kessel, sobald es ihm befohlen wurde. Er trug sogar die Speisen auch noch auf den Tisch, so daß die Hausleute nichts weiter zu tun hatten, als es sich schmecken zu lassen. Die Spinnen webten ihnen von nun an alle erdenklichen Stoffe, die Maulwürfe pflügten ihre Äcker, die Ameisen streuten den Samen aus und ernteten im Herbst das Korn vom Feld. Nirgends mehr brauchte man eine Menschenhand, die noch arbeiten mußte. Das ging viele Jahre so, doch eines Tages mußte der alte Holzfäller sterben.

Vor seinem Tode hatte er die Goldrute mit der Zauberkraft seinen Kindern vererbt, und er gab ihnen dieselben Ratschläge, die er einst vom Waldvater erhalten hatte und warnte sie vor übertriebenen und maßlosen Wünschen. Die Kinder richteten sich auch danach, dachten stets an die Worte ihres Vaters und verbrachten deshalb ihr Leben genauso glücklich wie er.

In der Generation der Enkelkinder geschah es aber, daß die Glücksrute in die Hände eines Mannes kam, der sich nicht um die Warnung seiner Eltern kümmerte und ihre Ratschläge, die sie ihm gegeben hatten, in den Wind schlug. Er wünschte sich von der Rute viele unnütze Dinge und benutzte sie ohne Sinn und Verstand. Zunächst entstand aus diesen Wünschen noch kein Schaden, weil sie immerhin noch möglich waren. Der Mann wurde mit der Zeit aber immer übermütiger und unvernünftiger, und schließlich wünschte er sich ganz und gar Unmögliches. So hatte er ihr eines Tages befohlen, die Sonne vom Himmel herunterzuholen, damit er seinen Rücken daran schön wärmen könne. Die Rute wollte zwar den Befehl ihres Herrn ausführen, aber es ist eben unmöglich, daß die Sonne vom Himmel herabkommt. Und so schickte die Sonne so flammende Strahlen zur Erde herab, daß der Mann, der sich selber verwünscht hatte, daran verbrennen mußte. Nicht die kleinste Spur ist von ihm zurückgeblieben.

Ob nun die Glücksrute in den sengend heißen Sonnenstrahlen damals auch verbrannt ist oder nicht, das konnte hinterher niemand mehr sagen. Sie ist nie mehr gefunden worden, und niemand weiß, wo sie hingekommen ist. Die Bäume im Wald aber sind durch die große Hitze der Sonnenstrahlen in jenen Tagen so sehr erschrocken, daß sie verstummten. In späteren Zeiten hat niemand mehr ein Wort von ihnen vernommen.

[Märchen aus dem Baltikum]

Die Schlange mit dem Krönchen

Es lebte vor langer Zeit, als du, mein Kind, noch den Schmetterlingen nachflogst, ein ganz braves Mädchen, das bei einem Bauern im Dienst war. Es tat treu und redlich seine Arbeit, achtete auf die Sachen und das Vieh seines Dienstherrn und arbeitete von frühmorgens bis spätabends.

Im Haus, in dem sie Dienstmagd war, lebte auch eine kleine Schlange, die ein hellglänzendes Krönchen auf dem Kopf trug. Die wohnte in einer Mauerritze des Stalles und ließ sich selten sehen. Die meisten Hausbewohner wußten nur deshalb, daß eine Krönchenschlange im Hause sei, weil sie ihr wunderschönes Singen oft hörten.

Sooft aber das brave Mädchen in den Stall kam, um die Kühe zu melken, fand sich auch die Krönchenschlange ein. Sie hatte glänzende schwarze Augen, mit denen sie die Magd bittend und klug ansah. Da dachte sich das Mädchen: »Ich weiß schon, was du möchtest«, goß ein wenig Milch in ein irdenes Schüsselchen und gab sie der kleinen Schlange zu trinken.

Da hättest du das Schlänglein sehen sollen, wie es seine Zunge spielen ließ und die süße Milch gierig einschlürfte. Und wenn sie dabei ihr Köpfchen wendete, schimmerte die Krone wie pures Gold, daß einem das Sehen hätte vergehen mögen. War die Schüssel geleert, nickte die Schlange mit ihrem Köpfchen, daß die Krone funkelte wie der Tau im Sonnenschein, und dann schlüpfte sie wieder in die Mauerritze.

Das Mädchen hatte seine Freude an dem Tierlein und gab ihm morgens und abends Milch, und das tat es um so lieber, als es sah, daß die Schlange Glück und Segen ins Haus brachte. Denn seitdem sie Milch bekam, waren die Kühe immer gesund und gaben viel mehr Milch als früher. So ging es lange Zeit und nichts kam dazwischen.

Als eines Abends die Schlange wieder im Stall war und ihre Milch trank, kam der Bauer, der ein schlimmer Geizhals war, dazu und sah es. Sogleich fing er an zu schimpfen und zu toben, wie ein wildes Tier, nannte das Mädchen eine Betrügerin und machte ihm die bittersten Vorwürfe. Das arme Mädchen schluchzte und weinte, daß die Tränen nur so über ihre roten Wangen flossen, und beteuerte seine Unschuld. Der Bauer hörte aber nicht auf zu fluchen und zu schelten und schrie: »Ich kann eine Magd, die so wirtschaftet und die Milch den Würmern gibt, nicht brauchen. Nimm deine Sachen und pack dich aus meinem Hause!«

Das arme Mädchen mochte sagen und tun, was es wollte, er bestand auf seinem Wort. Da ging es weinend in seine Kammer, schnürte seine Kleider zusammen und ging aus dem Hause.

Bevor sie aber für immer Abschied vom Hof nahm, ging sie in den Stall, um noch einmal die lieben Kühe zu sehen. Wie sie dort stand und es ihr schwer wurde, von den Tieren, die ihre Stimme kannten und so oft ihre Hand geleckt hatten, zu scheiden, kroch plötzlich die Krönchenschlange daher, machte vor dem Mädchen halt und warf das funkelnde Krönchen vor es hin. Im Hui war dann die Schlange durch die Stalltüre hinaus und wurde nie wieder gesehen. Das Mädchen hob die schöne Krone auf, die ihr die Schlange als Dankeschön gebracht hatte, nahm sie und kehrte zurück zu ihrer Mutter. Und was glaubt ihr, wie es dem Mädchen weiter ergangen ist?

Ganz gut, denn das Krönlein macht jeden, der es besitzt, steinreich. Der geizige Bauer hatte aber, seitdem die Krönchenschlange aus dem Hause war, kein Glück mehr. Mit seiner Wirtschaft ging es immer schlechter, und er kam später um Haus und Hof. So wurden seine Hartherzigkeit und sein Geiz bitter bestraft.

[Märchen aus Tirol]

Pechvogel und Glückskind

In einer kleinen Stadt, nicht weit von dem Ort, wo ich wohnte, lebte einmal ein junger Mann, dem alles zum Unglück ausschlug, was er anfing. Sein Vater hatte schon Pechvogel geheißen, und so hieß er denn auch Pechvogel. Beide Eltern waren früh gestorben, und die lange, dürre Tante, die ihn damals zu sich genommen hatte, prügelte ihn jedesmal, wenn sie aus der Messe kam. Da sie nun aber jeden Tag in die Messe ging, so prügelte sie ihn eben auch alle Tage. Er hatte aber auch wirklich sehr viel Unglück. Denn wenn er ein Glas trug, fiel es ihm gewöhnlich hin; und wenn er dann weinend die Scherben auflas, schnitt er sich stets in die Finger.

So ging es dem Pechvogel in allen Dingen. Die lange Tante starb zwar eines Tages, und er pflanzte um ihr Grab so viel Büsche und Bäume, als wollte er auf ihnen noch einmal alle die Stöcke ziehen, die sie auf seinem Rücken zerschlagen hatte; aber sein Unstern schien mit jedem Tag nur mehr und mehr zuzunehmen. Da bemächtigte sich seiner eine große Traurigkeit, und er beschloß, in die weite Welt zu gehen. Schlechter kann's nimmer werden, dachte er, vielleicht wird's besser. Er steckte daher sein ganzes Geld in die Tasche und wanderte zum Tor hinaus.

Vor dem Tor, auf der steinernen Brücke, blieb er noch einmal stehen und lehnte sich über das Geländer. Er sah in die Wellen hinab, die reißend an den Pfeilern vorbeischäumten, und es wurde ihm recht wehmütig ums Herz. Es war ihm fast, als wenn es ein Unrecht wäre, die Stadt zu verlassen, in der er so lange gelebt hatte. Und vielleicht wäre er noch lange so gestanden, wenn ihm nicht plötzlich der Wind den Hut vom Kopf geweht und in den Fluß geworfen hätte. Da erwachte er aus seinen Träumen, aber der Hut war schon unter der Brücke fortgeschwommen und tanzte auf der anderen Seite mitten im Strom. Und jedesmal, wenn ihn eine Welle hochhob, schien er höhnisch zurückzurufen: »Ade, Pechvogel! Ich reise in die Welt. Bleib du zu Hause, wenn du Lust hast.«

So machte sich Pechvogel ohne Hut auf den Weg. Lustige Gesellen zogen oft genug singend und lachend an ihm vorüber und luden ihn ein, mit ihnen die Wanderschaft fortzusetzen. Doch er schüttelte jedesmal traurig den Kopf und sagte: »Ich passe nicht zu euch und würde euch nicht viel Glück bringen. Außerdem heiße ich Pechvogel.« Sobald die lustigen Burschen diesen Namen hörten, wurden sie ernsthaft und verlegen und machten sich eiligst aus dem Staub. Erreichte er abends müde ein Wirtshaus und saß er an einer einsamen Ecke des Tisches, den Kopf auf die Hand gestützt und vor sich den Krug mit Wein, der nimmer leer werden wollte, dann trat zuweilen das Wirtstöchterlein leise zu ihm heran, tippte ihm auf die Schulter, daß er sich erschrocken umdrehte und fragte, warum er so traurig sei. Wenn er dann aber seine Geschichte erzählte und gar seinen Namen nannte, schüttelte sie den Kopf, ging zu den anderen zurück und ließ ihn allein sitzen und seinen Gedanken nachhängen.

Nachdem Pechvogel mehrere Wochen lang gewandert war, ohne recht zu wissen, wohin, kam er eines Tages an einen wundervollen großen Garten, der von einem hohen, vergoldeten Geländer umgeben war. Durch das Geländer hindurch sah man uralte Bäume und niedriges Buschwerk abwechselnd mit großen Rasenplätzen. Dazwischen schlängelte sich ein Bach, über den viele kleine Brücken führten. Zahme Hirsche und Rehe spazierten auf den gelben Sandwegen umher, kamen bis ans Gitter, streckten ihre Köpfe heraus und fraßen ihm das Brot aus der Hand. In der Mitte des Gartens aber sah man aus den Bäumen ein stattliches Schloß hervorragen. Die silbernen Dächer blitzten in der Sonne, und von den Türmen wehten bunte Fahnen.

Pechvogel ging am Geländer entlang; endlich fand er einen großen, offenstehenden Torweg, von dem eine lange, schattige Allee gerade zum Schloß hinführte. Im Garten selbst war alles still; kein Mensch ließ sich sehen oder hören. Am Tor hing eine Tafel. »Aha«, dachte er, »wie immer, wenn man an einem recht schönen Garten vorbeikommt, wo die Tore einladend offenstehen, dann hängt doch stets eine Tafel daneben, worauf steht, daß der Eintritt verboten ist.«

Zu seiner großen Überraschung sah er jedoch, daß er sich diesmal täuschte, denn auf der Tafel stand weiter nichts als: »Hier darf nicht geweint werden!«

»So, so«, sagte Pechvogel, »eine närrische Inschrift«, zog das Taschentuch heraus und rieb sich ein wenig die Augen; denn er war nicht ganz sicher, ob nicht in einer Ecke irgendwo doch eine halbe Träne sitzengeblieben sei. Darauf trat er in den Garten ein. Der große breite Weg, der schnurstracks aufs Schloß zulief, machte ihn beklommen. Er schlug lieber einen Seitengang mitten zwischen hohen Jasmin- und Rosenhecken ein. Dem folgte er und gelangte in einen kleinen Wald, aus dem ein Weg mit vielen Windungen zu einem Hügel hinaufführte. Als er jetzt abermals um eine Ecke bog, lag die Spitze des Hügels vor ihm, und auf dem Hügel saß ein wunderschönes Mädchen im Gras.

Sie hatte eine goldene Krone auf dem Schoß, die sie fortwährend anhauchte. Dann nahm sie ihre seidene Schürze und rieb die Krone damit. Als sie sah, daß sie wieder ganz blank wurde, klatschte sie vor Freude in die Hände, strich sich ihre langen Haare hinter die Ohren und setzte sich die Krone wieder auf.

Den armen Pechvogel überfiel bei ihrem Anblick eine sonderbare Angst. Sein Herz klopfte so laut, als wenn es zerspringen wollte. Er trat hinter einen Busch und duckte sich nieder. Aber ein Zweig legte sich ihm gerade quer übers Gesicht. Und wie der Wind den Busch leise hin und her bewegte, kitzelte ihn ein Dorn fortwährend an der Nasenspitze herum, so daß er laut niesen mußte. Erschrocken drehte sich das Mädchen mit der Krone um und sah Pechvogel hinter dem Busch kauern.

»Warum versteckst du dich?« rief sie. »Willst du mir etwas Böses tun, oder fürchtest du dich vor mir?«

Da trat Pechvogel zitternd wie Espenlaub hinter dem Busch hervor.

»Du tust mir nichts!« sagte sie lachend. »Komm her, setz dich ein wenig zu mir; meine Freundinnen sind alle fortgelaufen und haben mich allein gelassen. Du kannst mir etwas recht Hübsches erzählen, aber was zum Lachen! Hörst du? – Aber du siehst ja so traurig aus. Was fehlt dir denn? Wenn du kein so finsteres Gesicht machen würdest, wärst du wirklich ein recht hübscher Bursche.«

»Wenn du es möchtest«, antwortete Pechvogel, »will ich mich gerne einen Augenblick zu dir setzen. Aber wer bist du denn? Ich habe ja mein Lebtag noch nie etwas so Schönes und Herrliches gesehen wie dich!«

»Ich bin die Prinzessin Glückskind und dies ist der Garten meines Vaters.«

»Was machst du denn hier so allein?«

»Ich füttere meine Rehe und Hirsche und putze meine Krone.«

»Und nachher?«

»Dann füttere ich meine Goldfische!«

»Und wenn du damit fertig bist?«

»Dann kommen meine Freundinnen wieder, und dann lachen wir und singen und tanzen.«

»Ach, was du für ein glückliches Leben führst! Und das geht so alle Tage?«

»Ja, alle Tage. Nun sage aber auch einmal, wer du bist und wie du heißt?«

»Ach, allerschönste Prinzessin, verlangt nur das nicht von mir! Ich bin der allerunglücklichste Mensch unter der Sonne und habe den allerhäßlichsten Namen.«

»Pfui!« sagte sie. »Ein häßlicher Name ist sehr häßlich. Im Reich meines Vaters gibt es einen, der heißt Entengrütze, und einen andern, der heißt Fettfleck. Du wirst doch nicht etwa so heißen?«

»Nein«, antwortete er, »Entengrütze heiße ich nicht, auch nicht Fettfleck. Mein Name ist noch viel häßlicher. Ich heiße Pechvogel.«

»Pechvogel? Das ist ja zum Totlachen! Kannst du denn keinen anderen Namen kriegen? Höre, ich will mir einmal einen recht hübschen Namen für dich ausdenken, und dann will ich meinen Vater bitten, daß er dir erlaubt, ihn zu tragen. Mein Vater kann alles, was er will, denn er ist König. Aber nur unter der Bedingung tu' ich es, daß du ein ganz vergnügtes Gesicht machst. Nimm doch die Hand vom Gesicht, du mußt dir nicht immer so an der Nase herumzupfen! Du hast eine ganz hübsche Nase und wirst sie dir noch ganz und gar verderben. Streich dir einmal die Haare aus der Stirn! So, nun siehst du doch einigermaßen vernünftig aus. Sag einmal, warum bist du eigentlich so traurig? Ich bin immer vergnügt, und jeder, mit dem ich rede, freut sich. Nur dir sieht man's gar nicht an!«

»Warum ich so traurig bin? Weil ich mein ganzes Leben traurig war und stets Unglück habe. Und du bist immer lustig? Wie fängst du das an?«

»Mich hat eine Fee über das Taufbecken gehalten, der hatte mein Vater früher einmal einen großen Dienst erwiesen. Sie nahm mich auf den Arm, küßte mich auf die Stirn und sagte zu mir: ›Du sollst immer fröhlich sein und alle Welt fröhlich machen. Wenn dich ein recht trauriger Mensch ansieht, soll er sein Unglück vergessen! Glückskind sollst du heißen!‹ – Dich aber hat wohl keine Fee geküßt?«

»Nein, nein«, antwortete er hastig, »niemals!«

Darauf wurde die Prinzessin sehr still und nachdenklich und sah ihn mit ihren großen blauen Augen so sonderbar an, daß es ihm eiskalt den Rücken hinunterlief. Dann fing sie wieder an: »Ob es wohl immer eine Fee sein muß? Eine Prinzessin ist doch auch etwas. Komm her, knie dich einmal hin, denn du bist mir zu groß.«

Darauf trat sie vor ihn, gab ihm einen Kuß und lief lachend fort.

Ehe sich Pechvogel noch recht besinnen konnte, war sie verschwunden. Langsam stand er auf. Es war ihm, als wenn er aus einem Traum erwachte, und doch fühlte er, daß es kein Traum sein könne, denn eine wunderbare Fröhlichkeit war über sein Herz gekommen. »Wenn ich nur meinen Hut hätte«, sagte er, »daß ich ihn in die Luft werfen könnte. Vielleicht finge er an zu trillern und flöge als Lerche davon! So ist mir zumute. Ich glaube wirklich, ich bin lustig. Das wäre doch zu merkwürdig.« – Er pflückte sich noch einen großen Blumenstrauß im Garten und wanderte singend die Landstraße weiter.

Sobald er in die nächste Stadt kam, kaufte er sich eine rotsamtene Weste mit seidenem Futter und einen Hut mit einer langen weißen Feder, besah sich im Spiegel und sagte: »Pechvogel heiße ich? Wir wollen doch sehen, ob ich nicht einen andern Namen bekomme. Aber den schönsten, den es gibt, sonst nehm' ich ihn nicht.« Dann stieg er auf ein Pferd, gab ihm die Sporen, daß es lustig tanzte, und setzte seine Reise fort.

Prinzessin Glückskind aber, nachdem sie dem Pechvogel den Kuß gegeben hatte, lief und lief. Dann ging sie langsamer und langsamer, und zuletzt setzte sie sich auf eine Bank unweit vom Schloß und fing bitterlich an zu weinen. Als ihre Freundinnen zurückkehrten und sie fanden, weinte sie immer noch. Sie versuchten sie zu trösten, aber es half alles nichts. Da liefen sie in ihrer Angst zum König und riefen: »Um Gottes willen, Herr König! Ein Unglück für das ganze Land! Prinzessin Glückskind sitzt im Garten und weint, und niemand kann ihr helfen.«

Als dies der König hörte, wurde er vor Schrecken blaß und sprang eilig die Treppe in den Garten hinunter. Da saß die Prinzessin weinend auf der Bank und hatte die Krone auf dem Schoß, und es waren auf sie so viele Tränen gefallen, daß sie in der Sonne blitzte, als wenn sie mit tausend Diamanten besetzt wäre. Der König nahm seine Tochter in den Arm und tröstete sie und redete ihr zu; aber sie weinte und weinte. Er führte sie in das Schloß und ließ ihr aus dem ganzen Land alles bringen, was es nur Schönes und Kostbares gab. Doch sie blieb traurig; und sooft er sie auch bat, ihm doch zu sagen, welch ein schweres Herzeleid ihr widerfahren sei, sie antwortete nicht. Aber der König fragte immer wieder, und zuletzt mußte sie es sagen. Und sie erzählte, wie sie im Garten gesessen und wie ein junger Mann gekommen wäre, der so überaus traurig ausgesehen habe, und wie sie ihn geküßt hätte, um zu sehen, ob er dadurch nicht vielleicht etwas fröhlicher würde.

Da schlug der König die Hände über dem Kopf zusammen. »Einen fremden, hergelaufenen Menschen, wahrscheinlich einen ganz gewöhnlichen Handwerksburschen, mit schlechten Kleidern und noch dazu ohne Hut! Es ist unglaublich!«

»Er tat mir so leid!«

»Ein schöner Grund für eine Prinzessin, den ersten besten Strolch zu küssen! Und Pechvogel heißt er? Unerhört! Aber den Burschen muß ich haben, und wenn ich ihn habe, wird er geköpft. Das ist die allergeringste Strafe, die ihn treffen kann.«

Darauf befahl der König den Reitern, das Land nach allen Richtungen zu durchstreifen und nach dem armen Pechvogel zu fahnden. »Wenn ihr einen jungen Menschen findet, der aussieht, als hätten ihm die Mäuse das Brot weggefressen, und keinen Hut hat, der ist's. Bringt den Strolch sofort hierher!«

Und die Reiter stoben auseinander wie Spreu, in die der Wind fährt, und durchzogen das ganze Land. Manche von ihnen kamen auch an Pechvogel vorbei, der in seiner vornehmen Kleidung stolz auf seinem Pferd saß, aber sie erkannten ihn nicht. So kehrten die meisten von ihnen unverrichteter Dinge in das Schloß zurück. Die Prinzessin aber blieb traurig wie zuvor und kam jeden Mittag mit verweinten Augen zu Tisch; und der König tat auch weiter nichts, als daß er immer wieder seine schöne, traurige Tochter ansah, und ließ darüber Suppe und Braten kalt werden.

So ging es Woche um Woche. Eines Tages jedoch entstand plötzlich ein Lärm auf dem Schloßhof. Alles lief zusammen, und ehe noch der König Zeit fand, ans Fenster zu treten, um nach der Ursache zu sehen, führten schon zwei Reiter den armen Pechvogel ins Zimmer. Sie hatten ihm die Hände auf dem Rücken zusammengebunden, aber sein Gesicht strahlte, als wenn ihm in seinem Leben noch nie etwas Lieberes widerfahren wäre. Er verneigte sich vor dem König und richtete sich dann stolz auf, abwartend, was er über ihn beschließen würde.

»Wir haben den Vogel gefangen, Majestät!« sagte der ältere der beiden Reiter. »Er muß sich aber inzwischen gemausert haben, denn Eure Beschreibung paßt auf ihn wie die Faust aufs Auge. Gewiß hätten wir ihn auch nie gefunden, wenn uns nicht der dumme Tölpel, als wir im Wirtshaus mit ihm zusammentrafen, die ganze Geschichte selbst erzählt hätte. Und wißt Ihr, was er weiter getan hat, nachdem wir ihn gefangen und gebunden hatten? Weiter gelacht und weiter gesungen! Und wie wir ihn auf sein Pferd gesetzt, zwischen unsere Pferde genommen und hierherjagten, da hat er geschimpft und gezankt, daß wir so langsam ritten! Als wenn er es nicht erwarten könnte, bis er geköpft würde. Wenn das der traurigste Mensch sein soll, Majestät, dann möchte ich gerne den allerlustigsten sehen. Der muß sich dann zum Frühstück die Beine ausreißen und in den Kaffee tauchen. Alles andere hat der hier schon unterwegs gemacht!«

Als der König dies gehört hatte, trat er vor Pechvogel hin und sagte: »Also du bist der Kerl, der die Frechheit gehabt habt, sich von der Prinzessin küssen zu lassen?«

»Ja, Herr König, und ich bin seitdem der allerglücklichste Mensch der Welt geworden!«

»Werft ihn in den Turm. Er soll morgen geköpft werden!«

Hierauf führten die Reiter Pechvogel in den Turm; der König aber ging mit langen Schritten in seinem Zimmer auf und ab. »Das ist ein schlimmer Handel«, sagte er bei sich. »Jetzt habe ich ihn, und geköpft wird er; aber davon allein wird mein Glückskind nicht wieder lustig.« Dann ging er leise bis an die Zimmertür seiner Tochter, sah durchs Schlüsselloch, schüttelte den Kopf, ging wieder lange auf und ab und ließ sich endlich seinen Geheimen Rat kommen.

Als dieser alles gehört hatte, besann er sich und sagte: »Ich weiß nicht, ob's hilft, aber man könnte es versuchen. Daß der Pechvogel vorher traurig war und jetzt lustig ist, ist sicher. Ebenso, daß unsere schöne Prinzessin früher stets fröhlich war und nun fortwährend weint. Daß der Kuß daran schuld ist, ist doch sehr wahrscheinlich. Also, Majestät, der Pechvogel muß der Prinzessin den Kuß zurückgeben!«

»Das ist ja ganz unmöglich«, erwiderte der König ärgerlich, »und gegen die Sitte meines Hauses.«

Aber der König überlegte sich die Angelegenheit noch etwas und sagte dann schließlich: »Gut, wir wollen es versuchen. Rufe alle Grafen und Ritter ins Thronzimmer und laß den Gefangenen her.aufführen!«

Darauf legte der König seine feierlichste Kleidung an und nahm auf dem Thron Platz. Neben ihm stand die Prinzessin, der er gar nicht gewagt hatte zu sagen, weshalb er sie hatte rufen lassen. Um ihn herum stand in großem Kreis der ganze Hof, lauter vornehme Herren in goldgestickten Kleidern mit vielen Sternen und Schärpen. Alle waren ganz still. Da ging die Türe auf, und Pechvogel wurde hereingebracht.

»Du wirst morgen geköpft«, fuhr ihn der König an, »aber zuvor wirst du augenblicklich und vor allen diesen edlen und erlauchten Herren meiner Tochter den Kuß zurückgeben, den sie dir unüberlegterweise gegeben hat!«

»Wenn Ihr nur das wünscht, Herr König«, entgegnete Pechvogel, »so will ich es herzlich gern tun, und wenn es möglich ist, daß ein Mensch noch glücklicher werden kann, als ich es jetzt schon bin, so werde ich es gewiß durch diesen Kuß.«

»Das wollen wir erst einmal sehen!« unterbrach ihn der König barsch. »Diesmal könntest du dich doch verrechnet haben.«

Darauf schritt Pechvogel auf die Prinzessin zu, umarmte sie und gab ihr einen süßen Kuß. Sie aber nahm seine Hand, sah ihn sehr freundlich an, und beide blieben vor dem Thron stehen.

»Bist du nun wieder vergnügt, meine liebe Tochter?« fragte der König.

»Ein kleines bißchen, Herr Vater«, entgegnete sie, »aber es wird gewiß nicht lange vorhalten.«

»Ja, ja«, sagte der König traurig, »ich sehe es schon. Er ist ja nicht wieder traurig geworden, wie es sein müßte, wenn's richtig wäre. Er steht ja noch immer da und lächelt und macht immer noch das unverschämt vergnügte Gesicht! Was sollen wir nun anfangen?«

Da schlug die Prinzessin die Augen nieder und sagte leise: »Ich weiß es, Vater, und will es dir sagen; aber bloß ins Ohr.«

Darauf ging der König mit der Prinzessin in den Vorsaal, und wie sie wieder hereintraten, nahm er die Hand Pechvogels, legte sie in die der Prinzessin und sagte zu allen den versammelten Herren und Grafen: »Es ist nicht zu ändern: Prinzessin Glückskind will diesen jungen Mann heiraten. Dies ist mein lieber Sohn, der König wird, wenn ich einmal sterbe.«

Und Pechvogel wurde Prinz und später König. Er wohnte in dem goldenen Schloß und gab der Prinzessin so viel Küsse, daß sie noch viel fröhlicher wurde als zuvor. Prinzessin Glückskind aber schenkte ihm für seinen häßlichen Namen die allerschönsten, jeden Tag einen andern. Nur zuweilen, wenn sie recht übermütig und lustig war, sagte sie zu ihm: »Weißt du noch, wie du früher geheißen hast?« Und dann wollten sie sich beide fast totlachen.

[Märchen von Richard von Volkmann-Leander]

Der Federkönig

Es war einmal ein Paar armer Leute auf dem Feld, und sie hatten auch ihren kleinen Jungen dabei. Der lag in einer Schaukel, die war aus Windeln gemacht und hing an vier Stöcken. Da kam mit einem Mal eine wilde Katze aus dem Wald, nahm das Kind und trug es fort in ihre Höhle.

Die Wildkatze tat dem Knaben aber nichts zuleide, sondern pflegte ihn, brachte Kräuter, Wurzeln und Erdbeeren, so daß er keine Not litt. Er wuchs in der Höhle auf, und als er groß geworden war, sprach die Katze eines Tages zu ihm: »Du bist nun alt genug, um eine Frau zu bekommen. Du sollst die Königstochter heiraten!«

»Aber ich bin ja nackt«, sprach der Knabe, »wie soll ich vor den König und seine Tochter treten?«

»Mach' dir keine Sorgen, ich will dir gleich ein Kleid schaffen.« Und schon blies die Katze auf einem silbernen Pfeifchen und zischte und raschelte dann, und bald kamen viele Vögel und wilde Tiere gelaufen. Von jedem Vogel nahm die Katze eine Feder, machte daraus ein Kleid und brachte es dem Knaben. Dann führte sie ihn zu den wilden Tieren und sprach: »Gehe jetzt zur Königsburg, diese Tiere müssen dir folgen, und dann sage: ›Herr König, der Federkönig schickt Euch dieses Geschenk!‹« Also ging der Knabe zur Königsburg und machte alles so, wie ihn die Katze gelehrt hatte.

Als der König die vielen Tiere sah, freute er sich und sprach: »Das muß aber ein reicher König sein!«

Den folgenden Tag schickte die Katze den Knaben wieder mit vielen Tieren zur Königsburg, und diesmal sollte er sagen: »Das ist wieder ein Geschenk vom Federkönig«, und wenn der König sich verwundere und sage: »Wie lieb wäre es mir, wenn ein so reicher König meine Tochter zur Frau nähme«, da solle er nur sprechen: »Ja, das werde der Federkönig gerne tun. Nach drei Tagen werde er kommen und Hochzeit halten.« Wieder tat der Knabe alles genauso, wie ihn die Katze gelehrt hatte.

Der König freute sich über das neue Geschenk und sagte, daß er sich sehr wünsche, daß ein so reicher König seine Tochter zur Frau nähme. Da antwortete der Knabe, der Federkönig werde das gerne tun und nach drei Tagen kommen und Hochzeit halten.

Als die Zeit um war, blies die Katze wieder auf dem silbernen Pfeifchen dreimal und zischelte und raschelte nach Katzenart. Da kamen alle Vögel und wilden Tiere zusammen, und die Katze wählte jetzt die schönsten und farbigsten Federn und fertigte daraus einen Mantel, der glitzerte und glänzte wie der Sternenhimmel, und den gab sie dem Knaben.

Diesmal ging auch die Katze mit zum Königshof. Als sie nicht weit vom Schloß waren, sagte sie zum Knaben: »Jetzt gib mir dein Federkleid, ich werde dir gleich schöne Kleider aus dem Schloß bringen. Den Federmantel sollst du nur zum Schmuck gebrauchen.«

Dann lief die Katze ins Schloß und rief: »Schnell, schnell, königliche Kleider her! Der Federkönig kommt und ist in einen Sumpf gefallen, er braucht frische Kleider!« Da gab der König seine besten Kleider, und die Katze lief damit fort und brachte sie dem Knaben und kleidete ihn an.

So königlich gekleidet kam er jetzt vor das Königsschloß, und ihm folgten alle Tiere nach. Als er eintrat, legte er den Federmantel um, und der glitzerte und glänzte, daß es die Augen blendete und man es kaum aushalten konnte. Da freuten sich der König und die Königstochter über den reichen Bräutigam, und es wurde nun ein fröhliches Hochzeitsfest gehalten.

Eines Tages aber sprach der König: »Ich möchte doch gar zu gerne dein Land und deinen Palast sehen, laß uns dorthin fahren!«

Als nun der Federkönig mit seiner jungen Frau in der Kutsche saß, da sah er immer auf seine schönen Kleider und nicht auf seine Frau. Das bemerkte sogleich die Katze, sie sprang ihm in den Nacken, und tschack! kratzte sie ihn.

»Sieh doch auf deine schöne junge Frau«, flüsterte sie, »wenn du dich aber wieder vergißt und man dich fragt, warum du immer auf deine schönen Kleider schaust, so sage, du hättest daheim noch viel schönere.« Dann sprang die Katze davon und lief der Kutsche immer voraus.

Bald sah der Federkönig wieder auf seine schönen Kleider, und als ihn seine Frau fragte, warum er denn immer darauf sehe, da antwortete er: »Sie sind schön, aber ich habe daheim noch viel schönere.«

Nun kamen sie an einer großen Schafherde vorbei. Die Katze lief zum Hirten, sprang ihm in den Nacken, und tschak! kratzte sie ihn und sprach: »Wenn man dich fragt, wem diese Herde gehöre, so antworte ›Dem Federkönig‹. Sonst komme ich wieder und zerkratze dich ganz und gar.«

Als nun der König und das junge Paar nachfolgten, da fragte der König den Hirten: »Wem gehört denn diese schöne Herde?«

»Die gehört dem Federkönig«, bekam er vom Hirten zur Antwort. Bald darauf kamen sie an einer großen Büffelherde vorüber. Die Katze war aber schon wieder vorausgeeilt, hatte den Hirten gekratzt und ihm befohlen, er solle sagen, diese Herde gehöre dem Federkönig, sonst werde sie ihn ganz und gar zerkratzen.

Bald danach kamen der König und der Federkönig mit seiner Frau vorüber. Da fragte der König den Hirten: »Wem gehört denn diese schöne Büffelherde?«

»Na, die gehört dem Federkönig«, antwortete der Hirte, denn er wollte nicht noch einmal zerkratzt werden.

Der König wunderte sich sehr und sprach: »Ich hätte doch nicht geglaubt, daß du so reich bist!«

Es dauerte nicht lange, da kamen sie zu einer Herde mit Pferden. Auch da war die Katze schon gewesen, hatte den Hirten gekratzt und ihm befohlen, was er sagen müsse. Als der König nun den Hirten fragte: »Wem gehört denn die große Roßherde?«, da antwortete dieser: »Na, die gehört dem Federkönig.«

»Jetzt glaube ich«, sagte der König, »daß du sogar noch viel reicher bist als ich, mein Junge.«

Endlich kamen sie zu einem Schloß, das einem bösen Zauberer gehörte. Da war alles von Gold und Silber, Kristall und Edelsteinen, und der Tisch war mit den leckersten Speisen gedeckt. Sie setzten sich gleich und aßen. Die Katze blieb aber vor der Türe stehen und hielt Wache. Mit einem Mal kam der Zauberer und polterte und lärmte: »Räuber in meinem Schloß und an meinem Tisch! Na wartet, ihr Gesindel!«

Die Katze aber ließ ihn nicht ein und sagte: »Zeige mir erst, ob du wirklich der große Zauberer bist, für den dich alle halten. Man erzählt ja, du könntest dich verwandeln, in was immer du möchtest, in große und in kleine Tiere.«

»Ja, das ist mir eine Kleinigkeit«, entgegnete der Zauberer, und er verwandelte sich sogleich in einen Löwen und brüllte fürchterlich. Da bekam die Katze Angst und sprang aufs Dach hinauf.

»Das ist dir wohl gelungen«, rief die Katze herunter, »nun möchte ich aber sehen, ob du dich auch in ein ganz kleines Tier verwandeln kannst. In eine Maus zum Beispiel. Ich glaube das ist gewiß zu schwierig und dir unmöglich.« Da verwandelte sich der Zauberer sogleich in eine Maus, und im Nu sprang die Katze vom Dach herunter und zerriß sie.

Nun rief sie den Jungen aus dem Saal heraus und sprach: »Du brauchst meine Hilfe nicht länger. Das Schloß und alles, was darin ist, und die stattlichen Herden, die du gesehen hast, sind jetzt wirklich dein, denn ich habe den bösen Zauberer, dem das alles gehörte, getötet. Nun verlange ich aber einen Dienst von dir: Nimm dein Schwert und schlage mir den Kopf ab!«

Der Junge wollte das nicht tun und sprach: »Wie könnte ich so undankbar sein, wo du soviel für mich getan hast?«

»Habe Vertrauen«, sagte die Katze, »es wird weder dein noch mein Schaden sein.« Da nahm er sein Schwert und hieb ihr den Kopf ab. Doch siehe da, im selben Augenblick stand eine wunderschöne Frau vor ihm. Der Junge nahm sie sogleich am Arm, führte sie hinein an die Tafel und sprach: »Das ist meine Mutter.«

Die Frau gefiel dem alten König sehr, und weil seine erste Gemahlin gestorben war, so nahm er ihre Hand und fragte: »Sollen wir nicht auch Hochzeit feiern?« Sie war einverstanden, und so dauerte das Fest noch acht Tage. Dann zog der alte König mit seiner neuen Frau heim.

Der Junge aber blieb mit der Königstochter im Zauberschloß und war jetzt reicher als sieben Könige.

[Märchen aus Siebenbürgen]

Der Vogel, der Perlen singt

Es war einmal ein König, der baute ein so schönes Schloß, daß weit und breit kein schöneres zu finden war. Da kam eines Tages ein Wandersmann aus weiter Ferne, der staunte lange über das schöne Schloß. Der König ging zu ihm und fragte, wie es ihm gefalle, und der Wandersmann sprach: »Es ist das schönste Schloß, das ich je gesehen habe! Es fehlt auch nichts darin außer eins: das ist der goldene Vogel, dem Perlen aus dem Munde fallen, wenn er singt!«

Da fragte der König, wo der zu finden wäre. »Das weiß ich nicht«, sprach der Wandersmann, »ich habe aber von ihm gehört!«

Der König hatte nun keine Ruhe mehr und dachte immer daran, wie er den goldenen Vogel bekommen könnte. Da kam der älteste von seinen drei Söhnen eines Tages zu ihm und sagte: »Vater, ich will ausziehen und den goldenen Vogel suchen.« Der König war darüber sehr froh, gab ihm das beste Pferd und ließ ihn ziehen. Er kam bald in ein Gehölz und machte sich ein Feuer an. Da lief ein Fuchs herzu und jammerte: »Ach, wie friere ich!«

»So mache dir Feuer und wärme dich!« sprach der Königssohn und nahm sein Essen hervor.

Der Fuchs rief wieder: »Ach, wie hungert mich!«

»So suche dir was und sättige dich!« sprach der Königssohn, und der Fuchs lief fort. Der Königssohn zog weiter, verzehrte all sein Reisegut, geriet in schlechte Gesellschaft, verkaufte sein Roß, machte Schulden und verdingte sich als Knecht in ein Wirtshaus.

Nach einiger Zeit machte sich auch der zweite Königssohn auf den Weg, den goldenen Vogel zu suchen. Sein Vater gab ihm auch ein stattliches Roß und gab ihm reichlich Proviant mit auf den Weg. Es ging ihm aber gerade so wie seinem älteren Bruder. Als er sich im Walde Feuer machte, kam der Fuchs auch und jammerte: »Ach, wie friere ich, ach, wie hungert mich!«

»So mache dir Feuer und wärme dich; so suche dir was und sättige dich!« sagte der Königssohn. Dann zog er weiter, geriet in schlechte Gesellschaft, brachte sich um sein Geld, verkaufte sein Roß, machte Schulden und mußte sich als Kellner in ein Wirtshaus verdingen.

Da kam auch der Jüngste vor den König und sprach: »Vater, ich will ausziehen und den Vogel suchen!«

»Wo denkst du hin; wenn deine Brüder nichts ausgerichtet haben, wirst du am wenigsten etwas zustande bringen.« Der Sohn ließ aber nicht nach zu bitten, und so ließ ihn der König endlich ziehen. Er gab ihm aber ein schlechtes Roß und nur wenig Geld, denn er dachte: »Das ist ja doch alles verloren!« Der Knabe ritt fort, aber sein Pferd brach schon außerhalb der Stadt zusammen. Er ging jetzt zu Fuß, kam in den Wald und machte sich Feuer. Da erschien der Fuchs und rief: »Ach, wie friere ich!«

»So komm und wärme dich!« Als der Junge sein Essen hervornahm, jammerte der Fuchs: »Ach, wie hungert mich!«

»So komme her und sättige dich!« sprach der Junge mitleidig.

Der Fuchs kam zum Feuer, aß mit und schlief dann bis zum Morgen neben dem Jungen. Als dieser erwachte und fortgehen wollte, sagte der Fuchs: »Deine Brüder haben sich meiner nicht erbarmt, und so haben sie auch den goldenen Vogel nicht erwerben können. Weil du aber gegen mich so mitleidig warst, will ich dir guten Rat geben und dir beistehen. Geh nur fort durch diesen Wald, der ist noch sieben Tage lang, dann kommst du auf eine weite Wiese. Am Ende der Wiese ist ein großes Schloß, dort geh hinein, und du wirst sehen, was du zu tun hast.« Zuletzt gab er ihm noch eine silberne Flöte und sprach: »Wenn du in der höchsten Not bist und dir nicht helfen kannst, so blase darauf, und ich will kommen und dir beistehen!« Damit lief der Fuchs fort in den Wald, der Knabe aber ging weiter seines Weges.

Nach sieben Tagen gelangte er zu der Wiese und sah das Schloß. Er eilte hinein und fand da eine schöne Jungfrau. Die weinte, als sie ihn sah, und sprach: »Wie kommst du hierher? Mein Herr ist ein sechsköpfiger Drache, er wird dich töten!«

»Ich fürchte mich nicht und will mit ihm kämpfen!«

Es hing ein großes Schwert an der Wand, das nahm er gleich und übte sich damit. Auf einmal kam der Drache und schnaubte Feuer. Der Junge schwang rasch das Schwert und hieb ihm alle sechs Köpfe auf einmal ab.

Nun war die Jungfrau sehr froh, brachte gleich zu essen und wünschte, er solle bei ihr bleiben.

Er aber sagte: »Das kann ich nicht, ich muß den goldenen Vogel suchen. Weißt du, wo er ist?«

»Nein, das weiß ich nicht«, sprach sie, »geh aber zu jenem Schloß hinüber, da wohnt meine jüngere Schwester, vielleicht kann die dir etwas sagen.« Sie schenkte ihm noch einen kupfernen Apfel und sprach: »Wenn du daran drehst, so fliege ich zu dir!«

Als der junge Königssohn zum zweiten Schloß kam, war wieder eine schöne Jungfrau darin, die weinte, als sie den Jungen sah. »Wehe dir, mein Herr ist ein neunköpfiger Drache! Wenn er heimkehrt, wird er dich töten.«

»Ich fürchte mich nicht und will mit ihm kämpfen!«

Da nahm er das Schwert, das an der Wand hing, schwang es in der Luft und übte sich. Auf einmal kam der Drache wie ein Gewitter herbeigefahren und schnaubte Feuer. Der Junge hob sein Schwert und schlug ihm auf einmal alle neun Köpfe ab. Die Jungfrau war sehr froh, brachte gleich Essen und wünschte, der junge Königssohn solle immer bei ihr bleiben.

Er aber sprach: »Das geht nicht, ich muß den goldenen Vogel suchen. Kannst du mir sagen, wo er zu finden ist?«

»Geh zu meiner jüngsten Schwester, die wohnt dort in jenem Schloß. Sie wird dir dazu verhelfen!« Dann gab sie ihm eine silberne Birne und sprach: »Wenn du sie drehst, so fliege ich zu dir!«

Als der Junge in das dritte Schloß kam, war da eine wunderschöne Jungfrau. Sie weinte, als sie ihn sah, und sprach: »Wie kommst du hierher? Mein Herr ist ein zwölfköpfiger Drache, er wird dich töten, wenn er heimkehrt.«

»Ich fürchte mich nicht«, sagte der Junge, »zwei Drachen habe ich schon besiegt, mit diesem werde ich wohl auch fertig werden.« Er nahm das Schwert, das an der Wand hing, schwang es in der Luft und übte sich. Auf einmal kam der Drache wie Donner und Sturm hereingefahren. Der Junge schwang das Schwert und schlug ihm elf Köpfe auf einmal ab, bis er aber den zwölften abschlug, waren die elf andern wieder nachgewachsen, und bis er die elf Köpfe zum zweiten Mal abhieb, hatte der Drache den zwölften wieder. Erst als die Sonne unterging, gelang es dem Jungen, die zwölf Köpfe auf einmal abzuschlagen.

Nun, wer sich am meisten freute, war die Jungfrau. Sie brachte gleich zu essen und wünschte, der junge Königssohn solle immer bei ihr bleiben. »Das will ich gerne tun, aber zuvor muß ich den goldenen Vogel fangen und meinem Vater nach Hause bringen. Weißt du, wo er zu finden ist?«

»Das weiß ich freilich wohl, alle Jahre kommt er einmal auf diesen Baum vor dem Fenster und singt, aber nur einmal, am Neujahrsmorgen, ehe die Sonne aufgeht. Ich gebe ihn dir, denn er ist mein. Warte nur, bis er kommt.« Das ließ sich der Königssohn gerne gefallen, aber die Jungfrau hatte den Knaben so lieb, daß sie ihn nicht gerne fortziehen lassen wollte. Als daher der Neujahrsmorgen da war, stopfte sie ihm die Ohren zu, und als der goldene Vogel kam und sang, hörte er nichts. Die

Sonne ging auf, und der Vogel war fort. »Wo ist der Vogel? Er kommt nicht«, rief der Junge traurig, als er erwachte.

»Er war schon da und hat gesungen. Sieh dort die Perlen unter dem Baum. Jetzt, da du verschlafen hast, mußt du noch ein Jahr warten.«

Was sollte er tun? Er mußte bleiben, aber er war gar nicht mehr fröhlich wie zuvor. Als nun die Jungfrau sah, wie er sich grämte, weil er nicht heimkehren konnte, da wollte sie ihn nicht länger zurückhalten. Am Neujahrsmorgen weckte sie ihn selbst auf. Der Vogel setzte sich auf den Baum und sang, und ringsum lag alles voll Perlen. Darauf lockte sie den Vogel auf ihre Hand, sperrte ihn in einen goldenen Käfig und überreichte ihn dem Königssohn. Damit er aber schnell nach Hause komme, gab sie ihm ein Pferd, das hatte sechs Beine, und darauf sollte niemand reiten können als er allein. Zuletzt schenkte sie ihm noch eine goldene Pflaume und sprach: »Wenn du sie drehst, so fliege ich zu dir.«

Er zog nun auf seinem Pferd wie im Flug heimwärts. Abends gelangte er zu einem Wirtshaus, da war sein älterer Bruder Kellner, und der sah sehr schlecht aus. Er erkannte ihn gleich und erzählte ihm, wie er den goldenen Vogel erworben habe und jetzt heimführe, und er solle auch mit ihm nach Hause gehen. »Das möchte ich gern«, sprach sein Bruder, »aber ich bin viel schuldig.«

»Ich will alles für dich bezahlen«, sagte der Junge und kaufte ihm auch ein Pferd, und sie ritten nun miteinander weiter. Am nächsten Abend kehrten sie in ein Wirtshaus ein. Hier war der älteste der Brüder Stallknecht und empfing gerade eine Tracht Schläge, als sie ankamen. Da erkannten sie ihren Bruder, und der Jüngste sprach: »Komm mit uns nach Hause! Ich führe den goldenen Vogel heim.«

»Das möchte ich gerne, aber mein Herr will, daß ich ihm drei Pferde, die ich ihm zugrunde gerichtet habe, noch abdiene.«

»Ich will sie bezahlen!« sagte der Jüngste.

Am nächsten Morgen bezahlte der Jüngste den Herrn seines Bruders aus, kaufte ihm auch ein Pferd, und jetzt ritten sie alle drei zusammen fort. Als sie so ritten, sprach der Jüngste: »Unser Vater hat auf euch so große Stücke gehalten, und nun wird er doch sehen, daß ich den goldenen Vogel bringe!«

Da wurden jene zornig und beredeten sich untereinander, ihren Bruder zu töten. Wie er in der Nacht schlief, stachen sie ihm die Augen aus, hieben ihm Arme und Füße ab und warfen ihn in einen tiefen Brunnen. Sie nahmen dann sein schönes Roß und den Käfig mit dem goldenen Vogel, eilten zu ihrem Vater, hielten einen großen Aufzug und sprachen: »Sieh, mit viel Mühe und Gefahr ist es uns gelungen, den goldenen Vogel zu fangen!« Da freute sich der Vater und ließ den Käfig gleich in das Schloß bringen. Aber der Vogel ließ die Flügel traurig hängen und sang nicht, und das schöne sechsfüßige Roß ließ niemanden in seine Nähe und noch weniger auf seinen Rücken kommen.

Der Verstümmelte aber lag verzweifelt im Brunnen und wußte sich nicht zu helfen. Da kam ihm zufällig der kupferne Apfel, der aus seiner Tasche gefallen war, an den Mund und drehte sich. Gleich flog die älteste der geretteten Jungfrauen in einem kupfernen Mantel herbei und fragte, was er ihr befehle. »Sieh mich an!« sprach er.

»Morgentau ist gut für abgehauene Füße«, rief sie und flog fort, brachte davon und bestrich ihn. Gleich waren seine Füße frisch und gesund. Die Jungfrau flog wieder fort.

Nun trat er auf die silberne Birne, die war auch aus seiner Tasche herausgefallen, und drehte sie. Gleich flog die zweite gerettete Jungfrau in einem silbernen Mantel herbei und fragte, was es gebe. »Sieh' mich an!« sprach er.

»Morgentau ist gut für abgehauene Arme«, rief sie und flog fort, brachte davon, bestrich ihn, und alsbald hatte er frische und gesunde Arme und Hände. Die Jungfrau flog aber sogleich wieder fort.

Nun griff er in seine Tasche, nahm die goldene Pflaume hervor und drehte sie. Sogleich flog die jüngste der erretteten Jungfrauen im goldenen Mantel herbei und fragte, was es gebe. »Du siehst es!«

»Morgentau ist gut für fehlende Augen«, sprach sie und flog fort, brachte davon, bestrich die Augenhöhlen damit. Gleich hatte er frische und gesunde Augen und sah die Jungfrau in ihrer vollen Schönheit vor sich. Ehe er sich aber bedachte, sie zu fassen, war sie schon fort.

Nun sah er erst, wo er war. Wie sollte er aus dem tiefen Brunnen herauskommen? Da fiel ihm die silberne Flöte ein, die ihm der Fuchs gegeben, und sogleich blies er darauf. Im Nu war der Fuchs da und fragte, was es gebe.

»Du siehst es«, sprach der Knabe, »ich kann nicht hinaus!«

Da sprang der Fuchs in den Brunnen und sagte: »Fasse nur die Spitze von meinem Schwanz!« Als das geschehen war, sprang der Fuchs hinaus, zog ihn mit und sprach: »Jetzt kannst du dir wieder selbst helfen!« und lief fort in den Wald.

Da wanderte der Junge zu Fuß fort und gelangte am Abend nach Hause. Sein Vater freute sich aber nicht sehr über seine Ankunft, weil er nichts mitbrachte. Er erzählte nun alles, was er erlebt, wie er den goldenen Vogel und das sechsfüßige Roß erworben, wie er seine Brüder ausgelöst habe und wie sie dann so untreu und schimpflich an ihm gehandelt hätten. Wie er dann wieder errettet worden war. Der alte König aber wollte das nicht glauben. Da sagte der Junge: »Ich will es beweisen. Das ist doch gewiß der rechte Erwerber, der das schöne Roß besteigen und darauf reiten kann und bei dessen Eintritt in das Schloß der goldene Vogel die Flügel hebt und singt.«

»Ja, das ist er gewiß«, sprach der König.

Nun versuchten es zuerst die beiden älteren Brüder. Das Roß aber ließ sie nicht in die Nähe kommen, und der goldene Vogel hielt seine Flügel gesenkt und sang nicht, als sie in das Schloß traten. Jetzt versuchte es auch der Jüngste. Als das Roß ihn nur erblickte, wieherte es laut vor Freude und stand wie ein Lamm, bis er aufstieg. Dann ritt er eine Zeitlang, stieg ab und ging zum Schloß. Kaum hatte er die Schwelle betreten, da hob der Vogel seine Flügel und sang auf einmal so wunderschön, daß dem König die Augen vor Freude und Leid übergingen.

Er fiel seinem Jüngsten um den Hals und sprach: »Verzeih mir, daß ich dich weniger als deine Brüder geachtet habe. Nimm jetzt die Falschen und Boshaften, und mache mit ihnen, was du willst.«

»So will ich mich gleich an ihnen rächen, daß sie mir's mit Freuden gedenken sollen!« Er nahm den kupfernen Apfel hervor und drehte ihn, und sogleich flog die älteste der Jungfrauen herbei, die hatte einen kupfernen Mantel an. Sie war aber sehr schön, und die alte Königin, die Mutter des Jungen, rief: »Ei, mein Sohn, du weißt gut zu wählen.«

Er aber faßte sie gleich bei der Hand, führte sie zu seinem ältesten Bruder und sprach: »Das soll deine Frau sein, willst du?« Wer konnte froher sein als der.

Jetzt drehte er die silberne Birne, und es kam die Jungfrau im silbernen Mantel herbeigeflogen, und sie war noch schöner. Der Junge nahm sie bei der Hand, führte sie zu seinem mittlern Bruder und fragte: »Willst du sie zur Frau?« Da war dieser überglücklich.

Nun drehte er die goldene Pflaume, da kam die jüngste Jungfrau herbeigeflogen. Sie trug einen goldenen Mantel, der war geschmückt mit Edelsteinen und Perlen vom goldenen Vogel, daß er glänzte und glitzerte wie der Sternenhimmel. Die alte Königin wunderte sich sehr über die große Schönheit und fing die Jungfrau in ihrer Schürze auf. Solch ein zartes Wesen sollte sich nur ja nicht an dem harten Boden anstoßen. »Du weißt freilich besser als ich, wie man wählen soll!« sprach sie zu ihrem

Jüngsten. »Eine schönere kann es unter der Sonne nicht geben!« Die nahm der Jüngste nun selbst zu seiner Frau, und sie lebten viele Jahre glücklich und zufrieden.

Als aber nach langen Jahren die schöne Königin starb, verschwand auch das sechsfüßige Roß und der goldene Vogel aus dem Schloß, und seitdem hat beide niemand mehr gesehen.

[Märchen aus Siebenbürgen]

Der weiße Wolf

Ein König verirrte sich einmal auf der Jagd in einem großen Wald und konnte sich gar nicht zurechtfinden. Mehrere Tage war er schon herumgewandert, hungernd und durstend, und er war ganz verweint in seiner Not.

Da kam ein kleines schwarzes Männchen zu ihm und sprach: »Ich will dich heimführen, wenn du versprechen willst, mir das zu geben, was dir zuerst aus deinem Hause entgegenkommt.« Da sagte der König in Gedanken: »Ja.« Unterwegs aber sprach der König: »Ich wollte, mein bester Hund käme mir entgegen.«

Aber das Männchen antwortete: »Das wollte ich nicht; ich wünschte, es wäre deine jüngste Tochter.«

Als sie nun bei dem Schloß ankamen, erblickte die Tochter ihren Vater, denn sie hatte schon lange nach ihm ausgesehen, und nun lief sie schnell hinaus, ihren Vater zu umarmen. Als sie aber an seinem Halse hing, da rief er ganz beklommen: »Ich wollte lieber, daß mein Hund mich empfangen hätte.«

Die Tochter fing kläglich an zu weinen und sagte: »Bin ich dir denn nicht mehr wert als dein Hund?« Da weinte der Vater mit, denn es war ihm ganz gram, daß das Männchen nun seine Tochter haben sollte. Er erzählte ihr alles unter Tränen, aber sie sprach: »Habe ich dein Leben retten können, so gehe ich gerne hin.« Nach acht Tagen, so wurde bestimmt, sollte das Männchen die Braut holen.

Als die Zeit nun um war, erschien ein weißer Wolf, und die Königstochter setzte sich auf seinen Rücken. Und nun ging's fort in schrecklicher Eile durch dick und dünn, über Hecken und Knicken, über Berg und Tal, daß sie bald ganz müde wurde vom Reiten. Als sie aber fragte, ob sie noch nicht bald zur Stelle wären, antwortete der Wolf: »Schweig, sonst werfe ich dich hinunter, es ist noch weit zum gläsernen Berg!« Und wieder lief der Wolf durch dick und dünn, über Hecken und Knikken, über Berg und Tal, daß sie es fast nicht länger aushalten konnte. Da fragte sie wieder: »Sind wir noch nicht bald da?«

Aber der Wolf sagte: »Sprichst du noch einmal, so werf ich dich hinunter, es ist noch weit bis zum gläsernen Berg!« Und nun ging's noch viel toller als vorhin. Da konnte sie es am Ende gar nicht länger aushalten und fragte noch einmal: »Sind wir noch nicht bald da?« Kaum aber hatte sie das gesagt, so stürzte sie herunter, und der weiße Wolf lief davon.

Nun war sie ganz allein in der weiten Welt und wußte nicht, woher noch wohin. Endlich aber ging sie weiter und dachte, du mußt doch zu Leuten kommen und die kannst du fragen nach dem weißen Wolf. Bald darauf kam sie auch zu einer kleinen Hütte, darin saß eine alte Frau, die kochte sich eine Hühnersuppe. Das Mädchen fragte sie gleich, ob sie nicht den weißen Wolf gesehen habe. »Nein«, antwortete das Mütterchen, »den weißen Wolf hab' ich nicht gesehen. Da mußt du den Wind fragen, der fegt in alle Löcher und reist täglich zu Wasser und zu Lande. Aber bleibe nur erst ein bißchen hier und iß eine Hühnersuppe zu Mittag.« Das tat die Königstochter auch. Die Alte aber sprach, als sie wieder gehen wollte: »Nimm die Knöchelchen alle mit, die werden dir noch einmal gute Dienste tun.« Darauf wies sie ihr den Weg zum Wind.

Als sie nun beim Wind ankam, kochte sich der auch eine Hühnersuppe. »Herr Wind«, sagte das Mädchen, »du reist ja über Wasser und Land alle Tage, hast du nicht den weißen Wolf gesehen?«

»Nein«, sagte der Wind, »den weißen Wolf hab' ich nicht gesehen, heute bin ich noch nicht aus gewesen. Da mußt du zur Sonne gehen und die fragen. Die steht früh auf und weiß und sieht alles, denn sie guckt in alle Löcher und steigt über alle Berge und Bäume; aber erst iß eine Hühnersuppe mit mir.« Das Mädchen ließ sich's wieder gut schmecken, sammelte alle Knöchlein, wie der Wind ihr riet, und ließ sich dann von ihm auf den rechten Weg nach der Sonne weisen.

Als sie nun zur Sonne kam, hatte auch die den weißen Wolf nicht gesehen, und sie riet ihr, zum Mond zu gehen, denn der sehe, wenn niemand sehe. Wenn der ihr keinen Bescheid sagen könne, so könne es niemand. Aber ehe das Mädchen fortging, mußte sie auch mit der Sonne eine Hühnersuppe essen und die Knöchlein mitnehmen.

Als sie nun zum Mond kam, war der auch dabei, sich

eine Hühnersuppe zu kochen, aber vom weißen Wolf wußte er nichts zu sagen. Da fing das Mädchen an zu weinen und sprach: »Wen soll ich denn nun fragen?«

»Komm«, sagte der Mond, »iß erst die Hühnersuppe mit mir, und dann wollen wir weitersprechen.« Als sie nun saßen und aßen, da sagte der Mond: »Hab ich doch meiner Lebtage nicht vom weißen Wolf gehört. Was es damit ist, begreife ich nicht; aber das schwarze Männchen hält diese Nacht Hochzeit im gläsernen Berg.«

»Ach ja, der gläserne Berg, den hatte ich ganz vergessen. Der ist es, dahin soll ich«, rief die Königstochter ganz vergnügt und bat den Mond, sie gleich dahin zu weisen.

»Nun, nun«, sagte der Mond, »wir haben noch Zeit, iß nur erst die Hühnersuppe auf und nimm alle Knöchlein mit, die werden dir noch gute Dienste tun.« Da aß sie schnell die Hühnersuppe auf und nahm die Knöchlein, aber in der Eile vergaß sie eins.

Dann brachte der Mond sie an den gläsernen Berg. Der war aber so glatt und glitschig, daß sie nicht hinaufkommen konnte. Da nahm sie nun ihre Knochen und baute sich eine Leiter daraus, es fehlte aber zuletzt eine Sprosse, weil sie einen Knochen vergessen hatte. Da schnitt sie sich ein Gliedchen von ihrem kleinen Finger ab, und nun kam sie zum Gipfel. Von da führte eine wunderschöne Treppe abwärts in den Berg, darauf stieg sie hinab und kam endlich zum schwarzen Männlein. Der aber war ein hübscher verzauberter Prinz, und eine junge Frau war ihm angezaubert, mit der feierte er nun Hochzeit in aller Herrlichkeit im gläsernen Berg. Es war da ein prächtiger Saal, wo alles von Gold und Edelsteinen funkelte, und der Prinz saß mit seiner Frau an der glänzenden Tafel und speiste, als die Königstochter eintrat. Er kannte sie nicht, aber sie ihn wohl.

Da fing sie an zu singen von einem weißen Wolf, dem hätte ihr Vater sie versprochen und mit Tränen hingegeben. Der Wolf, schnell wie ein Vogel, hätte sie fortgebracht über Hecken und Knicken, über Berg und Tal und zuletzt sie verlassen, einsam und allein in der weiten Welt. Nun sei sie überall umhergeirrt und hätte nach dem weißen Wolf gefragt, aber niemand hätte ihr von ihm Bescheid gegeben.

Als der Prinz das hörte, wurde er ganz aufmerksam, horchte und sah sie an. Und als sie das Lied beendet hatte, bat er sie, es noch einmal zu singen. Als sie das getan, da erkannte er sie, und sein Zauber war gelöst. Da hielt er Hochzeit mit der Königstochter. Dann aber reisten sie beide zu ihrem Vater, der nun ganz vergnügt darüber wurde, daß seine Tochter einen so hübschen Mann bekommen hatte, und sie lebten von nun an so recht froh und glücklich beieinander, und wenn sie noch nicht gestorben sind, so leben sie noch heute.

[Märchen aus Norddeutschland]

Ferdl Gwagg-gwagg

Es war einmal eine Mutter, die hatte drei Söhne, von denen der jüngste Ferdinand hieß und, wie wohl mehrere seines Namens, ein rechter Tölpel war. Außer den drei Buben besaß die Mutter nur noch ein Häuschen, und das war zu klein, als daß alle drei darauf hin hätten heiraten können.

Nachdem das Weib lange hin und her gedacht hatte, was denn da anzufangen sei, kam sie auf einen Gedanken, der allem Zweifel und Streit ein Ende machen sollte. Sie stieg in die Kammer hinauf, nahm drei Büschel Flachs und ging damit in die Stube hinab, wo die drei Buben eben beim Nachmittagsbrot saßen. Sie setzte sich auch an den Tisch, legte die drei Büschel vor sich hin und begann: »Ihr wißt wohl, daß unser Anwesen klein ist und für drei Familien nicht ausreicht. Es hat mir schon vielen Kummer gemacht, welchen von euch ich den andern beiden vorziehen und als Erben einsetzen soll. Da hat nun jeder von euch ein Bündel Flachs, das mögt ihr zu euren Mädeln tragen, und wer seinen Flachs am schönsten gesponnen zurückbringt, dem gehört unser Höflein zu eigen, und er mag sich sein Mädel als Eheweib heimführen.« Sie verteilte nun die Büschel an die drei Buben und machte sich wieder zur Türe hinaus.

Die zwei älteren Brüder waren pudelnärrisch vor Freude, und jeder dachte sich: »Da kann's nicht fehlen. Die Meinige spinnt am schönsten im ganzen Dorf, und in einigen Wochen geht's an die Hochzeit.« Noch am selben Abend gingen sie zu ihren Mädeln, brachten ihnen den Flachs und erzählten, was die Mutter gesagt habe.

Dem Ferdl aber kam die ganze Geschichte spanisch vor, und er wußte nicht recht, was er mit dem Flachs anfangen sollte. Abends machte er sich aufs Geratewohl damit auf den Weg und schlenderte ein Stück durch das Moos hin.

Er dachte nur daran, wo er eine gute Spinnerin finden könnte, und schaute nicht rechts und nicht links. Auf einmal hörte er eine Stimme, die ihm in einem fort zurief:

Ferdl, wo gehst hin?
Gwagg, gwagg.
Ferdl, wo gehst hin?
Gwagg, gwagg.

Er schaute drein wie ein Narr, als er immerfort diese Worte hörte, und schaute nach allen Seiten, um zu erfahren, wer denn der müde Schreier sei. Er sah aber keinen Menschen weitum und bemerkte nur in der Nähe eine Pfütze, aus der die Stimme zu kommen schien. Er ging hin, und da sah er eine mächtige Kröte auf ihn zupatschen, die schaute ihn freundlich an und schrie immer noch in einem fort:

> Ferdl, wo gehst hin?
> Gwagg, gwagg.
> Ferdl, wo gehst hin?
> Gwagg, gwagg.

Ferdl erzählte der Kröte nun die ganze Geschichte, daß er sich nach einer Spinnerin umsehen müsse und daß diese Spinnerin, wenn sie das Stück Arbeit recht gut vollendet hätte, sein Weib werden sollte.

Die Kröte hatte fleißig aufgemerkt, und wie die Erzählung zu Ende war, fing sie wieder an zu schreien und schrie in einem fort:

> Ferdl, nimm mich!
> Gwagg, gwagg.
> Ferdl, nimm mich!
> Gwagg, gwagg.

Wie er die Kröte so wehmütig bitten hörte, nahm Ferdl den Flachs, warf ihn vor sich hin und blieb nun noch eine Weile auf dem alten Fleck stehen. Denn es wunderte ihn, was das plumpe Tier damit anfangen würde.

Rasch packte die Kröte das Bündel und verschwand damit hinter einigen Stauden, so daß der Ferdl gar nicht recht verstand, wo denn das eigentlich hinauswolle, und ärgerlich davonging. Er riß sich fast die Haare aus, daß er dem dummen Tier sein Flachsbündel vorgeworfen habe, und mißmutig brummte er vor sich hin: »Da hast du wieder den Gescheiten gespielt. Hättest du den Flachs behalten, so hättest du doch etwas, jetzt aber hast du gar nichts mehr.«

Am folgenden Tag ging ihm wieder die Geschichte vom

vorigen Abend im Kopfe herum, und es kam ihm in den Kopf, doch noch einmal nachzuschauen, wo die Kröte mit seinem Flachsbündel geblieben war. »Vielleicht«, dachte er sich, »geht die ganze Geschichte doch am Ende noch gut aus.«

Er ging nun hinaus zur Pfütze und war nicht wenig erstaunt, als er ein Gespinst des feinsten Garns um die Stauden gezogen sah. Die Kröte kam wieder herangepatscht, schaute mit ihren kugelrunden Augen zum Ferdl auf und sagte: »Du wirst sehen, Ferdl, daß der Flachs deiner Brüder nicht so fein gesponnen ist, wie der deinige und daß das Haus dir zufallen wird. Aber weißt du, Ferdl, dann mußt du mich auch heiraten.«

Bei diesen Worten machte Ferdl ein saures Gesicht, die Kröte aber schaute ihn schelmisch an, und nachdem sie ihn eine Weile betrachtet hatte, fuhr sie wieder fort: »Wenn das Häuschen dir gehört, dann laß alles für unsere Hochzeit vorbereiten. Wenn alles beisammen ist und ich noch nicht da bin, so laß dir deswegen kein graues Haar wachsen. Schau aber, daß mein Brautkleid bereit ist und im Hausflur aufgehängt wird, dann wird schon alles recht werden. So, leb wohl, Ferdl!«

»Leb wohl, Krötl«, sagte Ferdl, stand noch eine Zeitlang da, als wenn er angeklebt wäre, nahm dann das Gespinst und ging wieder nach Hause. Er zeigte der Mutter das Garn, und sie konnte fast nicht begreifen, wie denn ein so feines Gespinst zustande gebracht werden könne. Die Brüder brachten auch ihr Garn, aber das konnte mit dem des Ferdl gar keinen Vergleich aushalten, und es war daher schnell ausgemacht, wem das Hüttlein gehöre.

Ferdl erzählte nun auch die Geschichte von der Kröte und sagte, daß er sie heiraten wolle. Da lachten Mutter und Brüder, daß ihnen der Bauch wackelte und schalten ihn einen Tölpel, daß er sich so etwas einfallen lasse. Er aber blieb bei seinem Vorhaben, und nach vierzehn Tagen war alles soweit, daß die Hochzeit gefeiert werden konnte.

Als Tag und Stunde für die Hochzeit gekommen war, sammelten sich die Hochzeitsgäste, und Ferdl hängte das Brautkleid im Hausflur auf, aber die Braut wollte sich nicht blicken lassen. Ferdl war schon ganz verzagt und sah immer wieder auf die Tür, aber niemand wollte hereintreten, und der arme Bräutigam hätte sich gerne in ein Mauseloch hineingewünscht.

Auch die Hochzeitsgäste waren neugierig und hielten Ausschau, ob denn wirklich etwas kommen werde oder ob Ferdl wieder einmal einen recht dummen Streich gespielt hätte. Sie glaubten schon das letztere, als auf einmal jene Kröte heranhüpfte und in den Hausflur hineinpatschte. Da schaute das garstige Tier neugierig herum, und als es das Brautkleid sah, hüpfte es mit einem Satz hinein. Holla! Wie rissen da alle die Augen auf, als auf einmal eine wunderschöne Jungfrau in dem Kleid steckte und zu Ferdl hintrat und ihm die Hand bot. Dieser aber war fast außer sich vor Bewunderung, und er getraute sich kaum, seine Braut anzuschauen, so schön war sie. Nun wurde sogleich Hochzeit gefeiert mit Schmaus und Tanz, und Ferdl freute sich sein Lebtag, daß er ein so schönes und braves Weib bekommen hatte.

[Märchen aus Süddeutschland]

Der goldene Held Dragan

Es war einmal und ist doch nie geschehen. Damals herrschte ein mächtiger Kaiser, der eine wunderschöne Tochter hatte. Doch eines Tages kam Unglück über ihn und das Reich. Die furchtbaren Zmeu, die Drachenriesen, raubten ihm Sonne und Mond vom Himmel, und die Dunkelheit im Lande war schwärzer als die Nacht.

Da ließ der Kaiser überall verkünden, daß der, der ihm Sonne und Mond zurückbringe, seine Tochter zur Frau bekommen würde und das halbe Reich dazu. Wer sich aber zu den Drachenriesen aufmache und mit leeren Händen zurückkehre, der müsse es mit seinem Leben bezahlen. Da machten sich viele auf den Weg, doch bei allen war es für die Blüten des Apfelbaumes, und alle mußten es mit ihrem Leben bezahlen, denn der Kaiser war unerbittlich.

Nun lebte in des Kaisers Reich auch der goldene Held Dragan, dessen Kreuzbruder ein zauberkundiger Schmied war. Als eines Tages der goldene Held Dragan die Kaiserstochter um Sonne und Mond weinen sah, bekam er sie über die Maßen lieb. Da nahm nun der Held seinen Mut zwischen die Zähne, trat vor den Thron des Kaisers und verkündete, daß er ausziehen werde, um Sonne und

Mond zurückzubringen. Er machte sich auf den Weg, und sein Bruder begleitete ihn. Zuerst aber gingen sie zu dem zauberkundigen Schmied, und Dragan sprach: »Kreuzbruder, der Tod zieht mich mit einem Faden zu sich heran, hilf mir, daß ich mit reinem Gesicht aus dieser Gefahr gehe.« Der Schmied lehrte Dragan drei Tage lang seine Künste, und als die drei Tage und die drei Nächte vorüber waren, wanderte der Held Dragan mit seinem Bruder davon. Sie wanderten, bis sie zu einem Kreuzweg kamen, dort nahmen sie Abschied voneinander. Zuvor aber stieß Dragan ein blankes Messer in einen Baum und sprach: »Hierher wollen wir wieder zurückkehren! Wer zuerst kommt und findet das Messer rostig, soll auf den anderen nicht mehr warten, denn er ist dann gestorben.«

Dann wanderte Dragan nach Westen und der Bruder, den man den Guten nannte, nach Osten. Der Bruder wanderte lange, ohne die Drachenriesen zu finden. Als er wieder zu dem Baume am Kreuzweg zurückkam und das Messer blank fand, war er voll Freude und wartete, bis Dragan Sonne und Mond befreien würde.

Der goldene Held Dragan aber wanderte seinen Weg immer weiter. Er wanderte bis zum Ende der Welt, dort stand das Haus der Drachen. Der goldene Held Dragan aber schlug drei Purzelbäume, war in einen Vogel verwandelt und flatterte ins Drachenhaus. Die Drachin stand gerade mit ihren zwei Töchtern am Herd. Als sie den Vogel erblickte, schrie sie: »Kein Vogel ist dies, mir scheint, daß der goldene Held Dragan ins Haus gekommen ist, der uns Unheil bringen wird. Darum fangt und

tötet den Vogel.« Da verwandelte sich der goldene Held
Dragan in eine Fliege und verbarg sich in einer Mauerritze, bis er gehört hatte, wo die drei Drachenriesen
waren.

Er eilte in den Wald Schattengrün, in dem die drei Drachenriesen jagten, und verbarg sich unter einer Brücke,
über welche diese heimkehrten. Als der Abend seine
Schatten warf, kam der jüngste Drachensohn geritten.
An der Brücke bäumte sich sein Roß und wich drei
Schritte zurück. »Mögen dich die Wölfe zerreißen, du
Schindmähre, nichts auf der Welt kann uns erschrecken
als der goldene Held Dragan, und auch den werde ich
überwinden, sollte ich ihn treffen«, rief der Drachensohn.

Da sprang Dragan unter der Brücke hervor: »Her mit dir,
Drachensohn, rühme dich nicht, sondern kämpfe.« Der
jüngste Drachensohn sprang von seinem Roß: »Entscheide dich für Schwertkampf oder Ringkampf.«

»Ringkampf ist ehrlicher«, rief der goldene Held Dragan, und sie umschlangen sich und begannen zu ringen.
Bis zu den Knien in der Erde, warf der jüngste Drachensohn den goldenen Helden in den Boden, aber der goldene Held Dragan befreite sich, drückte den Drachensohn bis zum Hals in die Erde, dann zog er sein Schwert
und hieb ihm den Kopf ab.

Als Mitternacht nahte, kam der zweite Drachensohn geritten. An der Brücke bäumte sich sein Roß und wich
sieben Schritte zurück. »Mögen dich die Wölfe zerreißen, du Schindmähre, nichts auf der Welt kann uns erschrecken als der goldene Held Dragan, und auch den

werde ich überwinden, sollte ich ihn treffen«, rief der zweite Drachensohn. Dragan sprang wieder unter der Brücke hervor und rief: »Her mit dir, Drachensohn, rühme dich nicht, sondern kämpfe.« Wieder entschied sich Dragan für Ringkampf. Bis zur Hüfte warf der mittlere Drachensohn den goldenen Helden in den Boden, aber Dragan befreite sich, drückte den Drachensohn bis zum Kopf in die Erde, dann zog er sein Schwert und schlug ihm den Kopf ab.

Als der Morgen graute, kam schwarz wie die Finsternis der Hölle der älteste Drachensohn zur Brücke geritten. An der Brücke bäumte sich sein Roß und wich zwölf Schritte zurück. »Mögen dich die Wölfe zerreißen, du Schindmähre, nichts auf der Welt kann uns erschrecken als der goldene Held Dragan, und auch den werde ich überwinden, sollte ich ihn treffen«, rief der älteste Drachensohn. Dragan sprang erneut unter der Brücke hervor: »Her mit dir, Drachensohn, rühme dich nicht, sondern kämpfe!« Der älteste Drachensohn sprang vom Roß: »Entscheide dich für Schwertkampf oder Ringkampf!«

»Ringkampf ist ehrlicher!« rief der goldene Held Dragan, und sie umschlangen sich und begannen zu kämpfen und zu kämpfen, daß der Schweiß von ihnen rann.

Die Sonne stand hoch am Himmel, und noch neigte sich der Sieg nach keiner Seite. Da flog ein Rabe über sie. »Rabe, du schwarzer Rabe«, rief der Drachenriese, »bring mir einen Krug voll süßen Wassers, und ich verspreche dir den goldenen Helden Dragan zum Fraße!« Doch Dragan rief: »Rabe, du schwarzer Rabe, bringe

mir einen Krug voll süßen Wassers, und ich gebe dir drei
Drachenriesen samt ihren Pferden zum Fraß.« Da
brachte der Rabe dem goldenen Helden Dragan das Was-
ser, und als dieser davon getrunken, kehrte alle Kraft in
ihn zurück, ja sie verdreifachte sich sogar, und bis zum
Hals drückte er den Drachenriesen in die Erde und rief:
»Gestehe, wo hast du Sonne und Mond versteckt?«
Der Drachenriese spürte, daß er seine Macht verloren
hatte, und sprach: »Im Walde Schattengrün, wo er am
finstersten ist, steht ein Turm, meine rechte Hand ist der
Schlüssel dazu, und in diesem Turm habe ich Sonne und
Mond eingeschlossen.«
Da schlug der goldene Held Dragan dem Drachenriesen
den Kopf und die rechte Hand ab, gab die drei Riesen
samt ihren Pferden dem Raben zum Fraße und drang in
den Wald Schattengrün ein. Dort, wo er am finstersten
war, stand der verschlossene Turm. Dragan schloß ihn
mit der rechten Hand des Drachenriesen auf, und Sonne
und Mond strahlten ihm entgegen. Dragan ergriff die
Sonne mit seiner Rechten und mit seiner Linken den
Mond und warf beide zum Himmel empor. Danach
kehrte er zum Kreuzweg zurück und umarmte seinen
Bruder. Die Brüder nahmen zwei Pferde, um schneller
als der Wind zum Kaiserhof zu reiten.
Da stand am Wege ein Birnbaum voll goldgelber Birnen.
»Wir haben Hunger und Durst«, sprach der Bruder,
»laß uns von diesen Birnen essen.« Doch Dragan zog
sein Schwert und stieß es in die Wurzeln des Birnbau-
mes. Siehe, da floß Blut und Gift heraus, und die Stimme
der jüngsten Drachentochter ertönte: »Nun tötest du

mich, wie bei der Brücke den Bruder«, und der Birnbaum zerfiel in ein Häuflein Staub.

Weiter ritten sie, bis ein herrlicher Garten am Wege sich ausbreitete. Die schönsten Blumen blühten darin, und ein silbernes Wasser floß hindurch. »Laß uns hier rasten«, bat der Bruder, »und von dem Wasser trinken.« Doch Dragan fuhr mit seinem Schwert durch Blumen und Wasser. Siehe, da trübte sich das Wasser und färbte sich rot. Gift und Blut floßen aus den Blumen, und die Stimme der ältesten Drachentochter ertönte: »Nun tötest du mich, wie bei der Brücke den Bruder.« Der Garten stürzte zusammen, und ein Häuflein Asche war alles, was übrigblieb.

Weiter ritten die Brüder, doch der goldene Held Dragan wußte, daß die größte aller Gefahren noch bevorstand. »Schau hinter dich, Bruder, was siehst du?« rief er.

»Eine Wolke dunkler als die Nacht, schneller als der Wirbelwind, ist hinter uns her.«

»Ach, dies ist die Drachenmutter selbst, die kommt, um uns zu verschlingen.« Sie trieben die Pferde an, und schneller als der Gedanke flogen sie dahin, bis sie beim Kreuzbruder, dem zauberkundigen Schmied, ankamen und hinter seiner Türe Schutz fanden. Draußen schrie die Drachenmutter und spuckte Feuer vor lauter Zorn. Doch dann versuchte sie es mit List und Heuchelei. Schmeichelnd sprach sie: »Nur ein winziges Loch, Dragan, breche in die Mauer, damit ich deine Schönheit schaue.« In Wahrheit aber wollte sie ihr Gift durch das Loch sprühen und den goldenen Helden vernichten. Der Kreuzbruder bohrte ein Loch in die Mauer, und als die Drachin den goldenen Helden aufsaugen wollte, stieß er ihr ein Stück glühendes Eisen in den Rachen, und siehe, die Drachin verwandelte sich in einen Berg von Eisen. Da schmiedete der zauberkundige Schmied aus dem Eisen eine Kutsche mit sieben Pferden, hauchte die Pferde an, und sie waren lebendig. Der goldene Held Dragan aber, und sein Bruder der Gute, setzten sich in die Kutsche und fuhren davon. Unterwegs band Dragan das siebente Pferd los, damit der gute Bruder vorausreite und dem Kaiser seine Ankunft melde. Doch als der Held selbst zum Kaiserhof kam, lag der gute Bruder im Kerker, und die Hochzeit der Kaisertochter wurde mit einem anderen vorbereitet.

Als Sonne und Mond wieder am Himmel standen und die Finsternis vergangen war, da jauchzten und jubelten die Menschen und lobten Gott und den Helden. Nur ein böser Thronrat, dessen Herz voller Neid war, stimmte nicht in den Jubel ein. Er schloß mit dem Teufel einen Pakt, und mit Hilfe des Teufels verblendete er den Kaiser, daß dieser glaubte, er habe Sonne und Mond befreit. Der goldene Held Dragan trat vor den mächtigen Kaiser, zeigte die Hand des Drachen und sprach: »Erleuchteter Kaiser, dies ist der Schlüssel, mit dem der Turm verschlossen war, in dem Sonne und Mond gefangen waren.« Jetzt sah der Kaiser seinen Irrtum ein, er wollte den Thronrat töten, aber der goldene Held bat um Gnade für ihn, da wurde er aus dem Reich verbannt. Der gute Bruder wurde aus dem Kerker geholt, und die Hochzeit des goldenen Helden Dragan und der Kaisertochter wurde mit großer Pracht gefeiert.

Auch ich war beim Fest dabei. Ich führte das Brennholz auf dem Bratspieß ins Haus und trug die Späße im Kochkessel zu Tisch. Zuletzt schwang ich mich auf den Löffel aus Buchenholz und gab jedem, der meiner Geschichte nicht zuhören wollte, einen Nasenstüber.

[Märchen aus Rumänien]

Der Königssohn Konrad und Berta, die das Wünschen gelernt hatte

Es war einmal ein Königssohn mit Namen Konrad, er wollte auf Reisen gehen. Obwohl sein Vater gleich dagegen sprach, weil er fürchtete, es könnte ihm unterwegs ein Unglück zustoßen, so ließ er sich doch nicht zurückhalten, sondern zog fort in die weite Welt hinein. Mit Anbruch der Nacht kam er in einen großen Wald zu einem Hexenhaus, darin wohnte ein altes Weib mit ihrem Mann. Die Hexe war aber so bös geartet, daß sie alle drei Tage wenigstens einen Menschen fraß, den sie vorher in ihrem Backofen gebraten hatte. Als sie nun den schönen Königssohn in ihr Haus treten sah, da lachte ihr das Herz im Leibe, daß sie wieder einen guten Braten kriegte. »Du kommst von hier nicht wieder fort«, sprach sie zu ihm, »und sollst mir tüchtig arbeiten.«

Den anderen Morgen brachte sie ihn hinaus auf ein großes Feld, gab ihm einen Spaten und sagte: »Nun grab mir das Feld! Aber das sage ich dir: Bist du bis Sonnenuntergang nicht fertig damit, so geht's dir schlecht.« Damit ließ sie ihn allein und ging fort. Der Königssohn hatte aber nie in seinem Leben einen Spaten in der Hand gehabt, und nun sollte er in einem Tage das große Feld umgraben. Darüber geriet er so in Verzweiflung, daß er sich bitterlich weinend auf den Boden warf.

Nun hatte die Hexe noch ein Mädchen bei sich mit Namen Berta, das mußte dem Königssohn um die Mittagszeit etwas zu essen bringen. Als sie auf das Feld kam, da lag er noch immer und weinte und hatte von seiner Arbeit noch nichts getan. »Was weinst du denn?« fragte ihn das Mädchen.

»Ach!« sagte er, »ich sehe wohl, daß ich die Arbeit doch nicht fertigbringe, darum bin ich so traurig.«

»Sei nur guten Mutes«, sprach das Mädchen da, »wenn du mir getreulich beistehen willst, daß ich aus dem Hause der alten Hexe wegkomme, so will ich die Arbeit schon für dich fertigbringen. Du mußt wissen, ich bin keine gewöhnliche Magd, sondern eines Königs Tochter. Aber das alte Weib hat unser Schloß verwünscht, da sind meine Brüder zu drei Riesen geworden, die werfen auf dem Schloßhof mit Steinen, daß keiner hineinkann. Wenn sie aber niederwerfen, so fliegen die Steine hinauf, und wenn sie aufwerfen, so fliegen sie herunter. Ich selber muß bei der Hexe dienen als ihre Magd. Wenn wir aber fort wollen, so dürfen wir nicht mehr lange warten, denn von heut über drei Tage muß sie wieder einen fressen und hat schon gesagt, sie wollte den Backofen heiß machen.«

Da versprach der Königssohn dem Mädchen, daß er ihr gern beistehen wollte, und wenn sie glücklich wegkämen, so wollte er sie zu seiner Frau nehmen. Das Mädchen aber hatte das Wünschen gelernt, und nun wünschte sie, daß das Land umgegraben wäre. Wie sie das getan hatte, da

war auch die Arbeit schon geschehen. Der Königssohn
legte sich nun hin und schlief, bis die Sonne untergegangen war. Dann ging er nach Hause und sagte, das Land
wäre umgegraben. »Gut«, sagte die Hexe, »morgen will
ich dir mehr zu tun geben.«

Den anderen Tag brachte sie ihn in den Wald zu einer
mächtig großen Buche, gab ihm eine Axt und sagte:
»Nun fälle mir den Baum, und wenn du das getan hast,
so hau ihn in so kleine Splitter, daß ich Brennholz
kriege! Aber das sage ich dir: Bist du bis Sonnenuntergang nicht fertig damit, so geht's dir schlecht.« Damit
ging sie weg und ließ ihn allein. Der Königssohn hatte
aber in seinem Leben noch keine Axt in Händen gehabt,
und nun sollte er in einem Tage den großen Baum in
Splitter hauen. Darüber wurde er ganz mißmutig, warf
sich auf die Erde und fing bitterlich zu weinen an.

Um Mittag hatte er noch keinen Hieb getan, und als
Bertchen mit dem Essen kam, da lag er noch immer und
weinte in einem fort. »Weine doch nicht mehr«, sagte sie
zu ihm, »ich will die Arbeit wohl für dich tun, wenn du
halten willst, was du mir gestern versprochen hast.«

»Ja!« sagte der Königssohn, »das will ich dir gewiß und
wahrhaftig halten.«

Da wünschte sie, daß der Baum gefällt und in Splitter
gehauen wäre, und wie sie es gewünscht hatte, so war es
auch gleich geschehen. Der Königssohn legte sich nun
hin und schlief, bis die Sonne untergegangen war, dann
ging er nach Hause und sagte, mit dem Baum wäre er
fertig. »Gut«, sagte die alte Hexe, »morgen will ich dir
mehr zu tun geben.«

Den dritten Tag brachte sie ihn zu einem großen Teich, gab ihm den Rand von einem Sieb und sagte: »Nun schöpfe mir den Teich aus! Aber das schwöre ich dir: Bist du bis Sonnenuntergang nicht fertig damit, so geht's dir schlecht.« Damit ging sie weg und ließ ihn allein. Der Königssohn aber fing bitterlich zu weinen an, denn mit einem Siebrand Wasser schöpfen, das war eine unmögliche Arbeit.

Um die Mittagszeit kam Bertchen und brachte das Essen, und als sie ihn so weinend auf der Erde liegen sah, sprach sie ihm Mut zu und sagte: »Weine nicht mehr, Konrad! Wenn du dein Versprechen halten willst, so will ich die Arbeit für dich ausrichten.«

»Ja!« sagte er, »das will ich gewiß und wahrhaftig halten.« Da wünschte sie, daß der Teich leer wäre, und wie sie das getan hatte, so war auch gleich alles Wasser heraus bis auf den letzten Tropfen.

»Diese Nacht«, sprach sie darauf, »will ich dich wecken. Dann wollen wir zusammen fortlaufen, denn es ist die höchste Zeit. Morgen früh, das weiß ich, will die Alte den Backofen heizen und wird dich sicher braten und auffressen, wenn wir nicht machen, daß wir von hier wegkommen. Darum halte dich bereit.« Das versprach er auch.

Als nun die Sonne untergegangen war, ging er nach Hause und sagte, mit dem Teich wäre er fertig. »Schön!« sagte die Hexe, »so sollst du morgen Feiertag haben«, und tat ganz freundlich und lachte, weil sie sich schon im voraus auf den guten Braten freute. Und so gingen sie zu Bett.

In der Nacht aber stand Berta auf, spuckte dreimal vor
ihr Bett, weckte den Königssohn, und dann liefen sie
fort, so schnell sie nur konnten. »Ich darf mich aber
nicht umsehen«, sprach das Mädchen, »sonst hat mich
die Hexe wieder in ihrer Gewalt. Darum mußt du zuweilen sehen, ob wir nicht verfolgt werden.«
Unterdessen aber war die Alte auch schon aufgestanden,
denn sie konnte die Zeit nicht erwarten, daß der Backofen geheizt würde, und weil Berta ihr dabei helfen
sollte, so rief sie: »Bertchen!«
»Ja!« rief die Spucke. Aber Berta kam nicht.
»Bertchen!« rief sie wieder.
»Ja!« antwortete die Spucke, aber das Mädchen kam
nicht.
Da rief sie zum dritten Male: »Bertchen!«
»Ja!« rief die Spucke. Aber Berta kam noch immer nicht,
und als sie endlich zum Bett des Mädchens ging, da war
das Nest leer. Als sie nun den Königssohn auch nicht in
seinem Bett fand, da sah sie wohl, daß die beiden Vögel
ausgeflogen waren. Sie weckte schnell ihren Mann, der
mußte mit drei großen Hunden hinter den beiden her
und sollte sie wieder einfangen.
Als sich nun der Königssohn einmal umsah, so war der
Kerl mit den Hunden schon dicht hinter ihnen. Da verwünschte das Mädchen den Königssohn zu einem
Dornstrauch und sich selber zu einer schönen Blume,
die mitten darin stand. Wie da der Mann der Hexe herankam und wollte den Dornstrauch fassen, da stachen
ihn die Dornen in die Hände. Er lief nun schnell wieder
nach Hause und sagte zu seiner Frau: »Ich habe die

beiden nicht fangen können. Es stand ein Dornstrauch und eine Blume am Wege, aber als ich den Dornstrauch anfaßte, da stachen mich die Dornen, und ich bin weggelaufen.«

»Oh, wie dumm!« sagte die Hexe und schalt ihren Mann tüchtig aus. »Hättest du nur die Blume mitgebracht, so wäre der Dornstrauch von selbst gekommen. Mach nur, daß du gleich wieder fortkommst, und schaff mir die Blume herbei.« Da mußte der Mann mit den drei Hunden wieder los und hinter den beiden her.

Die waren aber mittlerweile weitergelaufen. Als sich nun Konrad, der Königssohn, einmal umsah, so war der Kerl mit seinen großen Hunden schon wieder dicht hinter ihnen. Aber Berta wünschte sich zu einem großen Teich und den Königssohn zu einem Enterich, der darauf schwamm. Als der Mann der Hexe am Teich angelangt war, wollte er den Enterich herbeilocken und rief: »Niep, niep! Niep, niep!« Aber der Enterich schwamm immer mitten auf dem Teich herum, so daß er ihn nicht greifen konnte. Da lief er wieder nach Hause zu seiner Frau und sagte: »Ich habe die beiden nicht fangen können, denn der Enterich blieb immer mitten auf dem Teiche.«

»Oh, wie dumm!« schalt die Hexe, »hättest du nur den Enterich fangen können, so wäre der Teich von selbst gekommen. Lauf schnell wieder fort, und schaff mir den Enterich herbei.« Da mußte er mit den drei Hunden wieder los und hinter den beiden herlaufen.

Die hatten aber mittlerweile ihre natürliche Gestalt wieder angenommen und waren schnell weitergelaufen. Als sich aber der Königssohn Konrad einmal umsah, da war der Mann der Hexe mit den drei großen Hunden schon wieder dicht hinter ihnen. Da sagte Berta: »Ich will mich jetzt zu einem Gemüsegarten wünschen, und du selbst sollst ein alter Mann mit einem langen Bart sein, der im Garten herumgeht.«

Und wie sie es gewünscht hatte, so war es auch gleich geschehen. Schon kam der Mann der alten Hexe herzugelaufen, fand aber nur einen schönen Gemüsegarten und einen alten Mann mit einem langen Bart darin. Den fragte er, ob er nicht eben ein Mädchen und einen Jüngling hätte vorbeilaufen sehen! »Gelbe Wurzeln«, antwortete der alte Mann.

»Ich meine«, schrie ihm der andere zu, »ob Ihr nicht gesehen habt, wo zwei Leute hingelaufen sind, die hier eben vorbeigekommen sein müssen!«

»Gelbe Wurzeln«, sagte der alte Mann. Da fragte der andere zum dritten Male und schrie noch lauter als vorher, aber der alte Mann sagte wieder: »Gelbe Wurzeln.«

»Hier ist nichts zu machen«, dachte der Mann der Hexe, »ich will nun wieder nach Hause gehen.« Damit trollte er sich heim zu seinem alten Weibe.

Als Berta sah, daß er fort war, wünschte sie sich und Konrad wieder in ihre natürliche Gestalt. Dann liefen sie weiter und kamen glücklich über die Grenze des Hexenreiches, so daß sie ihnen nichts mehr anhaben konnte.

Nicht lange danach kamen sie an Konrads Schloß. Da sprach der Königssohn zu dem Mädchen: »Es könnte meinen Eltern nicht recht sein, wenn ich dich so ohne weiteres mitbrächte, darum will ich erst mal allein zu ihnen gehen. Es soll aber nicht lange dauern, dann hole ich dich auch herein.« Da setzte sich Berta auf einen Stein, der vor dem Schloß lag, und wartete, daß Konrad wiederkäme und sie abholte. Als der aber bei seinen Eltern war, da vergaß er das Mädchen und ließ es draußen auf dem Stein sitzen und dachte nicht mehr an sie.

Nach einer Zeit trug es sich zu, daß der Königssohn sein Fenster offen ließ, da flog eine weiße Taube herein, die rief:

Konrad hat Bertchen vergessen
Auf kaltem Stein hat sie gesessen!

Und als er die Worte hörte, da fiel ihm auf einmal alles wieder ein, was er vergessen hatte, wie das Mädchen so gut gegen ihn gewesen war und daß er sie so treulos hatte sitzenlassen. Er hatte nicht eher Ruhe, bis er auszog, um das Mädchen zu suchen.

Lange Zeit mußte er wandern, da kam er endlich an Bertas Schloß, das von der Hexe verwünscht worden war. Es war gerade Mittag, und um die Zeit hatten ihre Brüder, die drei Riesen, eine Stunde Pause, wo sie nicht zu werfen brauchten. So konnte der Königssohn ungehindert in das Schloß gehen. In dem Schloß aber war alles ganz still und leer, nur ein alter Mann saß darin, der hatte die Hand an die Wange gelegt und schlief. Vor dem Fenster aber, da stand eine einzige wunderschöne Blume, und als der Königssohn hereintrat, da schlug der alte Mann die Augen auf und sagte: »Vergiß das Beste nicht!«

»Das Beste, was hier zu finden ist, wird wohl die schöne Blume sein«, dachte der Königssohn, nahm sie und wollte wieder aus dem Schloß gehen. Da waren aber die drei Riesen schon wieder dabei und warfen Steine. Aber der Königssohn wußte wohl, wenn sie niederwarfen, so flogen die Steine hinauf, und wenn sie aufwarfen, dann flogen sie hernieder. Darum wartete er, bis sie niederwarfen, sprang schnell hinzu und berührte sie.

Damit hatte er es aber getroffen: Die Riesen waren errettet und wurden drei Königssöhne, und die schöne Blume wurde zu Berta, ihrer Schwester, die sich in die Blume verwünscht hatte. Da sprach Konrad zu ihr: »Nun will ich dich auch nie und nimmer wieder vergessen, solange ich lebe.« Und das hat er treulich gehalten bis an sein Ende.

[Märchen aus Deutschland]

Vom unsichtbaren Königreich

In einem kleinen Haus, welches wohl eine Viertelstunde abseits von dem übrigen Dorf auf der halben Berghöhe lag, wohnte mit seinem alten Vater ein junger Bauer namens Jörg. Es gehörten zu dem Haus soviel Acker Feld, daß beide eben keine Sorgen hatten.

Gleich hinter dem Hause fing der Wald an, mit Eichen und Buchen, so alt, daß die Enkelkinder von denen, welche sie gepflanzt hatten, schon seit mehr als hundert Jahren tot waren. Vor ihm aber lag ein alter, zerbrochener Mühlstein – wer weiß, wie der dahin gekommen war. Wer sich auf ihn setzte, der hatte eine wundervolle Aussicht hinab ins Tal, auf den Fluß, der das Tal durchströmte, und die Berge, die jenseits des Flusses aufstiegen. Hier saß der Jörg am Abend, wenn er seine Arbeit auf dem Feld getan hatte, den Kopf auf die Hände und die Ellbogen auf die Knie gestützt, oft stundenlang und träumte, und weil er sich wenig um die Leute im Dorf kümmerte und meist still und in sich gekehrt einherging, wie einer, der an allerhand denkt, nannten ihn die Leute spottweise Traumjörg. Dies war ihm jedoch völlig gleichgültig.

Je älter er aber ward, desto stiller wurde er, und als sein alter Vater endlich starb, und er ihn unter einer großen alten Eiche begraben hatte, wurde er ganz still. Wenn er dann auf dem alten, zerbrochenen Mühlstein saß, was er jetzt noch viel häufiger tat als zuvor, und hinab in das herrliche Tal sah, wie die Abendnebel an dem einen Ende hereintraten und langsam an den Bergen hinwandelten, wie es dann dunkler wurde und dunkler, bis zuletzt der Mond und die Sterne in ihrer ganzen Herrlichkeit am Himmel heraufzogen, dann wurde es ihm so recht wunderbar ums Herz. Denn dann fingen die Wellen im Fluß zu singen an, anfangs ganz leise, bald aber deutlich vernehmbar, und sie sangen von den Bergen, wo sie herkämen, vom Meer, wo sie hinwollten, und von den Nixen, die tief unten im Grunde des Flusses wohnten. Darauf begann auch der Wald zu rauschen, ganz anders wie ein gewöhnlicher Wald, und erzählte die wunderbarsten Sachen. Besonders der alte Eichenbaum, der an seines Vaters Grab stand, der wußte noch viel mehr als alle die andern Bäume. Die Sterne aber, die hoch am Himmel standen, bekamen die größte Lust, herabzufallen in den grünen Wald und in den blauen Strom, und flimmerten und zitterten, wie jemand, der es gar nicht mehr aushalten kann. Doch die Engel, von denen hinter jedem Stern einer steht, hielten sie jedesmal fest und sagten: »Sterne, Sterne, macht keine Torheiten! Ihr seid ja viel zu alt dazu, viele tausend Jahr und noch mehr. Bleibt im Lande und nährt euch redlich!«

Es war ein wunderbares Tal! – Aber alles das sah und hörte bloß der Traumjörg. Die Leute, welche im Dorf wohnten, ahnten gar nichts davon, denn es waren ganz gewöhnliche Leute. Dann und wann schlugen sie einen von den alten Baumriesen um, zersägten und zerspalteten ihn, und wenn sie einen hübschen Holzstoß aufgerichtet hatten, sprachen sie: »Nun können wir uns wieder eine Weile Kaffee kochen.« Und im Fluß wuschen sie ihre Wäsche; das war ihnen sehr bequem. Von den Sternen aber, wie sie so recht funkelten, sagten sie weiter nichts als: »Es wird heute nacht recht kalt werden; wenn nur unsere Kartoffeln nicht erfrieren.« Versuchte es einmal der arme Traumjörg, ihnen eine andere Meinung beizubringen, so lachten sie ihn aus. Es waren eben ganz gewöhnliche Leute.

Wie er nun so eines Tages wieder auf dem alten Mühlstein saß und bei sich bedachte, daß er doch auf der ganzen Welt so mutterseelenallein sei, schlief er ein. Da träumte es ihm, es hinge vom Himmel eine goldene Schaukel an zwei silbernen Seilen herab. Jedes Seil war an einem Stern befestigt. Auf der Schaukel aber saß eine reizende Prinzessin und schaukelte sich so hoch, daß sie vom Himmel zur Erde herab- und von der Erde wieder zum Himmel hinaufflog. Jedesmal, wenn die Schaukel bis an die Erde kam, klatschte die Prinzessin vor Freude in ihre Hände und warf ihm eine Rose zu. Aber plötzlich rissen die Seile, und die Schaukel mit der Prinzessin flog weit in den Himmel hinein, immer weiter, immer weiter, bis er sie zuletzt nicht mehr sehen konnte.

Da wachte er auf, und als er sich umsah, lag neben ihm auf dem Mühlstein ein großer Strauß von Rosen.

Am nächsten Tag schlief er wieder ein und träumte dasselbe. Beim Erwachen lagen richtig die Rosen wieder da.

So ging es die ganze Woche hindurch. Da sagte sich Traumjörg, daß doch irgend etwas Wahres an dem Traum sein müsse, weil er ihn immer wieder träumte. Er schloß sein Haus zu und machte sich auf, die Prinzessin zu suchen.

Nachdem er viele Tage gegangen war, erblickte er von weitem ein Land, wo die Wolken bis auf die Erde hingingen. Er wanderte rüstig darauf zu, kam aber in einen großen Wald. Plötzlich hörte er ein ängstliches Stöhnen und Wimmern, und als er auf die Stelle zugegangen war, von welcher das Gestöhn und Gewimmer herkam, sah er einen ehrwürdigen Greis mit silbergrauem Bart auf der Erde liegen. Zwei widerlich häßliche, splitternackte Kerle knieten auf ihm und suchten ihn zu erwürgen. Da blickte er um sich, ob er nicht irgendeine Waffe fände, mit der er den beiden Kerlen zu Leibe gehen könnte, und da er nichts fand, riß er in seiner Todesangst einen großen Baumast ab. Kaum jedoch hatte er diesen erfaßt, als er sich in seinen Händen in eine mächtige Hellebarde verwandelte. Damit stürmte er auf die beiden Ungeheuer los und rannte sie ihnen durch den Leib, so daß sie mit Geheul den Alten losließen und fortsprangen.

Darauf hob er den ehrwürdigen Greis auf, tröstete ihn und fragte, warum ihn die beiden nackten Kerle hätten erwürgen wollen.

Da erzählte jener, er sei der König der Träume und aus Versehen etwas vom Wege ab in das Reich seines größten Feindes, des Königs der Wirklichkeit, gekommen. Sobald dies der König der Wirklichkeit bemerkt habe, hätte er ihm durch zwei seiner Diener auflauern lassen, damit sie ihm den Garaus machten.

»Hattest du denn dem König der Wirklichkeit etwas zuleide getan?« fragte Traumjörg.

»Behüte Gott!« versicherte jener. »Er wird aber überhaupt sehr leicht gegen andere ausfällig. Dies liegt in seinem Charakter – und mich besonders haßt er wie die Pest.«

»Aber die Kerle, die er geschickt hat, dich zu erwürgen, waren ja ganz nackt!«

»Jawohl«, sagte der König, »splitterfasernackt. Das ist so Mode im Lande der Wirklichkeit. Alle Leute gehen dort nackt, selbst der König, und schämen sich nicht einmal. Es ist ein abscheuliches Volk! – Weil du mir nun aber das Leben gerettet hast, will ich mich dankbar gegen dich erweisen und dir mein Land zeigen. Es ist wohl das herrlichste der Welt, und die Träume sind meine Untertanen!«

Darauf ging der König der Träume voran, und Jörg folgte ihm. Als sie an die Stelle kamen, wo die Wolken auf die Erde hingen, wies der König auf eine Falltüre, welche so versteckt im Busch lag, daß sie gar nicht zu finden war, wenn man es nicht wußte. Er hob sie auf und führte seinen Begleiter fünfhundert Stufen hinab in eine hell erleuchtete Grotte, welche sich meilenweit in wunderbarer Pracht hinzog. Es war unsäglich schön! Da waren Schlösser auf Inseln mitten in großen Seen, und die Inseln schwammen umher wie Schiffe. Wenn man in ein solches Schloß hineingehen wollte, brauchte man sich nur an das Ufer zu stellen und zu rufen:

»Schlößlein, Schlößlein, schwimm heran,
daß ich in dich reingehen kann!«

dann kam es von selbst an das Ufer. Weiter waren noch
andere Schlösser da auf Wolken, die flogen langsam in
der Luft. Sprach man aber:

»Steig herab, mein Luftschlößlein,
daß ich kann in dich hinein!«

so senkten sie sich langsam nieder. Außerdem waren
noch Gärten mit Blumen da, die am Tag dufteten und in
der Nacht leuchteten; schillernde Vögel, die Märchen
erzählten, und eine Menge ganz anderer wunderbarer
Sachen. Traumjörg konnte mit Staunen und Bewundern
gar nicht fertig werden.

»Nun will ich dir auch noch meine Untertanen, die
Träume, zeigen«, sagte der König. »Ich habe davon drei
Sorten. Gute Träume für die guten Menschen, böse
Träume für die bösen und außerdem Traumkobolde. Mit
den letzteren mache ich mir zuweilen einen Spaß, denn ein
König muß doch auch zuweilen seinen Spaß haben.«

Zuerst führte er ihn also in eins der Schlösser, welches eine so verzwickte Bauart hatte, daß es förmlich
komisch aussah. »Hier wohnen die Traumkobolde«,
sprach er, »kleines, übermütiges, schabernackiges Volk.
Tut niemandem was, aber neckt gern.«

»Komm einmal her, Kleiner«, rief er darauf einem der
Kobolde zu, »und sei einmal einen einzigen Augenblick
ernsthaft.«

Hernach fuhr er fort und sagte zu Traumjörg: »Weißt

du, was der Schelm tut, wenn ich ihm einmal ausnahms-
weise erlaube, auf die Erde hinaufzusteigen? Er läuft ins
nächste Haus, holt den ersten besten Menschen, der gerade wunderschön schläft, aus den Federn, trägt ihn auf
den Kirchturm und wirft ihn kopfüber herunter. Dann
springt er eiligst die Turmtreppe hinab, so daß er unten
eher ankommt, fängt ihn auf, trägt ihn wieder nach
Haus und schmeißt ihn so ins Bett, daß es kracht und er
davon aufwacht. Dann reibt er sich den Schlaf aus den
Augen, sieht sich ganz verwundert um und spricht: ›Ei
du lieber Gott, war mir's doch gerade, als wenn ich vom
Kirchturm herabfiele. Es ist nur gut, daß ich bloß geträumt habe.‹«
»Das ist der?« rief Traumjörg. »Siehst du, der ist auch
schon einmal bei mir gewesen. Wenn er aber wieder-
kommt und ich erwische ihn, soll's ihm schlecht ergehen.« Kaum hatte er dies noch gesagt, so sprang ein
anderer Traumkobold unter dem Tisch hervor. Der sah
fast aus wie ein kleiner Hund, denn er hatte ein ganz
zottiges Wämslein an, und die Zunge streckte er auch
heraus.
»Der ist auch nicht viel besser«, meinte der Traumkönig.
»Er bellt wie ein Hund, und dabei hat er Kräfte wie ein
Riese. Wenn dann die Leute im Traum Angst bekommen, hält er sie an Händen und Beinen fest, daß sie nicht
fortkönnen.«
»Den kenne ich auch«, fiel Traumjörg ein. »Wenn man
fort will, ist es einem, als wenn man starr und steif wie
ein Stück Holz wäre. Wenn man den Arm aufheben will,
geht es nicht, und wenn man die Beine rühren will, geht

es auch nicht. Manchmal ist's aber kein Hund, sondern ein Bär oder ein Räuber oder sonst etwas Schlimmes!«

»Ich werde ihnen nie wieder erlauben, dich zu besuchen, Traumjörg«, beruhigte ihn der König.

»Nun komm einmal zu den bösen Träumen, aber fürchte dich nicht, sie werden dir keinen Schaden zufügen, sie sind nur für die bösen Menschen.« Damit traten sie in einen ungeheuren Raum ein, der von einer hohen Mauer umgeben und mittels einer gewaltigen eisernen Tür verschlossen war. Hier wimmelte es von den greulichsten Gestalten und den entsetzlichsten Ungeheuern. Manche sahen wie Menschen, manche halb wie Menschen, halb wie Tiere, manche ganz wie Tiere aus. Erschrocken wich Traumjörg zurück bis an die eiserne Tür. Doch der König redete ihm freundlich zu und sprach: »Willst du dir nicht genauer besehen, was böse Menschen träumen müssen?« Und er winkte einem Traum, der in der Nähe stand. Es war ein scheußlicher Riese, der hatte unter jedem Arm ein Mühlrad.

»Erzähle, was du heute nacht tun wirst!« herrschte der König ihn an.

Da zog das Ungeheuer den Kopf zwischen die Schultern und den Mund bis zu den Ohren, wackelte mit dem Rücken wie einer, der sich so richtig freut, und sagte grinsend: »Ich gehe zum reichen Mann, der seinen Vater hat hungern lassen. Als der alte Mann sich eines Tages auf die steinerne Treppe vor dem Haus seines Sohnes gesetzt hatte und um Brot bat, kam der Sohn und sagte zu den Knechten: ›Jagt mir einmal den Hampelmann fort!‹ Da gehe ich nun nachts zu ihm und ziehe ihn zwischen den zwei Mühlrädern durch, bis alle seine Knochen kurz und klein gebrochen sind. Ist er dann so recht geschmeidig und zapplig geworden, so nehme ich ihn am Kragen, schüttle ihn und sage: ›Siehst du, wie hübsch du nun zappelst, du Hampelmann!‹ Dann wacht er auf, klappert jämmerlich mit den Zähnen und ruft: ›Frau, bring mir noch ein Deckbett, mich friert.‹ Und wenn er wieder eingeschlafen ist, mache ich's aufs neue!«

Als Traumjörg dies hörte, drängte er sich mit Gewalt zur Tür hinaus, den König nach sich ziehend, und rief: »Nicht einen Augenblick länger bleibe ich hier bei den bösen Träumen. Das ist ja entsetzlich!«

Doch der König führte ihn in einen prächtigen Garten, wo die Wege von Silber, die Beete von Gold und die Blumen von geschliffenen Edelsteinen waren. In dem gingen die guten Träume spazieren. Das erste, was der Jörg sah, war ein Traum wie eine junge, blasse Frau, die hatte unter dem Arm einen Baukasten.

»Wer ist denn das?« fragte der Traumjörg.

»Die geht abends immer zu einem kleinen, kranken Jungen, dessen Mutter gestorben ist. Am Tag ist er ganz allein, und niemand kümmert sich um ihn; aber gegen Abend geht die Frau zu ihm, spielt mit ihm und bleibt die ganze Nacht. Er schläft immer schon sehr früh ein, deshalb geht sie auch so zeitig. Die andern Träume gehen viel später. Doch komm nur weiter, Traumjörg, wenn du alles sehen willst, müssen wir uns eilen!«

Darauf gingen sie tiefer in den Garten hinein, mitten unter die guten Träume. Es waren Männer, Frauen,

Greise und Kinder. Sie hatten alle liebe und gute Gesichter und trugen die schönsten Kleider. In den Händen hielten viele von ihnen alle möglichen Dinge, die sich das Herz nur wünschen kann.

Auf einmal aber blieb der Traumjörg stehen und schrie so laut auf, daß alle Träume sich umdrehten.

»Was hast du denn?« fragte der König.

»Das ist ja meine Prinzessin, die mir so oft erschienen ist und mir die Rosen geschenkt hat!« rief Traumjörg ganz entzückt aus.

»Freilich, freilich!« erwiderte der König. »Das ist sie. Nicht wahr, ich habe dir immer einen sehr hübschen Traum geschickt? Es ist beinahe der hübscheste, den ich habe.«

Da lief der Traumjörg auf die Prinzessin zu, die gerade wieder auf ihrer kleinen goldenen Schaukel saß und schaukelte. Sobald sie ihn kommen sah, sprang sie herab und ihm gerade in die Arme. Er aber nahm sie an der Hand und führte sie zu einer goldenen Bank. Da setzten sich beide hin und erzählten sich, wie schön es wäre, daß sie sich wiedersähen. Und wenn sie damit fertig waren, fingen sie immer wieder von vorne an.

Der König der Träume aber ging mittlerweile auf dem großen Weg, der gerade durch den Garten ging, auf und ab, die Hände auf dem Rücken, und zuweilen nahm er die Uhr heraus und sah nach, wie spät es war, weil der Traumjörg und die Prinzessin immer noch nicht mit dem fertig waren, was sie sich zu erzählen hatten. Zuletzt ging er jedoch wieder zu ihnen und sagte: »Kinder, nun ist es gut! Du, Traumjörg, hast noch weit nach

Hause, und über Nacht kann ich dich nicht hierbehalten, denn ich habe keine Betten. Träume schlafen nämlich nicht, sondern müssen nachts immer die Menschen auf der Erde besuchen. Und du, Prinzeßchen, du mußt dich fertigmachen. Zieh dir heute einmal dein rosa Kleidchen an und nachher komm zu mir, damit ich dir sage, wem du heute nacht erscheinen und was du ihm sagen sollst.«

Als dies der Traumjörg hörte, wurde es ihm auf einmal so mutig ums Herz wie noch nie in seinem Leben. Er stand auf und sagte mit fester Stimme: »Herr König, von meiner Prinzessin werde ich nun und nimmermehr lassen. Entweder Ihr müßt mich hier unten behalten, oder Ihr müßt sie mir mit auf die Erde geben. Ich kann ohne sie nicht mehr leben, dazu habe ich sie viel zu lieb!« Dabei trat ihm in jedes Auge eine Träne, so groß wie eine Haselnuß.

»Aber Jörg, Jörg«, erwiderte der König, »es ist ja der allerhübscheste Traum, den ich habe! Doch du hast mir das Leben gerettet, so soll es denn sein. Nimm deine Prinzessin und steige mit ihr hinauf zur Erde. Sobald du oben angelangt bist, nimm ihr den silbernen Schleier vom Kopf und wirf ihn mir durch die Falltüre wieder herab. Dann wird deine Prinzessin von Fleisch und Blut wie jedes andere Menschenkind sein; denn jetzt ist sie ja nur ein Traum!«

Da bedankte sich Traumjörg herzlich und sagte: »Lieber König, weil du nun einmal so überaus gut bist, so möchte ich wohl noch eine Bitte wagen. Sieh, eine Prinzessin habe ich nun, doch es fehlt mir immer noch ein

Königreich, und es ist doch ganz unmöglich, daß eine Prinzessin ohne ein Königreich sein kann. Kannst du mir denn keines verschaffen, wenn es auch nur ein ganz kleines ist?«

Darauf antwortete der König: »Sichtbare Königreiche, lieber Traumjörg, habe ich zwar nicht zu vergeben, aber unsichtbare. Davon sollst du eins bekommen, und zwar eins der größten und herrlichsten, die ich noch habe.«

Da fragte Traumjörg, wie es mit den unsichtbaren Königreichen beschaffen wäre. Doch der König bedeutete ihm, er würde dies schon alles erfahren und sein blaues Wunder erleben, so schön und herrlich sei es mit den unsichtbaren Königreichen.

»Nämlich«, sagte er, »mit den gewöhnlichen, sichtbaren ist es doch zuweilen eine sehr unangenehme Sache. Du bist zum Beispiel König in einem gewöhnlichen Königreich, und frühmorgens tritt der Minister an dein Bett und sagt: ›Majestät, ich brauche tausend Taler fürs Reich.‹ Darauf öffnest du die Staatskasse und findest auch nicht einen Heller darin! Was willst du dann anfangen? Oder du bekommst Krieg und verlierst, und der andere König, der dich besiegt hat, heiratet deine Prinzessin, dich aber sperrt man in einen Turm. So etwas kann in einem unsichtbaren Königreich nicht vorfallen!«

»Wenn wir es nun aber nicht sehen«, fragte Traumjörg, noch immer etwas betreten, »was kann uns dann unser Königreich nützen?«

»Du sonderbarer Mensch«, sagte der König darauf, »du und deine Prinzessin, ihr seht es schon! Ihr seht die

Schlösser und Gärten, die Wiesen und Wälder, die zu dem Königreich gehören. Ihr wohnt darin, geht spazieren und könnt alles damit machen, was euch gefällt. Nur die anderen Leute sehen es nicht.«

Da war der Traumjörg sehr froh, denn es war ihm schon etwas ängstlich zumute, ob die Leute im Dorf ihn nicht schief ansehen würden, wenn er mit seiner Prinzessin nach Hause käme und König wäre. Er nahm sehr gerührt Abschied vom König der Träume, stieg mit der Prinzessin die fünfhundert Stufen hinauf, nahm ihr den silbernen Schleier vom Kopf und warf ihn hinunter. Dann wollte er die Falltüre zumachen, aber sie war sehr schwer. Er konnte sie nicht halten und ließ sie fallen. Da gab es einen ungeheuren Knall, fast so laut, als wenn viele Kanonen auf einmal geschossen hätten. Dem Traumjörg vergingen auf einen Augenblick die Sinne.

Als er wieder zu sich kam, saß er vor seinem Häuschen auf dem alten Mühlstein, und neben ihm saß die Prinzessin, und sie war von Fleisch und Blut wie alle Menschenkinder. Sie hielt seine Hand, streichelte sie und sagte: »Du lieber, guter, seltsamer Mensch, du hast dich solange nicht getraut, mir zu sagen, wie lieb du mich hast? Hast du dich denn vor mir gefürchtet?«

Da ging der Mond auf und beleuchtete den Fluß. Die Wellen schlugen klingend ans Ufer, und der Wald rauschte, doch sie saßen immer noch und flüsterten. Da war es plötzlich, als wenn eine kleine schwarze Wolke vor den Mond träte, und auf einmal fiel etwas vor ihre Füße nieder, wie ein großes zusammengelegtes Tuch. Darauf stand der Mond wieder in vollem Glanz.

Sie hoben das Tuch auf und breiteten es auseinander. Es war aber sehr fein und viele hundert Male zusammengelegt, so daß sie viel Zeit brauchten. Als sie es jedoch vollständig auseinandergefaltet hatten, sah es aus wie eine große Landkarte. In der Mitte ging ein Fluß, und zu beiden Seiten waren Städte, Wälder und Seen. Da merkten sie, daß es ein Königreich war, das der gute Traumkönig ihnen vom Himmel hatte herunterfallen lassen. Und als sie sich nun ihr kleines Häuschen besahen, war es zu einem wundervollen Schloß geworden, mit gläsernen Treppen und Wänden, Tapeten aus Samt und spitzen Türmen mit blauen Schieferdächern. Da faßten sie sich an und gingen in ihr Schloß hinein, und als sie eintraten, waren schon die Untertanen versammelt und verneigten sich tief. Pauken und Trompeten erschallten, und Edelknaben gingen vor ihnen her und streuten Blumen. Da waren sie König und Königin.

Am andern Morgen aber ging es mit Windeseile durch das Dorf, daß der Traumjörg wiedergekommen sei und sich eine Frau mitgebracht habe. »Das wird auch was recht Gescheites sein«, sagten die Leute.

»Ich habe sie heute früh schon gesehen«, fiel einer von den Bauern ins Wort, »als ich in den Wald ging. Sie stand mit ihm vor der Türe. Es ist nichts Besonderes, eine ganz gewöhnliche Person, klein und schmächtig. Ziemlich ärmlich war sie auch angezogen. Wo soll's denn am Ende auch herkommen? Er hat nichts, da wird sie wohl auch nichts haben!«

So schwatzten sie, die dummen Leute; denn sie konnten nicht sehen, daß es eine Prinzessin war. Und daß das

Häuschen sich in ein großes, wundervolles Schloß verwandelt hatte, bemerkten sie in ihrer Einfalt auch nicht. Es war eben ein unsichtbares Königreich, das dem Traumjörg vom Himmel herabgefallen war. Deshalb kümmerte er sich auch um die dummen Leute gar nicht, sondern lebte in seinem Königreich und mit seiner lieben Prinzessin herrlich und vergnügt. Und sie bekamen sechs Kinder, eins immer schöner als das andere, und das waren lauter Prinzen und Prinzessinnen. Im Dorf aber wußte es niemand, denn das waren ganz gewöhnliche Leute und viel zu einfältig, um solch ein Glück zu begreifen.

[Märchen von Richard von Volkmann-Leander]

Nachwort

Jahrhundertelang waren Legenden und Sagen, Mythen und Fabeln, Anekdoten, Schwänke und Märchen phantasievolle Erzählungen für jung und alt, groß und klein. Meist stammten die Erzähler aus der Gemeinschaft, in der sie ihre Geschichten zum besten gaben. Erzählt wurde in den Karawansereien des Orients und entlang der alten Pilgerstraßen Europas, auf Bauernhöfen und in städtischen Kaufmannshäusern, in Kasernen und in den Stuben des Gesindes. Die Zuhörer lachten über derblustige Schwänke, gruselten sich wegen eines Mordes an einer unheimlichen Wegstelle oder wegen des nächtlichen Erscheinens einer ›Weißen Dame‹ in einem Landschlößchen, oder sie ließen sich durch die wunderbaren Taten von Feen, Zwergen und Naturgeistern verzaubern. All diese Geschichten dienten hauptsächlich der Unterhaltung von Erwachsenen, doch in den geselligen Runden waren häufig auch Kinder anwesend, die lauschten, was sich die Erwachsenen zu berichten hatten, und gelegentlich wurde sicherlich auch eigens für die Kinder ein ›Märlein‹ erzählt.

Erst seit der Zeit der Romantik wurde in Literatur für Kinder und jene für Erwachsene unterschieden. Seit die Brüder Grimm einen Teil der von ihnen gesammelten

Märchen ausdrücklich als ›Kinder- und Hausmärchen‹ herausgegeben haben, werden Märchen mit Kindergeschichten gleichgesetzt.

Fast gleichzeitig entbrannte ein Streit darüber, ob Märchen für Kinder geeignet seien oder nicht. Von den Gegnern wurde und wird vor allem auf die Grausamkeit vieler Texte hingewiesen. Einige der besonders grausamen Erzählungen haben die Grimms in der 2. Auflage ihrer *Kinder- und Hausmärchen* ausgeschieden, um ihre Sammlung kindgemäßer zu gestalten.

Die Diskussion um die Grausamkeiten, die in vielen Märchen zutage treten, hat besonders in den sechziger und siebziger Jahren unseres Jahrhunderts zu einer ›Anti-Märchen-Stimmung‹ beigetragen, aber auch zu deren neuer Rechtfertigung geführt. Seit dem Erscheinen von Bruno Bettelheims Buch *Kinder brauchen Märchen* haben Märchen ihren Platz im Kinderzimmer nicht nur zurückerobern können, sondern erfreuen sich einer wachsenden Beliebtheit. Ihre Bedeutung für die Entwicklung der kindlichen Phantasie, aber auch für die Bewältigung von Ängsten oder Konflikten wird inzwischen von namhaften Psychologen und Pädagogen anerkannt.

Sicherlich waren einige der besonders unheimlichen und grausamen Märchen – zum Beispiel die Blaubart-Geschichten – nicht für Kinderohren bestimmt und sollten auch in eine Sammlung für Kinder nicht aufgenommen werden. Kinder nehmen jedoch die Grausamkeiten vieler Märchen ungerührt hin, ohne zu erschrecken, solange sie zuhören oder lesen und sich ihre eigene Vorstellungswelt dazu schaffen können. Stets wird ja das Böse bestraft und vernichtet, und das Gute siegt am Ende. Die Strafen werden – wie es dem Erzählstil des Märchens entspricht – kurz und drastisch benannt, aber nicht detailliert ausgemalt. Das Kind erfährt nichts von Angst und Schmerz, wenn die Hexe im Backofen verbrannt wird. Es würde ihm auch kaum einfallen, den Drachen zu bedauern, dem vom Helden alle Köpfe abgeschlagen werden, oder den Wolf zu bemitleiden, dem der Bauch aufgeschnitten und mit Steinen gefüllt wird. Hexe, Drache und Wolf sind für das Kind keine Individuen, denen Schmerz zugefügt wird, sondern Repräsentanten des Bösen, und deshalb darf es auch keine Gnade für sie geben.

Gefahren, Ängste und Schrecken kann leider niemand aus der Welt schaffen, auch nicht aus der kindlichen. Märchen vermitteln Kindern Vertrauen, daß diese überwunden werden können und alles gut endet. Da mag Aschenputtel von den Schwestern und der Stiefmutter drangsaliert werden und Rumpelstilzchen das Kind der Königin holen wollen, Hänsel und Gretel ins Hexenhaus geraten und der Wolf das Rotkäppchen samt der Großmutter fressen – schließlich werden doch die Bösen bestraft, und den Guten widerfährt Gerechtigkeit. In der Märchenwelt voller Wunder und Abenteuer – durch die das Kind wie durch ein Traumland gehen kann – werden am Ende der Prinz oder die Prinzessin und damit ein goldenes Königreich gewonnen. Diese Geschichten können für Kinder auf eine merkwürdige Weise ›wahr‹ sein, denn sie sprechen in stimmigen Bildern ihr Bewußtsein und Unterbewußtsein gleichermaßen an.

Hervorheben möchte ich, daß viele der von mir gesammelten Märchen gänzlich ohne Grausamkeiten auskommen. Oft wird der Gegner mit Klugheit und Gewitztheit bezwungen. Es findet bei Kindern natürlich großen Anklang, wenn etwa das dünne Schneiderlein den Riesen sogar im Reisbreiwettessen bezwingt, oder wenn die kleine Mascha sich nicht nur aus der Gewalt des großen, wilden Bären befreien kann, sondern es ihr auch noch gelingt, daß sie dieser, ohne es zu ahnen, nach Hause trägt.

Die Auswahl der Märchen für dieses Buch ist notwendigerweise subjektiv. Meine besondere Aufmerksamkeit galt weitgehend unbekannten oder in Vergessenheit geratenen Märchen, die mir für Kinder besonders reizvoll schienen. Dabei ließ ich mich nicht zuletzt von der Vorliebe meiner eigenen drei Kinder leiten, aber auch von der vieler kleiner Märchenhörerinnen und -hörer, denen ich in Kindergärten und Schulen, bei Kinderfesten und Kulturtagen Märchen erzählte.

Weilimdorf, April 1995   Ulrike Blaschek-Krawczyk

Quellenverzeichnis

Der Wunderbaum
Haltrich, Josef: Deutsche Volksmärchen aus dem Sachsenlande in Siebenbürgen, Berlin 1856

Das Haselnußkind
Wlislocki, Heinrich von: Märchen und Sagen der Bukowinaer und Siebenbürger Armenier, Hamburg 1891

Die Königstochter in der Flammenburg
nach Haltrich, Josef: Deutsche Volksmärchen aus dem Sachsenlande in Siebenbürgen, Berlin 1856, neu erzählt von Ulrike Blaschek-Krawczyk

Mascha und der Bär
Dieses Märchen wurde Sigrid Früh von einem Exilrussen erzählt

Bei den Zwergen
Pramberger, Romuald: Märchen aus Steiermark, Seckau o.J.

Das Märchen vom Schlaraffenland
nach Bechstein, Ludwig: Deutsches Märchenbuch, Leipzig 1857, neu erzählt von Ulrike Blaschek-Krawczyk

Hühnchen und Hähnchen
nach Bächtold, Hans: Schweizer Märchen, Basel 1916, neu erzählt von Ulrike Blaschek-Krawczyk

Goldtöchterchen
Volkmann-Leander, Richard von: Träumereien an französischen Kaminen, Leipzig 1878

Lügenwette
Haltrich, Josef: Deutsche Volksmärchen aus dem Sachsen-

lande in Siebenbürgen, sprachlich überarbeitet von Ulrike Blaschek-Krawczyk

Warm und kalt aus einem Mund
Zingerle, Ignaz und Josef: Kinder- und Hausmärchen aus Tirol, Innsbruck, Wien, München o.J.

Der Nebelriese
Haltrich, Josef: Deutsche Volksmärchen aus dem Sachsenlande in Siebenbürgen, Berlin 1856

Das Dukaten-Angele
Bechstein, Ludwig: Neues Deutsches Märchenbuch, Leipzig, Pest 1856

Der faule Heinz
Kinder- und Hausmärchen der Brüder Grimm, Ausgabe letzte Hand, Göttingen 1857

Von Riesenbirnen und Riesenkühen
Sutermeister, Otto: Kinder- und Hausmärchen aus der Schweiz, Aarau 1869

Der Hase und der Wolf
Wlislocki, Heinrich von: Märchen und Sagen der Bukowinaer und Siebenbürger Armenier, Hamburg 1891

Das Klapperstorch-Märchen
Volkmann-Leander, Richard von: Träumereien an französischen Kaminen, Leipzig 1878

Der Schneider und der Riese
nach Bächtold, Hans: Schweizer Märchen, Basel 1916, neu erzählt von Ulrike Blaschek-Krawczyk

Vom Knaben, der das Hexen lernen wollte
Bechstein, Ludwig: Neues deutsches Märchenbuch, Leipzig, Pest 1856

Die Geschichte von den fünf Zehen
Haltrich, Josef: Deutsche Volksmärchen aus dem Sachsenlande in Siebenbürgen, Wien 1882

Die Reise des Entleins
ebd.

Die Wassernixe
  Kinder- und Hausmärchen der Brüder Grimm, Ausgabe
  letzter Hand, Göttingen 1857
Der Hofnarr wird König
  Titel im Original: Ohne Sorg und Kummer
  Pramberger, Romuald: Märchen aus Steiermark; Seckau o.J.
Der Mond und seine Mutter
  Kinder- und Hausmärchen der Brüder Grimm, Hand-
  schriftliche Sammlung von 1810
Tölpel-Hans
  Andersen, Hans Christian: Märchen, Berlin 1910
*Das Huhn, das nach dem Dovrefjeld wollte, damit nicht die
Welt vergehen sollte*
  Asbjørnsen, Peter Christian; Moe, Jørgen: Norwegische
  Märchen, aus dem Norwegischen von Friedrich Brese-
  mann, Berlin 1846
Die Geschichte vom Kalif Storch
  Hauff, Wilhelm: Sämtliche Werke, Stuttgart 1840
Die Mühle, die auf dem Meeresgrunde mahlt
  nach Asbjørnsen, Peter Christian und Moe, Jørgen: Nor-
  wegische Märchen, Berlin 1846, neu erzählt von Ulrike Bla-
  schek-Krawczyk
Der alte Koffer
  Volkmann-Leander, Richard von: Träumereien an französi-
  schen Kaminen, Leipzig 1878
Die goldene Gans
  Kinder- und Hausmärchen der Brüder Grimm, Ausgabe
  letzter Hand, Göttingen 1857
Der Sternenknabe
  Dieses Märchen wurde Marlies Hörger von einem Bulgaren
  erzählt
Die drei Schwestern mit den gläsernen Herzen
  Volkmann-Leander, Richard von: Träumereien an französi-
  schen Kaminen, Leipzig 1878, sprachlich überarbeitet von
  Ulrike Blaschek-Krawczyk

Wie ein Knabe den Teufel überlistete
Dieses Märchen wurde Sigrid Früh von einer Italienerin
erzählt
Von dem Jungen, der immer an der Sahne schleckte
Titel im Original: Von dem Jungen, der immer schnupperte
Haltrich, Josef: Deutsche Volksmärchen aus dem Sachsen-
lande in Siebenbürgen, Wien 1882, neu erzählt von Ulrike
Blaschek-Krawczyk
Das Kätzchen und die Stricknadeln
Bechstein, Ludwig: Deutsches Märchenbuch, Leipzig
1857
Daumerlings Wanderschaft
Kinder- und Hausmärchen der Brüder Grimm, Ausgabe
letzter Hand, Göttingen 1857
Der höllische Torwartel
Zingerle, Ignaz und Josef: Kinder- und Hausmärchen aus
Tirol, Innsbruck, Wien, München o.J.
Ole Luk-Oie
Andersen, Hans Christian: Märchen, Berlin 1910
Die kluge Gretel
Kinder- und Hausmärchen der Brüder Grimm, Ausgabe
letzter Hand, Göttingen 1857
Das Zauberpferd
Haltrich, Josef: Deutsche Volksmärchen aus dem Sachsen-
lande in Siebenbürgen, Berlin 1856
Strohhalm, Kohle und Bohne
Kinder- und Hausmärchen der Brüder Grimm, Ausgabe
letzter Hand, Göttingen 1857
Der Hirsedieb
nach Bechstein, Ludwig: neu erzählt von Sigrid Früh
Der süße Brei
Kinder- und Hausmärchen der Brüder Grimm, Ausgabe
letzter Hand, Göttingen 1857
Wie das Feuer auf die Welt kam
Titel im Original: Die Entstehung des Feuers

Wlislocki, Heinrich von: Märchen und Sagen der Bukowinaer und Siebenbürger Armenier, Hamburg 1891

Zwölf mit der Post
Andersen, Hans Christian: Märchen, Berlin 1910

Peter Bär
Colshorn, Carl und Theodor: Märchen und Sagen, Hannover 1854

Die Prinzessin auf der Erbse
Andersen, Hans Christian: Märchen, Berlin 1910

Das Mädchen aus der goldenen Frucht
Titel im Original: Die drei goldenen Früchte
Ispirescu, Petre: Legenden aus Basmele Rómânilor, Bukarest 1882

Wie die Geige auf die Welt kam
Dieses Märchen wurde mir von meiner Mutter Sigrid Früh erzählt, die es wiederum von einem Zigeuner gehört hatte

Friedrich Goldhaar
Busch, Wilhelm: Ut ôler Welt, München 1910

Vom Kater und dem Sperling
Schleicher, August: Litauische Märchen, Sprichworte, Rätsel und Lieder, Weimar 1857

Die drei Brüder und die goldenen Birnen
Titel im Original: Die drei Brüder
Vonbun, F. J.: Alpenmärchen, Stuttgart 1910

Der Kobold und die Ameise
Vonbun, F. J.: Alpenmärchen, Stuttgart 1910

Fliedermütterchen
Andersen, Hans Christian: Märchen, Berlin 1910

Der kleine Schweinehirt
Róna-Sklarek, Elisabeth: Ungarische Volksmärchen, Leipzig 1909, gekürzt und überarbeitet von Ulrike Blaschek-Krawczyk

Prinz Katt
Lemke, Elisabeth: Volksthümliches aus Ostpreußen, Teil 2, Mohrungen 1887

Das Glück kann in einem Holzstöckchen liegen
Andersen, Hans Christian: Märchen, Berlin 1910
Der Brahmane, der Tiger und die sechs Richter
Passow, A.: Indische Volksmärchen, Stuttgart o.J.
Die Kristallkugel
Kinder- und Hausmärchen der Brüder Grimm, Ausgabe
letzter Hand, Göttingen 1857
Der Kater Wiljiki
Dieses Märchen wurde mir von meiner Mutter Sigrid Früh
erzählt
*Wie man mit einer Erbse die Königstochter, ein Schloß und
neun Schweine gewinnt*
Titel im Original: Der Erbsenfinder
Haltrich, Josef: Deutsche Volksmärchen aus dem Sachsen-
lande in Siebenbürgen, Wien 1882
Die Glücksrute des Waldvaters
Titel im Original: Der mildherzige Holzhacker
Löwis of Menar, August von: Die Baltischen Provinzen,
Bd. 5, Berlin 1916, neu erzählt von Ulrike Blaschek-Kraw-
czyk
Die Schlange mit dem Krönchen
Titel im Original: Die Krönlnatter
Zingerle, Ignaz und Josef: Kinder- und Hausmärchen aus
Tirol, Innsbruck, Wien, München o.J.
Pechvogel und Glückskind
Volkmann-Leander, Richard von: Träumereien an französi-
schen Kaminen, Leipzig 1878
Der Federkönig
Haltrich, Josef: Deutsche Volksmärchen aus dem Sachsen-
lande in Siebenbürgen, Wien 1882, neu erzählt von Ulrike
Blaschek-Krawczyk
Der Vogel, der Perlen singt
Titel im Original: Der goldne Vogel
Haltrich, Josef: Deutsche Volksmärchen aus dem Sachsen-
lande in Siebenbürgen, Berlin 1856

Der weiße Wolf
    Müllenhoff, Karl: Sagen, Märchen und Lieder der Herzog-
    tümer Schleswig, Holstein und Lauenburg, Kiel 1845
Ferdl Gwagg-gwagg
    Zingerle, Ignaz und Josef: Kinder- und Hausmärchen aus
    Süddeutschland, Regensburg 1854
Der goldene Held Dragan
    Ispirescu, Petre: Legenden aus Basmele Rómânilor, Buka-
    rest 1882
*Der Königssohn Konrad und Berta, die das Wünschen gelernt
    hatte*
    Busch, Wilhelm: Ut ôler Welt, München 1910
Vom unsichtbaren Königreich
    Volkmann-Leander, Richard von: Träumereien an französi-
    schen Kaminen, Leipzig 1878